# 비저너리의
## Trumpet of a Visionary
# 트럼펫

# 비저너리의 트럼펫

| | | | | |
|---|---|---|---|---|
| 발행일 | 2016년 02월 05일 | | | |
| 지은이 | 박 정 수 | | | |
| 펴낸이 | 손 형 국 | | | |
| 펴낸곳 | (주)북랩 | | | |
| 편집인 | 선일영 | 편집 | 김향인, 서대종, 권유선, 김성신 | |
| 디자인 | 이현수, 신혜림, 윤미리내, 임혜수 | 제작 | 박기성, 황동현, 구성우 | |
| 마케팅 | 김회란, 박진관, 김아름 | | | |
| 출판등록 | 2004. 12. 1(제2012-000051호) | | | |
| 주소 | 서울시 금천구 가산디지털 1로 168, 우림라이온스밸리 B동 B113, 114호 | | | |
| 홈페이지 | www.book.co.kr | | | |
| 전화번호 | (02)2026-5777 | 팩스 | (02)2026-5747 | |
| ISBN | 979-11-5585-908-7 03230(종이책) | | 979-11-5585-909-4 05230(전자책) | |

이 도서의 국립중앙도서관 출판예정도서목록(CIP)은 서지정보유통지원시스템 홈페이지(http://seoji.nl.go.kr)와
국가자료공동목록시스템(http://www.nl.go.kr/kolisnet)에서 이용하실 수 있습니다.
(CIP제어번호 : CIP2016002933)

성공한 사람들은 예외없이 기개가 남다르다고 합니다.
어려움에도 꺾이지 않았던 당신의 의기를 책에 담아보지 않으시렵니까?
책으로 펴내고 싶은 원고는 메일(book@book.co.kr)로 보내주세요.
성공출판의 파트너 북랩이 함께하겠습니다.

소문난 주먹이
목회자가 되기까지,
영화 같은
신앙 스토리

# 비저너리의

Trumpet of a Visionary

# 트럼펫

박정수 지음

북랩 book Lab

# 독자들에게

한 사람의 개인적인 삶의 여정(personal history) 속에 일어난 수많은 사건, 좋은 일이든, 나쁜 일이든, 이 모든 일은 그리스도인들에게 있어서 결코 우연이 아닌 하나님의 놀랍고 귀한 손길이다. 선하신 하나님께서는 언제나 선한 것을 우리에게 주시며 선한 길로 우리를 인도하신다. 세상 사람들이 말하는 '행운'이니, '불운'이니 하는 것은 그리스도인들에게는 존재하지 않는다. 하나님은 예레미야 29:11에서 다음과 같이 말씀하신다.

> "여호와의 말씀이니라 너희를 향한 나의 생각을 내가 아나니 평안이요 재앙이 아니니라 너희에게 미래와 희망을 주는 것이니라."

그러므로 우리들의 삶 가운데 일어나는 모든 사건 속에서 하나님께서는 그의 선한 뜻을 이루어 가신다. 믿음의 눈으로 하나님이 행하신 일들을 바라볼 때, 지난 과거의 사건들(past events)은 앞으로의 더욱 복된 믿음의 삶을 위한 하나님으로부터 온 은혜요, 하나님께 드리는 감사의 조건들이다. 성경에 기록된 각 사람의 삶 속에서 그의 뜻을 이루기 위해 역사하신 하나님은 현대를 살아가는 나, 개인에게도 동일하게 역사하고 계심을 나는 체험했다.

아브라함을 우상의 땅 우르에서 구별하시고, 모든 민족 가운데 이스라엘 민족을 구별하신 하나님께서는 그리스도를 통해 이 세상으로부터 교회를 구별하셨고, 또한 나를 구별하셨다. 나를 구별하신 하나님께서는 그리스도 안에서 나를 온전히 인도하셨다.

주의 종의 길을 위해 내 나이 20살에 부모와 가족과 정든 친구들이 있었던 양산을 떠나 순복음 신학대학이 있었던 경기도 군포시로 가게 하셨다. 그리고 24살에 한국을 떠나 필리핀으로, 필리핀을 떠나 영국으로, 영국을 떠나 남태평양 미국령 사모아로, 그리고 미국령 사모아를 떠나 미국 본토 사우스캐롤라이나 주 콜롬비아와 조지아 주 애틀랜타로 인도하셨다. 하나님은 나를 당신의 종으로 구별하셔서 복음을 위한 도구로 사용하시기 위해 철저히 훈련시키시고 준비시키셨다. 내 안에 십자가 복음으로 풍성히 채우시며 성령의 능력으로 살게 하셨다. 강한 믿음 위에 든든히 설 수 있도록 고난과 아픔 속에서 살아계신 하나님의 말씀을 통해 그리스도의 십자가 복음으로 승리하게 하셨다.

이제 나는 하나님의 뜻에 순종하여 한국땅으로 돌아왔다. 내 뜻이 아닌 하나님의 말씀에 나와 내 가족은 순종으로 응답했다. 다운증후군이라는 장애를 가진 딸, 해림의 고등학교 졸업 1년을 남겨두고, 교회를 개척하여 12년간 내 젊음을 드려 헌신한 애틀랜타 세계로교회를 하나님이 세운 후임자에게 맡기고, 정들었던 애틀랜타에서의 안정된 생활을 접고, 하나님이 허락하신 80달러(8만 원)를 들고 우리 가족은 애틀랜타를 떠났다.

오직 주님 말씀의 비전을 따라 하나님의 특별한 부르심의 나팔 소리(trumpet) 앞에 믿음으로 순종했다. 24살에 고국을 떠나 48세가 되어 돌아왔다. 그리스도의 십자가 복음만을 전하며 지금까지 몸부림쳐 온 나에게 하나님은 한국 교회에 대한 새로운 vision을 보여주셨다. 한국땅에 주님의 교회들이 다시 십자가 복음으로 든든히 설 수 있도록 하기 위해, 말씀 부흥운동이 교회 안에서 다시 일어나 세상을 향해 참 복음이 선포될 수 있도록 하기 위해 하나님은 나를 한국땅으로 부르셨다.

이 복음 사역을 위해 그저 내가 할 수 있었던 일은 나를 부르신 하나님께서 하나님의 방법으로 나를 쓰실 수 있도록 나 자신을 더욱 말씀으로 충만케 하는 일이었다. 그리고 하나님께서 선별하여 함께 일할 동역자를 만나게 하실 때까지 믿음 안에서 인내로 기다리는 것이었다.

주님의 비전을 따라 살아왔던 지난 31년의 짧은 내 인생 속에서 하나님의 하신 일들을 통해 나는 하나님 나라를 위한 그리스도의 십자가 복음을 전하는 "TRUMPET(트럼펫)"이었고, 앞으로 한국과 더 나아가 세계를 향해 그리스도의 십자가 복음을 들고 전진하며 힘껏 불어야 할 "TRUMPET"임을 고백하게 되었다.

비저너리의 트럼펫(TRUMPET of Visionary)을 읽는 독자들도 하나님이 각자에게 주신 복음의 트럼펫을 불며 더 힘찬 십자가 승리 행진이 이루어지길 간절히 기대한다.

플랜터, **박정수** 목사(Planter, JS Park)

# 차례

독자들에게 ●004

## Turning 전향

무빙 ●010 / 생명의 빛 예수께로 ●026

## Renewal 새로움

새로운 삶의 시작 ●038 / 어린이 전도 ●043 / 기도의 자리 ●047

겸손의 자리 ●051 / 친구 전도 ●055 / 가정 전도 ●057

## Undergoing 인내

시작된 나그네 삶 ●066 / 영어의 장벽 ●073 / 필리핀 ●078

알라팡 은총교회 ●084 / 열린 복음의 문 ●090 / 복음의 능력 ●094

드림 ●100 / 목사 안수 그리고 결혼 ●103 / 영국 ●114

세계인들과의 만남 ●119 / 아픔을 통해 주어진 사명 ●121

미국령 사모아 ●124 / 사모아 영적 대각성 ●129

자비량 선교 ●134 / 받아들일 수 없었던 힘든 순간 ●137

사모아 풍토병 ●144

## Maturity 성숙

미국 •152 / COC 새벽기도 부흥운동 •161
희망찬 떠남 •168

## Planting 씨 뿌림

애틀랜타 •172 / 세계로교회 플랜팅 •175
세계로 영어학교 •185 / 오해한 이민 목회 •190
없음의 은혜 •196 / 차고 교회 •204
다음 세대를 위해 •208 / 예배당 건축 •213
다운증후군 딸, 해림이 •217 / 『Trumpet English』•228
『Trumpet English』 출판 •236 / 깨어짐의 은혜 •239

## Empowerment 능력 입히심

순종의 자리까지 •248 / 믿음으로 열린 문 •252
오병이어의 기적 •260 / 풍성한 사역 •263 / 목회 •266
비저너리(visionary) •273 / 십자가 복음에 사로잡힌 자 •277
미국에서의 마무리 사역 •285

## Triumphing 승리

비저너리의 트럼펫 •290
계속 진행되고 있는 한국에서의 하나님의 일 •293

# Turning

## 전향

내가 어둠 속에서 세상을 향해 달려가고 있었을 때 하나님께서는
나를 당신께로 전향시켜 생명의 빛 속으로 들어오게 하셨다.

# 무빙
## (Moving)

나는 전라남도 진도에서 2남 5녀 중 막내로 태어났다. 아버지는 두 척의 배로 많은 선원을 데리고 고기를 잡는 어부셨다. 내가 2살 때 우리 가족은 진도를 떠나 부산으로 이사 오게 되었다.

"정수 니가 안 태어났으면 우리 집은 안 망했을 꺼고, 아직 진도에서 고기 잡고 살았을 끼다."

어릴 때 누나들이 나에게 이런 말을 자주 했다. 이 이야기를 들을 때마다 내가 태어난 것과 집이 망한 것과 무슨 상관이 있길래 누나들이 나에게 이런 말을 하는지 의아하게 생각되어 어머니께 그 이유를 여쭤봤다.

"정수 니가 생기자마자 아버지 사업이 안 되불기 시작한디. 고기 잡으러 간 배가 말이여 허구헌 날 빈 배로 오는 거여. 그래서 내 뱃속에 요물인 딸이 생겨가꼬 우리 집을 망하게 한다고 생각했제. 그란디 원매 널 지울라고 매운 고추하고, 생강하고, 마늘을 갈아서 마셨제이, 그래도 니가 안 떨어지는 거여. 그래서 어쩌겠냐? 또 산으로 올라갔제. 거그서 굴러 떨어져 부렀어. 원매 그란데도 징하게 안 떨어져야."

아버지가 삼대독자셨는데 딸을 많이 낳자 할머니의 심한 시집살이 때문에 어머니는 뱃 속에 있는 나를 딸이라고 생각하고 없애려고 한 것이었다. 그런데도 내가 죽지 않고 살아서 태어났는데 딸이 아니고 아들이었다. 그러나 내가 태어난 후부터 아버지의 어업은 거듭되는 흉어로 서서히 기울어지기 시작했고 1년 만에 결국 아버지는 빚을 갚기 위해 배와 집을 팔아야만 했다. 실망한 아버지는 내 나이 2살 때, 어머니와 우리 7남매, 그리고 연세 드신 할머니를 모시고 진도를 떠나 고모가 살고 있었던 부산 당감동으로 이사했다. 그리고 곧이어 부산 반송으로 이사하게 되었는데 나는 그곳에서 어린 시절을 보냈다.

나는 어릴 적부터 동네 골목대장으로 옆 동네 아이들과 싸우는 전쟁놀이를 좋아했다. 늘 앞장서서 싸우다 보니 상대방 아이들이 던지는 돌에 맞아 이마도 깨지고 몸을 다친 적이 한두 번이 아니었다.

아버지와 어머니는 돈 버는 일로 바빴다. 그뿐만 아니라 형과 막내누나를 제외한 다른 누나들도 공부할 나이에 돈을 벌러 공장을 다녀야 했다. 가족들이 일을 마치고 저녁에 모두 집에 돌아오는 그 시간까지 나는 누구에게도 간섭을 받지 않았다.

바쁜 부모님을 대신하여 셋째 누나의 손을 잡고 반송초등학교에 입학했다. 입학한 그 날 나에게는 꿈이 하나 생겼다. 그것은 반송초등학교 전교에서 쌈짱이 되는 것이었다. 공부는 자신이 없었지만 싸우는 것은 자신이 있었다. 1학년 때는 1학년 전체에서, 2학년 때는 2학년 전체에서 싸움으로는 1등이었다. 결국, 나의 꿈은 6학년이 되었을 때 이루어졌다. 반송초등학교 전교생이 그 당시 5천

명이 넘었다. 나는 그 5천 명 중에 싸움을 제일 잘하는 학생이었다. 공부는 가장 하위권이어서 선생님들의 미움을 받고 매도 많이 맞았지만 싸움에서만큼은 언제나 1등이었다.

초등학교 6학년 1학기를 마치고(1980년 여름), 우리 가족은 부산 반송에서 경남 양산으로 이사하게 되었다. 부모님께서 양산 유산 공단 건설현장의 노동자들을 위한 함바 식당을 하게 된 것이었다. 양산초등학교는 전교생이 약 1천 명 정도밖에 되지 않는 작은 학교였다. 당시 양산은 유산 공단 공사가 한창 이었고, 유산 공단으로 인해 전국에서 많은 사람이 이사를 오고 있었던 때었다.

양산초등학교로 전학 온 첫날 나는 반 친구들에 내 소개를 당당하게 했다.

1980년, 경상남도 초등학교 육상 대회에서 양산초등학교 높이뛰기 대표로 출전하여 금메달 받은 기념사진.

"반갑다. 내 이름은 박정수다. 잘 한번 지내보자."

내 소개를 한 후, 쉬는 시간에 나는 큰 소리로 말했다.

"이 학교에서 쌈 1등 하는 놈이 누꼬?"

갑자기 교실이 조용해졌다.

"6학년 1반 김광일이다."

"근마하고 맞짱 뜰라믄 어디가 좋노?"

그러자 반 아이 한 명이 대답했다.

"학교 뒷산에 가면 된다."

"니, 수업 끝나고 광일이 근마 뒷산으로 데리고 온나. 부산 반송 초등학교 쌈짱이 도전장 던진다고 해라. 알겠나?"

수업이 끝나고 나는 뒷산으로 올라갔다. 조금 있으니 한 친구가 광일이를 데리고 왔다.

"니가 이 학교 쌈짱이가?"

"그래. 와, 떨라?"

그때 나는 광일이에게 바로 선방을 날렸다. 내 주먹에 선방을 맞은 광일이는 울음을 터뜨렸고 곧바로 꼬리를 내렸다.

"내가 졌다."

그때부터 나는 양산초등학교에서 쌈짱이 되었다. 이렇게 어릴 적부터 언제나 주먹질과 싸우기를 좋아하던 나에게 어느 날 사촌 형이 권투에 대한 꿈을 심어주었다.

"정수 니는 쌈을 잘하니까 권투를 하는 게 어떻겠노? 니는 권투 안 하면 인간 안 된다. 권투라도 해야 사람 되지 안 그라믄 평생 골칫덩어리로 살끼다."

나는 사촌 형의 말을 듣고 초

나는 지칠 줄 모르는 훈련으로 강한 몸과 체력을 만들었고, 강한 정신력을 키웠다.(1982년)

등학교 6학년 때부터 복싱을 하기 시작했다. 복싱을 시작하면서 나는 주먹으로 세계 챔피언이 되어 많은 돈을 벌겠다는 꿈을 갖게 되었다. 그 꿈은 나를 열심히 훈련할 수 있도록 만들었다.

복싱 세계 챔피언! 그 꿈을 향해 매일 새벽에 일어나 14km를 달렸고, 집 앞 공터에서 아버지께서 마련해 주신 자동차 타이어를 놓고 주먹의 펀치력을 더 강하게 하려고 해머로 그 타이어를 300개씩 두들겼다. 오직 세계 복싱 챔피언의 꿈을 향해 훈련하고 달려갔다. 하루는 땀을 뻘뻘 흘리며 운동을 하고 있던 나에게 동네 아저씨가 다가와서 격려를 해 주셨다.

"정수 니는 될 끼야. 열심히 해라. 그리고 꼭 성공해서 우리 교리 마을을 한번 빛내 바라. 우리 마을에서도 세계 복싱 챔피언 나왔다고 큰 소리 한번 치보자. 알겠나?"

"알겠심더. 아저씨 기대에 벗어나지 않도록 열심히 하겠심더. 지는 꼭 복싱 세계 챔피언이 될 낌더."

부산 부곡동에 있는 광명 복싱 체육관을 다니면서 나는 그 꿈을 향해 더 힘껏 달렸다. 하루는 사범이 비처럼 땀을 흘리며 열심히 샌드백을 치고 있는 나를 보고는 함께 운동하고 있었던 관원들에게 이런 내 모습을 칭찬했다.

"전부 다 여기 정수 좀 봐라. 운동을 할라믄 정수 임마만큼은 해야 운동했다고 할 수 있는 기다. 이 정도 땀은 흘려야 된다이. 알겠나?"

이렇게 세계 복싱 챔피언의 꿈을 향해 열심히 운동에 전념하고 있던 중학교 1학년 때, 사범을 통해 몇 달 뒤 부산 학생 아마추어 선수권 대회가 열린다는 소식을 들었다. 나는 내심 기대하며 더 열심히 훈련에 임했다. 복싱을 시작한 후 처음으로 가져보는 설렘이었다.

그런데 문제가 생겼다. 내 거주지가 부산이 아닌 양산이라는 이유로 그 대회에 출전할 수 없다는 것이었다. 부산에서 열리는 '부산 학생 복싱대회'는 부산에 거주하고 있는 학생들만 출전할 수 있는 대회였다. 그 당시 양산에는 복싱 체육관이 없었기 때문에 나는 부산에 있는 복싱 체육관에 다닐 수밖에 없었다. 부산 시민이 아니라는 이유로 부산에서 열리는 복싱 시합에 나갈 수 없다는 것이 정말 실망스러웠다. 사범도 이 사실을 모르고 복싱 시합을 위해 열심히 하라고 격려했고, 이번 시합이 좋은 경험이 될 것이라고 말했다. 복싱을 시작한 후 처음으로 출전하는 시합이라 정말 가슴이 흥분되어 있었는데 그 설렘은 순간 사라져 실망이 되어버렸다.

그러나 그 후부터, 나는 1년에 한두 차례 열렸던 전국 시합에 출전하게 되었다. 서울과 부산에서 열리는 전국시합으로 인해 복싱에 대한 꿈은 더 크고 분명해졌다. 최선을 다해 복싱 훈련을 했다. 부모님도 나의 이런 꿈을 알

세계 챔피언의 꿈을 갖고 복싱에 몰두하던 학창시절 승리의 손을 높이 들며 다시 한번 강한 주먹을 자랑하고 싶었다.

고 있었기에 어려운 형편에도 물질적으로 후원을 아끼지 않았다.

중학교 학창 시절 나의 모든 시간과 노력과 힘을 복싱하는 일에 다 쏟았다. 학교 공부와는 상관없이 살았다. 전국 복싱 시합이 있는 달이면 교실 대신 운동장에서 땀복을 입고 전교생들이 보는 앞에서 복싱훈련을 했다.

중학교를 마치고 고등학교에 다닐 때도 마찬가지였다. 나는 세계 복싱 챔피언의 꿈을 가지고 열심히 운동에 몰두했다. 이런 나를 친구들은 특별히 대했고, 학교에서도 나를 특별학생으로 오전 수업을 하고 복싱 체육관에 갈 수 있도록 특혜를 주었다.

그러던 어느 날 나의 복싱 인생에 위기가 왔다. 서울에서 '회장배 전국 아마추어 복싱 대회'가 열리던 해, 그 시합을 위해 페더급(57kg) 체중을 조절하며 시합 준비를 하고 있었다. 그런데 갑자기 사범이 밴텀급(54kg)으로 체급을 낮추라고 요구했다.

"이번 시합에서 정수 니는 54kg 밴텀급으로 뛴다. 알겠나?"

나는 신체 조건상 체중이 많이 나가는 편이었다. 키가 167㎝밖에 되지 않는데 체급이 페더급(57kg)이라는 것은 그만큼 아마추어 복싱에서 불리한 조건을 가지고 있다는 말이다. 나는 언제나 링 위에서 나보다 키가 크고 팔이 긴 상대와 싸워야만 했다. 인파이터(in-fighter)였던 내가 그들과 싸워 이기려면 강한 펀치력을 키워야 했고, 사범은 나의 강한 펀치력으로 페더급이 아닌 밴텀급(54kg)에서 싸운다면 이번 회장배 시합에서 분명히 승산이 있다고 생각했다. 그러나 페더급에서 한 체급 낮춰 밴텀급으로 뛴다는 것은 체중조절을 힘들어했던 나에게는 너무 힘든 요구였다. 하지만 사범의 큰 소리에 나는 거절할 수가 없었다.

"예, 한번 해 보겠심더."

나는 힘들게 체중조절에 성공하여 벤텀급으로 시합에 출전하게 되었고, 결국 준결승까지 올라갔다. 결승을 앞두고 나는 음식의 유혹을 도저히 견딜 수가 없었다. 아마추어 복싱은 시합에서 이기면 계속 결승까지 계체량을 하게 되어있어 시합이 끝날 때까지 그 체급 몸무게를 유지해야만 한다. 그런데 음식의 유혹을 참지 못해 결승을 위한 마지막 한 번의 계체량을 앞두고 이미 시합에서 패한 친구들과 함께 사범 몰래 호텔을 빠져나와 먹고 싶은 음식과 음료수를 사 마셨다. 그 다음 날 계체량 장소에 사범과 함께 도착하여 체중계에 올라섰다. 당연히 몸무게 초과로 계체량에서 불합격되었다.

"이 새끼야, 니 어제 뭐 먹었어?"

화가 잔뜩 난 사범의 추궁에 거짓말을 할 수가 없어서 사실대로 말을 했다. 사범에게 뺨을 왕복으로 몇 대를 맞고 근처 목욕탕으로 끌려갔다. 사범은 땀 빼는 운동복(땀복)을 입으라고 하더니 땀복을 입은 채로 대중목욕탕 한증막에 나를 집어넣었다. 그리고 그 안에서 운동을 시켰다. 땀은 흐르는데, 침이 말라붙을 정도로 목이 말랐다. 완전히 기진맥진 된 몸이 되어 도저히 주먹을 뻗칠 수 없을 상태까지 되었다.

"사범님, 도저히 못 하겠심더. 진짜 죽겠심더."

사범은 나에게 한증막에서 나와 땀복을 벗으라고 하더니 뜨거운 열탕 속으로 나를 밀어 넣었다. 그 열탕 안에서 이마에 땀을 흘리며 완전히 쓰러질 정도가 되었을 때, 사범은 나를 데리고 계체량

하는 곳으로 다시 갔다. 체중을 달았더니 몇 그램을 초과하였다. 사범은 다시 나를 목욕탕으로 끌고 갔다. 목욕탕으로 끌려가는 길에 나는 너무 힘들어서 마구 울었다. 나의 우는 눈물을 본 사범은 말했다.

"어, 니 지금 우나? 더 울어라. 이 새끼야."

사범은 우는 나를 마구 때렸다. 나는 아파서가 아니라 체중조절을 하지 못해 마지막 시합에 출전하지 못할까 봐 울었다. 그런데 울고 있는 나를 사범은 목욕탕이 아닌 계체량 하는 곳으로 다시 데리고 갔다. 흘린 눈물로 인해 몇 그램의 체중이 빠졌을 거라는 것을 사범은 알았기 때문이었다. 그리고는 계체량 심사원들에게 한 번만 더 계체량을 할 수 있도록 기회를 달라고 사정을 했다. 그 심사원들은 마지막 기회를 나에게 주었고 다행히 나는 계체량에 간신히 통과할 수 있게 되었다.

그날 오후 나는 결승전 시합을 출전하여 완전 참패를 당하고 말았다. 너무 갑자기 무리하게 몸무게를 감량하다 보니 체력이 떨어져 1회전이 끝난 후 더 이상 힘을 쓰지 못하고 지쳐버렸기 때문이었다. 시합 전날 체중 조절을 하지 못하고 먹고 싶은 것을 마음껏 먹은 것이 너무 후회스러웠고 속상했다. 고개를 떨구고 링을 내려오는데 실망하여 내려온 나에게 사범은 사정없이 발로 차고 뺨을 때렸다. 나는 그 자리에서 쓰러졌다.

"죽어라, 이 새끼야. 니는 복싱할 자격이 없는 놈이야! 그따위 정신상태로 무슨 복싱을 하겠노, 때리 치아라 이 새끼야?"

쓰러진 나를 향해 욕설을 퍼붓는 사범의 말에 충격을 받았다.

복싱에 대한 모든 꿈이 순식간에 무너지는 순간이었다. 모든 것을 포기하고 싶었다. 그 후 나는 복싱을 예전처럼 열심히 할 수 없었다. 그런 나를 본 사범은 더욱 거칠게 대했다. 운동을 게을리한다면서 대나무 몽둥이로 엎드려뻗쳐를 시켜놓고 마구 때렸다. 복싱에 대한 꿈이 점점 더 식었다. 세계 챔피언의 꿈이 사범의 말 한마디 때문에 무너지고 있었다.

시합에서 진 후 나는 크게 절망했지만, 복싱을 포기할 수는 없었다. 세계 챔피언의 꿈을 포기할 수 없었다. 새롭게 다시 시작하고 싶었다. 여기서 복싱을 그만둔다는 것은 나를 바라보며 기대하고 있는 부모님과 동네 마을 사람들, 그리고 날 지켜보고 있는 친구들에게 너무 부끄러운 일이었다. 그들 때문이라도 나는 반드시 복싱으로 성공해야 한다고 생각을 했다.

그러던 어느 날 또 한 번의 절망이 밀어닥쳤다. 중학교를 마치고 고등학교를 진학할 무렵 나와 함께 복싱했던 친구들은 사범의 추천으로 부산에 있는 동원공고 특기생으로 입학할 수 있게 되었다. 그런데 나는 부산이 아닌 지방(경남 양산) 학생이라는 이유로 그 특기생 자격에서 제외되었다.

"정수야, 너무 실망하지 마라. 우선에 양산종고(종합고등학교)에 들어가 거서 쫌만 기다리믄 바로 동원공고 특기생으로 옮기 주께."

사범의 말을 믿고 양산 종합고등학교 원예과에 들어가 동원공고 특기생으로 전학 갈 날만 기다렸다. 더 열심히 복싱 훈련을 하며 때를 기다렸다. 그러던 중 부산에서 김명복 박사배 전국시합이 열렸다. 이 시합은 상금이 걸려있는 시합이었기 때문에 어느 전국 시합보다 강한 복서들이 출전하는 시합이었다. 나는 이 시합에서 준 우승하였고 5만 원의 상금을 받았다. 이 시합으로 나는 동원공고 전학을 더욱 기대할 수 있었다. 그런데 1년이 지나가는데도 사범은 나의 전학에 대해 아무런 말을 하지 않았다.

"사범님, 제 학교 문제 우찌 됐심꺼?"

"미안하다, 안 되겠다. 니, 있제, 바로 프로로 넘어가는 기 어떻노? 학교 같은 거 때리치우고 바로 프로로 넘어가라. 니 복싱 스타일은 아마추어가 아이고, 프로다. 우에 생각카노?"

"한 번 생각해 보겠심더."

나는 사범의 말을 듣고 처음에는 실망하였지만, 시간이 지나면서 사범의 제안을 받아들이는 쪽으로 생각하게 되었다.

'그래, 고등학교 졸업장 받으면 뭐하노. 어차피 복싱할라고 사는 인생, 복싱만 잘 하믄 되지. 고등학교 졸업장이 뭐 대수가?'

이렇게 생각하며 나는 프로 복싱을 하기로 마음먹고 고등학교를 그만두기로 했다. 그리고 나의 이런 마음을 부모님께 말씀을 드렸다.

"복싱으로 성공만 하면 뭐 한다냐? 고등학교 졸업장은 있어야제. 아무리 권투로 성공해도 못 배우면 무시당해야. 나중에 가서 후회하면 안 된께 고등학교는 졸업하거라."

부모님의 반대에 못 이겨 결심을 포기하고 일단 고등학교를 마치기로 했다.

그런데 그때부터 나는 복싱과 점점 멀어지기 시작했다. 술과 담배를 입에 대기 시작했고, 술을 마시는 날이면 꼭 사고를 쳤다. 마을에 사는 선배들에게 괜히 시비를 걸어 싸우기도 하고, 밤에는 양산 둑에서 친구들과 술을 마시며 마치 세상을 다 산 사람처럼 지냈다.

고등학교 2학년 어느 날 밤, 양산 둑에서 친구들과 함께 술을 마시면서 노래를 부르며 춤을 추며 놀고 있었다. 그러다가 친구들은 술에 취해 잔디에 누워 자고 있었고 나는 담배 한 대를 입에 물고 둑에 앉아 담배 연기를 길게 뿜어내고 있었다. 그때 멀리서 담배를 피우며 몇 명이 내가 있는 쪽으로 걸어오고 있었다. 그리고 와서는 나에게 말을 걸기 시작했다.

"정수가 누고?"

"와, 내가 정수다. 느그들 뭐꼬?"

"우리? 김해고등학교 주먹이다. 니가 우리 김해 아들 건들었다매. 니 오늘 제삿날이다."

바로 내 얼굴에 주먹이 날아왔다. 며칠 전에 양산 춘추 공원에서 김해고등학교 2학년 세 명이 놀러 왔다가 시비가 생겨 나와 싸움이 붙었는데, 그때 나에게 얻어터진 학생들이 자기 학교 두 명의 주먹들을 데리고 온 것이다. 내 친구들은 술에 취해 둑에서 잠을 자고 있었고 나는 김해고 5명과 혼자서 혈전을 벌였다. 김해고 학생들과 나는 서로 피투성이가 되었고, 나도 턱이 돌아갈 정도로 맞았다. 지금까지 싸워서 그렇게 맞은 것은 처음이었다. 그때 나는 술에 약간 취해있었고 그 상태로 싸웠다. 한 놈의 주먹이 내 얼굴로 날아올 때 그 주먹을 피하여 왼 주먹으로 복부를 치고 오른손 주먹으로 면상을 쳤는데, 그때 그 주먹에 맞은 놈이 쓰러졌다. 싸우는 소리에 잠에서 깬 내 친구들이 달려오자 김해고 학생들은 도망을 쳤다. 며칠 후 나는 교무과에 불려갔다. 그리고 나와 싸운 김해고 학생 중 한 명의 이빨이 3개나 부러졌다는 것을 알게 되었다. 이빨이 부러진 피해자 부모는 나의 부모님께 합의금으로 500만 원을 요구했다. 그렇지 않으면 경찰서에 고발하여 콩밥을 먹게 하겠다고 협박을 했다. 어쩔 수 없이 부모님은 500만 원을 주고 그 피해자 학생 부모와 합의를 했다. 합의하고 돌아온 어머니는 나에게 소리치시며 우셨다.

"정수 너 때매 못 살것다. 나 콱 죽어 뿔란다. 쥐약 먹고 콱 죽어 뿔란다. 300원짜리 쥐약 한 병이면 돼야."

그때 나는 두려움이 생기기 시작했다.

어머니가 꼭 쥐약을 먹고 자살하실 것만 같았다. 어머니께서 이렇게 말씀하신 것이 이번 일 때문만은 아니었다. 내가 살고 있던 마을 동네 선배들을 구타한 일로 마을에서 우리 집이 쫓겨날 위기에까지 간 적도 있었다. 나는 마을에서 양산 깡패로 낙인이 찍혔고 어머니는 그런 나 때문에 살 의욕을 잃으셨던 것이다.

세계 챔피언이 되겠다는 꿈이 나에게서 사라졌고, 이미 나는 불량학생이 되어있었다.

1983년, 나의 주먹을 자랑하던 시절, 강한 주먹만이 내가 가진 힘의 전부라고 생각했다.

"이렇게 불량 학생이 될 바에야 아예 조폭 두목이 되겠다."

나에게 새로운 꿈이 생긴 것이다. 이렇게 결심한 후, 고2 때 그런 건달들하고 한번 붙어보고 싶어 내가 다니던 광명 복싱 체육관 근처에 있는 부곡 오시게 시장에 자주 나타나는 몇 명의 건달들에게 시비를 걸어 붙었다. 한창 싸우고 있는데 복싱 체육관 선배들이 몰려왔다. 단숨에 그들을 끝장내고 선배들은 나를 체육관으로 끌고 가 엎드려뻗쳐를 시켜놓고 대나무 몽둥이로 사정없이 나를 때렸다.

"정수, 니 잘 들어라. 복싱은 그런 건달들하고 싸우라고 배우는 기 아이야. 니 주먹은 저런 시장통이 아이고 링 위에서만 빛 나는 기야. 알겠어?"

체육관 선배들의 말이 귀에 들어오지 않았다. 복싱으로 세계 챔피언이 되겠다는 꿈은 사라지고 나는 점점 더 방황하는 학생이 되었다. 그렇게 방황하고 있던 어느 날 나와 사귀던 고등학교 1학년 여학생이 날 잠깐 보자고 했다. 늦은 밤 나는 그 여동생이 사는 마을로 갔다.

"와 보자고 했노?"

"오빠야, 우리 헤어지자."

"그기 무슨 말이고?"

"나도 모르겠다. 오빠야하고 사귀는 게 무섭고 꼭 헤어지야 된다는 생각이 갑자기 들어서 말하는 기다."

"그래? 그라믄 헤어지자. 내 싫다는 가시나를 내가 뭐 할라꼬 만나겠노. 잘 있어라. 내 간다!"

겁날 것 없던 고교 시절 교련 수업을 마치고 학교 기념탑 앞에서 나의 존재감을 드러내고 싶었던 그 날. (1984년)

그 동생이 이유 없이 헤어지자고 말했을 때, 좋아했던 내 마음이 순간 사라졌다. 붙잡고 싶은 마음도, 분노도 생기지 않았다. 그 동생과 헤어져 돌아오는데 마음이 너무 허전했다. 허전한 마음으로 밤길을 걸었다. 그때 멀리서 삼양교회 종탑 십자가 불빛이 보였다. 나도 모르게 삼양교회로 내 발걸음이 향하고 있었다.

갑자기 내 안에 착하게 살고 싶다는 갈망이 생겨났다. 그리고 만약 하나님이 있다면 하나님의 존재를 믿고 싶다는 마음이 마음속 깊은 곳에서 생겨났다. 그 밤에 삼양교회 안으로 들어가 교회 예배당에 멍하니 앉았다. 그때 나에게 한 친구의 얼굴이 떠올랐다. 나와 친한 친구가 아닌 같은 마을에 사는 학교 친구였는데 그 친구는 현재 양산시의 김효진 의원이다. 그는 성실했고 학교에서도 모범생이었다. 나는 효진이가 여학생들과 함께 교회 다니는 모습이 꼴 보기 싫었다. 그래서 효진이를 구타하며 많이 괴롭혔는데 성경책을 들고 교회 가는 그 친구의 모습이 그날 밤 교회에 앉아 있는 동안 계속 내 머릿속에 떠올랐다.

나는 혼잣말로 중얼거렸다.

"나도 효진이처럼 성경책을 들고 교회에 다니고 싶다. 나도 효진이처럼 교회를 다니고 싶다."

효진이가 다니던 삼양교회(정연철 목사 시무)는 그 당시 양산시 교동 마을에 3년 정도 된 개척교회였다. 그 교회에서는 밤 10시만 되면 차임벨 소리를 울려 교동마을 사람들이 다 듣도록 했는데 나는 그 소리가 너무 싫었다. 차임벨 소리가 울리는 시간에 우리 집 앞으로 그 교회 다니는 학생이 지나가면 그놈을 잡아 주먹질하기도 했다. 그런데 교회에서 돌아온 그 날 밤 차임벨 소리는 마치 하나님이 나를 부르는 소리로 들렸다. 그때 나는 이번 주 일요일부터 교회를 다니겠다고 결심했다.

# 생명의 빛 예수께로

일요일이면 언제나 친구들과 만나 놀러 가든지 아니면 복싱 체육관으로 운동하러 가던 내가 세상에 태어나 처음으로 예배의 장소에 갔다. 오후 2시에 학생회 예배가 있다는 것을 알고 그 시간에 맞추어 갔다. 모든 학생이 양산 깡패 정수가 왔다고 수군거리기 시작했다. 내가 교회에 온 것을 별로 달갑게 생각하지 않는 듯했다. 그래도 학생회에서 내가 새로 왔다고 손뼉을 치며 환영송을 불러 주고 선물도 주었다.

"괜찮네. 교회 오니까 선물도 주고, 이쁜 가시나들도 많고, 좋네."

그다음 주 주일 나는 또 교회로 갔다. 그런데 후배인 고1 학생 한 명이 내가 교회에 온 것에 대해 못마땅하게 여기며 인상을 찌푸리고 있었다. 나는 화가 났다. 나는 그놈을 교회 밖으로 조용히 불러냈다.

"와, 내가 오니까 기분 나쁘나?"

"아닙니더."

"그라모 와 인상 쓰고 째리보노, 이 새끼야!"

"안 그랬는데에."

"눈 깔아라 이 새끼야. 이 교회가 다 니끼가? 하나님이 지키보고 있는 요오서 우찌 니를 때리겠노. 내일 학교 오믄 우리 교실로 온나. 알겠나. 니 내 반 알제?"

"예, 압니더."

"내일 꼭 찾아온나. 안 오면 죽는다!"

예수 믿기 전의 나의 모습은 예수님께로 전향한 후 선한 모습으로 바뀌었다. 왼쪽 사진 고2. 오른쪽 사진 신학교 2학년.

"예."

"들어가, 이 새끼야."

나는 그날 학생회 예배가 끝날 때까지 교회를 떠나지 않고 모든 예배와 2부 활동 분반 공부까지 모두 참석했다. 예배가 끝난 후 나를 화나게 했던 후배 녀석에 대한 분노가 완전히 사라졌다. 나는 그 후배를 손짓으로 불렀다.

"이번 한 번은 용서한다. 이기 다 하나님 덕인 줄 알아라. 알겠나?"

"예, 고맙심더."

"니 내가 교회 왔다고 한 번만 더 인상 쓰면 죽는다."

일주일이 또 지나고 일요일이 되어 나는 학생회 예배를 가려고 집에서 예배시간을 기다리고 있었다. 그때 함께 놀던 친구들이 집으로 찾아왔다.

"정수야, 요즘 니 교회 다닌다면서. 가시나처럼 교회는 뭐하러 가노? 오늘 양산 둑에서 한잔하고 놀자."

"느그들 잘 들어라. 내 마음 잡았다. 인자부터 내 교회 다니니까 그렇게 알고, 일요일에는 내 찾아오지 마라. 알겠나?"

"정수 니 없으믄 우리가 무슨 재미로 노노? 와, 정수답지 안쿠루 와 이라노? 교회는 가시나들이 가는데 아이가?"

나는 친구들한테 화를 내며 말했다.

"이 새끼, 입 안 닥치나? 느그들 죽고 싶나? 안 간다고 안 카나. 느그들끼리 가라 이 새끼야."

"알았다, 알았다. 우리끼리만 재밌게 놀았다고, 딴소리나 하지 마라."

친구들이 떠나고 오후 2시 학생회 예배시간에 맞추어 교회로 갔다. 예배를 드리는 도중에 너무나 놀라운 일을 경험했다. 학생회 지도교사 선생님이 나와서 설교를 하는 도중 이런 말씀을 하는 것이었다.

"여러분, 주일날은 꼭 교회에 나와야 합니다. 우리가 교회를 나오려고 하면 유혹이 참 많습니다. 혹시 친구들이 찾아와서 '양산 둑에 가서 친구들하고 술 한잔 하면서 놀자. 교회 뭐하러 가노? 노는

게 훨씬 좋다.' 하면서 유혹을 할 수도 있습니다. 그때 여러분들이 그 유혹을 뿌리치고 그 친구들에게, '나는 교회 가야 하니까 느그들끼리 가라.' 하면서 당당하게 말하고 교회에 나오면 하나님은 여러분들을 훌륭한 사람으로 만들어 주실 겁니다."

나는 이 설교를 듣고 너무나 놀라 거의 뒤로 자빠질 뻔했다.

"와, 저 아줌마 완전 귀신이네. 오늘 내한테 일난 일을 바로 딱 찝어뿌네. 하나님이 저 아줌마한테 말 안해 주쓰믄 우찌 알았겠노. 와 이거는 하나님이 진짜 살아있다는 증거 아이겠나."

그때부터 나는 하나님의 존재를 믿기 시작했다. 교회를 열심히 다녔다. 친구들의 유혹을 뿌리치며 주일에는 철저히 오후 2시 학생회 예배를 참석했다. 교회에서 만나는 학생들이 매일 보고 싶어졌다. 교회 가는 시간이 기다려졌다.

1984년 여름, 삼양교회에서는 여름 학생회 수양회를 양산 강림산 기도원으로 간다고 했다. 나는 수양회가 무엇인지 몰라 당시 삼양교회 학생회 회장으로 있었던 오승준이라는 친구에게 물었다.

"야, 승준아, 수양회가 뭐꼬?"

승준이는 무슨 마음으로 그렇게 대답했는지 대뜸 이렇게 대답했다.

"노래 콩쿠르 대회."

내 귀에는 그렇게 들렸다. 나는 그 소리를 그대로 믿어 버렸다. 그래서 나는 수양회에 참석하겠다고 신청을 하고 그 콩쿠르 대회를 위해 기타를 치며 노래 연습을 했다. 중학교 3학년 때부터 배운 기타 실력으로 기타를 치며, 당시 내가 즐겨 부르고 있었던 '젊은 연인들', '슬픔의 심로', '불씨'라는 노래를 준비했다.

드디어 콩쿠르 대회가 열리는 날이 되었다(학생 수양회 가는 날). 나와 학생들은 분주하게 짐을 챙겨 강림산 기도원으로 떠났다. 1984년 8월 초, 그날 밤 8시, 노래 대회가 시작되는 시간(예배드리는 시간), 지도교사 선생님의 목소리가 들렸다.

"모두 대성전으로 가서 집회에 참석해라!"

예배당으로 올라가기가 갑자기 꺼려져 숙소에서 머뭇거리고 있던 나에게 지도교사 선생님은 다그치며 말씀하셨다.

"정수야, 빨리 예배당으로 올라가라. 올라가서 오늘 은혜 많이 받아라. 하나님이 참 기뻐하실 끼다."

예배당으로 올라가 보니 얼마나 많은 사람이 모였는지 나는 깜짝 놀랐다. 어림잡아 약 2천 명 정도 된 듯했다. 그 많은 사람이 의자도 없이 마룻바닥에 앉아 북소리에 맞추어 손뼉을 치며 노래를 부르고 있었다. 그런데 가요가 아니라 찬송가를 부르고 있었다. 삼양교회 학생들은 모두 앞자리에 이미 앉아 있었고, 난 그들 옆으로 가서 앉았는데 노래가 다 끝나자, 머리가 살짝 벗겨진 한 연세 드신 분(부흥강사 목사)이 나오셨다. 나는 그분이 이 콩쿠르 대회를 진행하는 사회자인 줄 알았다. 그분이 나오시더니 다음과 같이 말했다.

"다 같이 기도하시겠습니다."

"와, 지기네. 콩쿠르 대회 하는데도 기도하고 시작하나?"

나는 그때까지만 하더라도 그 예배당 안에서 무슨 일이 일어나고 있는지 전혀 알아채지 못했다. 사회자는 곧이어 큰 소리로 말했다.

"다 같이 주여 삼창 하시고 통성으로 기도 합시다."

그 사회자의 말씀이 끝나자마자 그 많은 사람이 일제히 '주여, 주여, 주여!' 이렇게 세 번을 외치더니 기도를 하기 시작하는 것이었다. 그때야 나는 정신이 번쩍 들었다. 그리고 승준이에게 속았다는 생각을 했다.

'이건 콩쿠르 대회가 아이다. 오승준이 새끼가 완전히 날 가꼬 논 기야. 니 오늘 죽었다.'

나는 승준이가 나에게 거짓말을 해서 이런 이상한 장소에 데려온 줄로 생각하고 승준이를 가만두지 않겠다고 생각했다.

기도가 끝난 후 콩쿠르 대회를 진행하는 사회자라고 생각했던 그분이 하나님의 말씀이라고 하면서 설교를 하기 시작했는데, 그분이 바로 인천 숭의감리교회의 담임목사이신 이호문 목사님이셨다. 나는 그 목사님의 말씀에 빨려 들어갔다. 말씀을 듣던 중 내 마음 한구석에서는 강사 목사님의 말씀을 온전히 신뢰하고 있었다. 또한 살아계신 하나님께서는 지금도 우리 인생을 다스리고 있다는 사실을 믿게 되었다.

말씀이 끝나고 기도 시간이 되었다. 목사님은 모두가 성령 충만 받기를 위해 기도하자고 말씀하셨다. 나는 성령 충만이 무엇인지 알지 못했지만, 목사님의 설교 중 간증으로 말씀하셨던 하나님의 능력의 기적들을 체험한 많은 사람처럼 나도 그런 경험을 하고 싶었다. 목사님은 또다시 "주여!" 삼창 하시고 기도하자고 말씀하셨다. 그때 갑자기 내 가슴 속에서 뭔가가 끌어 오르기 시작했다. 나는 있는 힘껏 소리를 쳤다.

"주여, 주여, 주여!"

가슴이 뜨거워지기 시작했다. 눈물을 참으려고 안간힘을 썼지만, 눈물이 터져 나왔다. 하나님께 용서해 달라고 부르짖었다. 하나님에 대한 불신의 죄, 그동안 내가 저질은 나쁜 죄들이 생각나기 시작했다. 마치 필름이 돌아가듯이 보였다. 한 번도 죄라고 생각해본 적이 없었던 것들이 눈앞에서 직접 죄로 드러났다. 지금까지 숨겨왔던 죄들, 그리고 잊고 살아왔던 죄들이 마구 생각났다. 기억하려고 해서 기억 난 것이 아니라 누군가가 마치 사진 앨범을 보여주듯이, 지난날들의 어두웠던 모든 삶이 떠오른 것이다. 내 마음의 깊은 곳까지 들어내었다. 나 자신이 얼마나 악한 존재인지를 깨닫게 했다. 하나님 외에는 그 누구도 이 죄를 해결해 줄 수 없음을 나는 그때 알게 되었다.

"주님요, 내 죄를 용서해 주이소! 주여, 주여!"

갑자기 혀가 마음대로 움직이고 이상한 말이 터져 나오더니 도저히 나 자신이 나의 혀를 조절할 수 없게 되었다. 내 혀는 영상 필름처럼 보이는 내 죄에 대한 깊은 내 마음의 울부짖음을 호소하는 데 사용되고 있었다. 내 영은 하나님을 찾고 있었다. 주체할 수 없는 눈물과 콧물을 흘리며 목이 터지라 부르짖으며 회개하였다. 가슴이 뜨거워 견딜 수가 없었다. 앞에서 기도하던 나는 바닥에 엎어져 데굴데굴 구르며 회개기도를 하였다. 3시간가량 지났을까? 온몸에 힘이 빠진 채 바닥에 누워있었다. 잠시 뒤, 눈을 떠보니 내 주위에 아무도 없었고 조용히 기도하는 아주머니 몇 분만 계셨다.

숙소로 내려왔을 때 지도교사 선생님이 나를 보면서 기뻐하셨다.

"정수야, 주님이 니를 찾아 오셨데이. 니가 오늘 성령을 받은 기다. 할렐루야!"

나는 그때야 비로소 성령의 불을 받았다는 것을 알았다. 그 현상과 회개기도는 수양회 기간 3일 동안 계속되었다. 설교 말씀을 들을 때도, 기도할 때도 내 눈에서는 눈물이 멈출 줄 몰랐다. 또한, 뜨거운 가슴은 식을 줄 몰랐다. 말씀을 들을 때마다 내 마음은 기쁨으로 가득 찼다. 기도를 할 때면 기도원의 예배당 전체를 뒹굴면서 온몸에 땀 범벅으로 눈물 콧물을 흘리며 나를 용서해 달라고 하나님께 부르짖었다. 가슴과 머리를 쥐어뜯으며 어찌할 바를 모르고 부들부들 떨며 하나님의 임재 앞에서 그저 용서해 달라는 기도만 드렸다. 뜨거운 가슴을 부둥켜안고 이리 뒹굴고, 저리 뒹굴다 심지어 실신할 정도까지 갔다. 목이 잠겨 더 이상 소리를 낼 수가 없었다. 예수 그리스도의 십자가가 보였고 십자가 앞으로 다가가고 있는 나 자신을 경험했다. 살아계신 예수 그리스도에 대한 확고한 믿음이 생겼으며 진리의 성령이 나를 진리로 인도했다. 내 속에 있는 모든 더러운 죄가 씻겨나감을 체험하며 내 속에 자리 잡고 있었던 나의 옛사람이 죽는 순간을 경험했다. 도저히 말로 표현할 수 없는 기쁨을 경험했고 그리스도 안에서 하나님의 생명으로 새롭게 태어나는 거듭남을 경험했다.

집회 3일째 날, 이호문 목사님은 말씀을 전하시기 전에 성도들을 향해 '특송' 하실 분이 있으면 나와서 하나님께 찬양을 올리라고 하셨다. 아무도 나오는 사람이 없었다. 그때 나는 은혜 받으며 불렀던 찬양을 거기에 모인 사람 앞에서 부르고 싶어 손을 번쩍 들었다.

"제가 특송 하겠심더."

이호문 목사님은 나를 앞으로 나오라고 하셨다.

"자네, 청년인가?"

"아닙니더. 고등학교 2학년 학생임더."

목사님은 다시 물으셨다.

"자네 씨름선순가? 몸집이 좋구먼."

"아닙니더. 저는 복싱합니더."

목사님은 거기에 모인 수많은 사람에게 이렇게 말했다.

"복싱하는 학생이 은혜를 받았구먼. 할렐루야!"

사람들은 '아멘'으로 화답했다.

"그래 한번 혀봐. 하나님께 은혜받은 찬양을 힘껏 한번 혀봐.

나는 눈을 감고 큰소리로 찬양을 불렀다.

> "인애하신 구세주여, 내 말 들으사. 죄인 오라 하실 때 날 부
> 르소서. 주여, 주여, 내 말 들으사. 죄인 오라 하실 때 날 부르
> 소서…"

강대상 위에 두 주먹을 불끈 쥐고 강대상을 두들겨 가며 눈물을 흘리면서 찬양했다. 특송이 끝나고 나는 그 자리에서 서서 엉엉 울었다.

"학생, 기도 많이 혀. 하나님이 크게 쓰실거여."

이호문 목사님은 나를 위해 특별히 축복기도를 해 주셨다.

그날 밤 하나님은 나에게 말씀하셨다.

"지금까지 너의 주먹만 믿고 살았던 너를 이제부터 나의 복음을 세계에 전하는 종으로 사용할 것이다."

하나님은 잃어버린 영혼들을 구원하시려고 나를 택하여 불러 세워주셨다.

> "너희가 나를 택한 것이 아니요 내가 너희를 택하여 세웠나니 이는 너희로 가서 열매를 맺게 하고 또 너희 열매가 항상 있게 하여 내 이름으로 아버지께 무엇을 구하든지 다 받게 하려 함이라."
>
> (요한복음 15:16)

주님을 만난 후, 나는 사람들에게 살아계신 하나님을 증거했다. 그분이 예수 그리스도의 보혈로 내 죄를 용서하시고 구원해 주셨다고 전했다. 예수 그리스도는 우리의 구원자라고 가족들과 친구들과 만나는 사람들에게 전했다. 나는 하나님으로부터 받은 표현할 수 없는 은혜를 어떻게 전해야 할지를 몰랐다. 그러나 분명한 사실은 하나님이 살아계신다는 것이었고 그의 아들 예수 그리스도는 유일하신 세상의 구원자라는 사실을 하나님께서 나에게 알도록 하셨다는 사실이다. 이 분명한 사실을 모든 사람이 알도록 그들에게 전해 주는 것만이 나의 최선이었다.

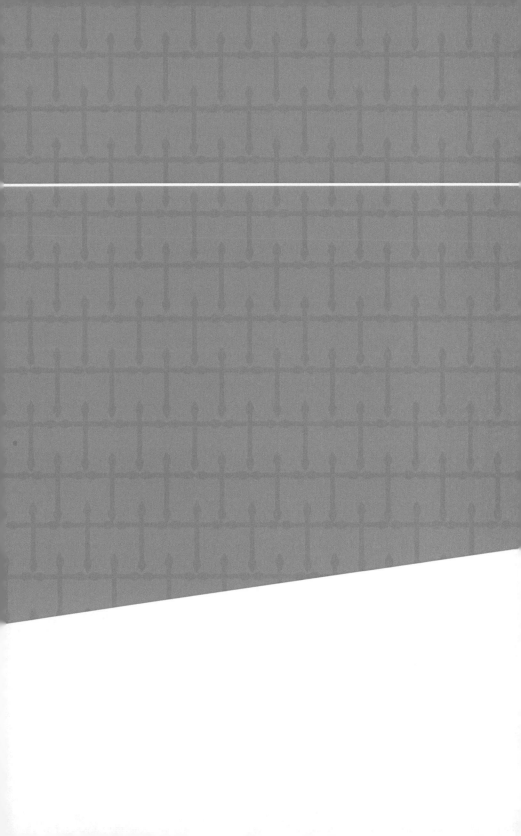

T**R**UMPET

# Renewal
## 새로움

하나님은 나를 그리스도 예수 안에서 새로운 창조가 되게 하셨다. 그 후 나는 새로운 생명 속에서 주님이 주신 새로운 옷을 입고 새로운 삶을 살기 시작했다.

# 새로운 삶의 시작

학생회 수련회를 마치고 기도원에서 내려온 후 나의 모습은 완전히 하나님의 자녀로 하나님의 선한 아들로 거듭난 새로운 삶이 시작되었다. 나의 마음을 사로잡고 있었던 악한 영이 물러가고 하나님의 성령이 나를 지배하니 험악하고 혐오감이 느껴질 정도의 무섭게 보였던 얼굴도 선한 빛을 띤 얼굴로 변화되었다.

나는 중학교 때부터 한 번도 학교에 남아 학교 청소를 해 본 적이 없었다. 학교에서 나는 당연히 청소하지 않는 학생으로 알려졌었다. 그런 내가 빗자루와 대걸레를 들고 자발적으로 교실과 화장실 청소를 하는 학생이 되었다. 반 친구들은 믿을 수 없는 일이라며 이상한 눈빛으로 나를 쳐다봤다. 학생이 학교 교실과 화장실 청소하는 것이 당연한데도 선생님들과 친구들은 청소하는 나의 모습을 이상하게 생각했다. 나는 정상적으로 바뀌었는데, 모두 나를 비정상적인 사람처럼 바라봤다.

"도대체 방학 동안 정수한테 무슨 일이 일어났노? 정수 저거 도란거 아이가. 청소한다고 대걸레 들고 설치는 거 봐라."

친구들이 수군거렸다. 하루는 학교 수업을 마치고 화장실 청소를 하러 갔다. 제일 먼저 빗자루를 들고 변소를 깨끗이 쓸었다. 조금 있으니 변소청소 당번들이 왔다.

"정수 니 맞나. 니가 와 요 있노? 체육관 안 가나?"

"내 인자부터 복싱 안 한다. 나는 목사 될 끼다."

"와, 니도 그런데 관심 있는 갑네."

그때 교련 선생님이 들어오셨다.

"임마 이거 누꼬?"

"저, 정순데예."

"누가 정순지 모르나 임마. 니가 와 여기 있노 말이다."

"청소하고 있다 아입미꺼. 저는 인자 옛날 정수가 아입미더. 저요, 예수님 믿고 완전히 달라졌심더."

"아쭈 놀고 자빠졌네. 야, 임마. 하던 대로 해라. 사람이 갑자기 변하면 죽는다. 알겠나?"

교련 선생님은 믿기지 않은 표정으로 나를 쳐다보시고는 고개를 저으며 나가셨다.

나는 학교친구들과 더 이상 옛날처럼 어울려 다닐 수가 없었다. 복싱 세계 챔피언의 꿈을 가지고 열심히 했던 복싱도 더 이상 할 수 없었다. 오전 수업을 마치면 곧장 복싱 체육관으로 갔던 내가 이제 끝까지 남아 수업을 하는 정상적인 학생이 되었다. 책가방에 복싱 글러브와 벤또(도시락)만 넣고 다녔던, 공부하고는 전혀 상관 없었던 내가 신학교를 들어가기 위해 열심히 공부하기 시작했다. 저녁에는 교회에 가서 철야기도를 하며 1년 반 동안 교회 본당에서 잠을 잤다. 싸움질하며 함께 술을 마시던 친구들이 내 곁에서 점점 사라졌다. 이제 복싱 체육관은 더 이상 내가 가야 할 곳이 아니었다. 함께 교회를 다니며 기도하며 신앙생활 하던 친구들과 후배들이 나의 가까운 친구들이 되었다.

예수님을 만나기 전 나의 학창시절은 수업시간에 잠을 자고, 주먹질과 싸움을 즐기며 지내온 시절이었다. 심지어 술에 취해 교실로 들어온 영어 선생을 폭행까지 했다. 물론 고의로 그렇게 한 것은 아니었다.

"박정수 앞으로 나와!

술을 어디서, 왜 드셨는지는 모르겠지만, 영어 선생님이 술에 취해 교실에 들어 와서는 큰 소리로 내 이름을 부르시는 것이었다. 나는 앞으로 나갔다.

"정수 니가 그래 잘 나간다매. 니 주먹이 그래 쎄나?"

갑자기 선생님이 내 뺨을 사정없이 때렸다. 그때 나도 모르게 그냥 반동적으로 주먹이 선생님 얼굴을 향해 날아갔고, 술에 취한 선생님은 그 자리에서 쓰러졌다. 반 친구들에게 한마디를 하고 나는 곧바로 교실을 나왔다.

"느그들, 내가 선생님 때릿다고 말하면 죽는다."

얼마 전까지만 해도 나는 이런 불량 학생이었다. 그러나 지난 여름 방학, 예수님을 만난 후 아주 갑작스럽게 학교 수업에 충실한 학생이 되어 버렸다. 나는 매일 성경이 너무 읽고 싶어 모든 학교 수업시간에 성경책을 펴놓고 성경만 읽었다. 원래부터 나는 수업시간에 공부하지 않고 책상에 엎드려 잠만 자던 학생이었기 때문에 내가 수업시간에 성경을 읽고 있다고 야단치는 선생님이 아무도 없었다.

하루는 국사 시간에 성경을 읽고 있는데 국사 선생님이 나에게 질문을 하셨다.

"정수야, 니 바이블(Bible)이 뭔 줄 아나?"

"모르겠는데요."

"야, 임마. 세상에서 하나밖에 없는 책, 세상에서 가장 훌륭한 책, 세상에서 가장 오래된 책, 그기 바이블이야. 바로 니가 지금 읽고 있는 그 책이 바이블이야. 한국말로 성경. 따라 해봐라. 바이블."

지금 생각해 보면 국사 선생님은 그리스도인이었던 것 같다.

그때야 나는 바이블(Bible)이 내가 읽고 있던 성경인 줄 알았다.

당시 학교 선생님들은 나의 갑작스러운 변화에 이구동성으로 이런 말을 했다.

"정수 전마 저거와 저래 변했노? 미친 거 아이가? 복싱은 안 하고 목사 될 끼라고 저래 날뛰쌌네. 국어 시간에는 국어 공부한다면서 성경책을 읽질 않나, 뭐 변소청소 한다고 대걸레 들고 설치지를 않나. 참 웃긴 놈 아이가."

정말 나는 미쳐 있었다. 세상에 미친 것이 아니라. 예수님께 미쳐 있었다. 이것은 복음의 능력이었다. 이것은 하

예수님을 믿은 후 삼양교회 담임 정영철 목사님께서 타 교회 학생회 부흥회를 인도하시던 날, 목사님을 따라가 그 교회에서 찬양과 함께 간증하게 되었다. (1984년 가을)

나님 구원의 능력인 십자가 복음이었다. 나의 옛사람, 죄의 본성을 예수님과 함께 십자가에 못 박고 예수 생명으로 다시 사는 십자가 복음의 능력이었다.

세상이 어떻게 이 생명의 역사를 이해할 수 있을까! 나의 변화를 어떻게 그들의 이성으로 깨달을 수 있을까! 그래서 그들은 나를 보고 미쳤다고 한 것이었다. 이 땅에서 온전한 삶을 살려면 예수께 미쳐야 함을 저들이 알 리가 없었다.

> "우리가 만일 미쳤어도 하나님을 위한 것이요 정신이 온전하여도 너희를 위한 것이라."
>
> (고린도후서 5:13)

# 어린이 전도

고등학교 3학년이 되었을 때(1985년), 내 인생의 놀라운 일이 또 생겼다. 예수님을 만난 지 1년밖에 안 된 내가 주일학교 선생으로 임명을 받은 것이다. 양산 깡패로 불리며 사고뭉치였던 내가 주일 학교 선생이 되는 믿을 수 없는 일이 생긴 것이다. 하나님의 은혜로 양산 삼양교회 어린이 주일학교의 선생이 되어 어린아이들을 열심히 가르치며 전도했다. 처음으로 주일학교 4학년 여자반을 담당했다. 3명으로 시작한 주일학교 4학년 학생들이 몇 개월 사이에 30명으로 늘어났다. 나는 동네 아파트를 다니며 열정적으로 전도했다. 하나님께서 양산의 어린이들을 주님께 인도하도록 부족한 나를 사용하셨고, 나는 열심히 말씀을 준비하여 나를 통해 전도된 아이들에게 하나님의 말씀을 전하며 가르쳤다. 밤마다 교회에 나가 그들의 이름을 불러가며 기도했다.

토요일 오후가 되면 나는 전도하기 위해 북을 치면서 동네를 돌아다녔다. 북소리를 듣고 마을 사람들이 시끄럽다며 북을 그만 좀 치라고 소리쳤지만 그들의 말에 개의치 않고 열심히 북을 쳤다. 요즘 같으면 소음으로 인해 민사가 들어가 도저히 불가능한 전도방법이겠지만, 당시는 이렇게 전도해도 전혀 문제가 없었다. 이렇게 북을 치는 동안 동네 꼬마들은 그 북소리를 듣고 나에게 몰려들었다. 그 북소리를 듣고 내 뒤를 따라오는 아이들을 교회까지 데리고 와서 하나님의 말씀을 가르쳤다. 마을 사람들은 나의 이러한 행동을 이해하지 못했다.

"권투해가 뭐 세계 참피언 되겠다고 날뛰던 정수 전마가 고등학교 드러가 가꼬 완전 사고뭉치가 되던 마는, 인자는 교회에 미치가꼬 얼라들 전도한다고 저레 북 치고 지랄하고 다니네. 완전 미친기라. 세상 말세데이."

마을 분들은 내 행동에 고개를 저었다. 그리고는 나를 유심히 지켜보았다. 그들은 비록 내가 미친 사람처럼 마을 아이들을 전도하며 이렇게 북 치며 이상한 짓을 하고 있지만, 쌈이나 하면서 사고 치는 것보다는 오히려 더 낫다는 생각을 했다.

어느 날 우리 교동 마을 이장이 아버지께 이런 말을 했다.

"정수가 하도 사고를 치길래 우리 교동 마을에서 긴급회의를 했심더. 그라고 박 씨네 집을 우리 마을에서 쫓아내기로 했는데 정수가 교회 다니면서 저렇게 착하게 변해서 마 그 결정을 취소 했심더."

나 때문에 동내에서 쫓겨 날뻔한 우리 가정을 하나님께서 지켜주셨다. 아버지께서는 이 일에 대해 예수님을 믿은 후 나에게 말씀해 주셨고, 나는 이 말을 듣고 얼마나 하나님께 감사했는지 모른다.

나는 살아계신 하나님을 더 열심히 섬겼다. 더 열심히 어린 아이들을 사랑하며 전도하며 말씀을 가르쳤다. 그러던 중, 어린이 주일학교에서 나에게 새로운 직분이 주어졌다. 그것은 율동 담당 선생이었다. 정말 예수님을 믿기 전에는 상상도 할 수 없었던 일이다. '쌈꾼'이었던 내가 어린 꼬마들 앞에서 유치하게 율동을 가르친다는 것은 나 자신도 이해가 되지 않는, 한마디로 쪽팔리는 일이었다. 율동을 가르치기 위해 아이들 앞에 서면 아이들이 웃었다. 그런데 놀라운 것은 나 자신이 율동 하는 일에 대해 전혀 부끄럽지도, 쪽팔리지도 않았다는 것이다. 그저 기뻤다. 감사했다. 그리고 예수님을 믿기 전, 친구들과 함께 팝송을 틀어놓고 고고 춤을 추며 놀던 그때의 춤 실력으로 주일학교 찬송에 율동을 창작하여 찬양 율동을 주일학교 학생들에게 재미있게 가르쳤다. 어린아이들이 정말 재미있어 하고 좋아했다. 열심히 율동을 따라 하며 하나님을 찬양했다. 율동 시간이 재미있다는 소문이 아이들 사이에서 퍼졌고 이 일로 하나님은 많은 어린아이를 주일학교로 보내 주셨다.

1985년, 여름. 나는 부산 부전교회에서 열리는 여름 성경학교를 위한 교사 강습회에 참석해야만 했다. 그런데 문제는 학교에서 4교시를 마친 후 조퇴를 해야 교사 강습회에 참석할 수 있었다. 고등학생이었던 나는 시간적인 문제 때문에 그 강습회에 참석할 수 없는 상황이었다. 그러나 율동 선생으로서 책임을 다하기 위해 그 교사 강습회를 참석하고 싶었다.

이 상황을 학교 담임선생님께 말씀을 드렸더니 담임 선생님은 어이가 없다며 교회 여름 성경학교 교사 강습회 때문에 학교 수업을 빠진다는 것은 조퇴 사유로 적합하지 않다고 하면서 조퇴 허락을 해 주지 않았다. 예수님을 믿기 전 나는 공부를 하기 싫은 날이면, 학교에서 징계를 받는 한이 있어도 그냥 집으로 가버렸던 나였다.

그런데 이제는 그럴 수가 없었다. 선생님께 정식으로 허락을 받고 교사 강습회를 참석하고 싶었다.

"샘요, 허락해 주이소. 저는 교회학교 율동 샘이라서 꼭 그 교사 강습회에 참석해야 됩니더."

"정수 니가 선생이라꼬? 니 미친 거 아이가? 지나가는 개가 다 웃겠다. 임마. 공갈치지 말고 니 자리로 들어가!"

1985년 겨울, 어린이 주일학교 반 어린이들과 함께.

선생님은 허락지 않으셨다. 나는 포기하지 않고 끝까지 선생님을 설득시켰다. 결국, 선생님은 3일간의 조퇴를 허락해 주셨다. 나는 들뜬 마음으로 교회학교 교사강습회에 참석하여 여름 성경학교 동안 가르칠 율동을 다 배웠다. 여름 성경학교 기간에 나는 최선을 다해 율동을 가르쳤고, 북을 치며 전도를 하고 말씀을 가르쳤다. 하나님은 삼양 교회 어린이 여름 성경학교에 복을 주셨다. 그 해, 여름 성경학교 때 모인 어린이 수가 207명이 되었다. 양산에서 개척된 지 5년밖에 되지 않은 삼양 교회가 양산에서 주일 학생들이 가장 많이 참석하는 교회가 되었다.

# 기도의 자리

　1985년 초, 양산 삼양교회 중고등부 학생회 회장이 되었다. 교회의 질서도 잘 몰랐고, 교회의 행정에 대해서도 아주 무지했다. 그저 하나님께 은혜받고 가슴이 뜨거워 열심히 주일학교 선생으로 봉사하고 기도하고 전도했을 뿐이었는데 학생회 회장 투표에서 회장으로 선출되었다. 나 같은 사람이 주일학교 어린이들에게 선생님이라는 소리를 듣는 것만 해도 믿을 수 없는 일이었는데 이제는 중고등부 학생들이 나에게 회장님이라고 불렀다. 나는 교회 생활에 대해서 잘 몰랐지만, 최선을 다하여 리더십을 발휘하였고, 학생회가 기도하고 전도하는 일에 열심을 낼 수 있도록 불을 붙였다. 당시 약 25~35명 출석한 학생회였지만 곧 70명으로 성장을 했다.

　학생회 여름 수양회 때 은혜를 경험한 학생들이 밤마다 교회에 함께 모여 철야기도를 했다. 이 일로 몇몇 학생들 집에서는 교회 나가는 것 때문에 큰 핍박이 시작되었다. 어떤 여학생은 오빠에게 매를 맞고 머리카락이 잘리고 말할 수 없는 고통을 당했다. 어느 날 밤, 한 여학생 친구가 교회 안에서 울고 있었다. 왜 그러냐고 물어보니 팔의 상처를 보여주면서 오빠가 교회에 가면 죽인다고 하면서 담뱃불로 팔뚝을 지졌다고 했다. 예전 성질 같으면 그 오빠를 찾아가 두들겨 패주고 싶었다. 그러나 나는 그 친구 손을 잡고 기도를 해 주었다. 집안에서 핍박받은 삼양교회 학생들은 그런 핍박에도 주님이 주시는 힘으로 잘 견뎠다.

양산이라는 지역은 우상이 심한 곳이고 미신을 많이 믿는 곳이다. 무당들이 많고 절이 많이 있는 지역이다. 그래서 전도하기가 매우 어렵고 신앙생활하기가 참 힘든 지역이다. 삼양교회 학생들은 대부분 1984년의 여름 수양회 때 성령체험을 하게 되었는데, 그 후부터 몇몇 학생들이 나와 함께 교회에서 매일 밤 기도를 하게 되었다. 그러다 보니 그들에게 핍박이 왔고 학생회 전체가 그 영향을 받게 되었다. 그럼에도 불구하고 하나님께서는 삼양교회 학생회를 붙들어 주셨다. 나는 그때 이 문제를 기도로 해결해야만 한다고 생각했다. 하나님만이 우리를 도와주실 수 있고, 그 친구들을 가정의 핍박으로부터 승리할 수 있도록 하실 수 있다는 확신을 했다. 그래서 학생회 회장의 권한으로 40일 작정 기도회를 선포하고 그 기도회를 직접 인도했다. 나는 찬양 인도하고 설교하고 기도회를 인도했다. 지금 생각해 보면 참으로 황당한 일이지만, 그 당시에 40일 기도회를 선포하고, 매일 밤 찬양과 설교, 그리고 기도회를 인도하게 하신 분은 하나님이셨음을 확신했다. 나는 그저 마음에 감동이 오는 대로 움직였다. 예수 믿은 지 얼마 되지 않은 고등학교 3학년이었던 내가, 성경 말씀도 제대로 알지 못하는, 신앙의 철부지가 감히 겁도 없이 하나님의 말씀을 들고 강대상에 서서 설교를 한다는 것이 말도 안 되는 일이었다. 그러나 나는 말씀을 깊이 묵상하고, 암송하고, 성령님이 인도하시는 대로 선포했다. 말씀만이 우리 학생회를 든든히 붙들 수 있다고 믿고 40일 동안 매일 성령님이 감동을 주는 말씀을 선포했다.

양산 깡패가 예수 믿고 변화되어 삼양교회 학생회장이 되었고, 이제는 40일 기도회를 인도하고 설교한다는 소문이 교동에 있는 양산여자고등학교에 퍼졌다. 40일 기도회에 삼양교회 학생들뿐만 아니라 양산 여고생들도 참석하기 시작했다. 그 기도회에 참석한 수가 점점 많아지더니 약 80명의 학생이 참석하여 함께 뜨겁게 기도하는 역사가 일어났다. 40일 기도회가 끝날 무렵 우리 학생회는

학생들을 바른 신앙의 길로 인도하신 삼양교회 학생회 지도교사 안순자 집사와 학생회 임원들. (1984년)

더 뜨겁게 기도하고 더 열심히 교회를 출석하고 하나님의 일을 하며 전도하는 학생회가 되었다. 그때 학생회 부회장이었던 박양순 학생이 나에게 왔다.

"정수야, 양산여고생들이 이 기도회에 와 이레 많이 참석한 줄 아나? 니 설교가 너무 은혜가 되가꼬 그 설교에 폭 빠지뿌따 아이가. 그래서 이리 많이 온다."

나는 복음에 완전히 미쳐 있었고 내 손에서 성경을 놓지 않았다. 하나님의 역사는 성경을 많이 아는 사람들을 통해서 일어나는 것이 아니라 복음에 사로잡힌 자가 복음이신 예수 그리스도를 뜨겁게 전할 때 그 예수께서 생명으로 역사하시는 것임을 하나님은 알게 하셨다. 나는 열심히 성경을 가까이하고 성경을 통해 성령 하나님이 들려주시는 말씀을 기도회에 참석한 학생들에게 전했다. 그때 나는 내 안에 역사하신 예수님을 증거했다. 나를 변화시키고, 새로운 삶을 살도록 인도하신 하나님을 찬양했다. 당연히 우리에게는 핍박이 있을 것이고, 주님은 그 핍박을 이기게 하실 것이라는 말씀을 전했다.

> "여러분, 복싱 선수가 초반에 항상 KO승을 거두다 보면 나중에는 자기가 KO패를 당합니다. 15라운드(당시 프로 복싱은 15라운드였다) 갈 때까지 때리고 맞고 하면서, 강한 복서가 돼야 진짜 승리자가 되는 깁니다. 신앙도 마찬가집니더. 핍박이 있어야 강한 그리스도인이 되는 기 아이겠습니꺼. 어려움이 쪼매 있어야 신앙의 우승자가 되는 깁니더. 끝까지 가입시더. 포기하지 말고 15라운드까지 가입시더. 주님이 승리의 오른손을 확실하게 들어주실 낍더."

이것은 내가 기억하고 있는 그때 당시의 설교의 한 대목이다. 하나님의 말씀은 삼양교회 학생들의 마음을 위로하시고 환경을 이길 수 있는 힘을 주셨다. 기도와 말씀 증거만이 삼양 교회의 학생회 문제를 해결할 수 있는 유일한 길이었다.

# 겸손의 자리

　어느 날 학교 수업을 마치고 친구들과 교실 청소를 끝내고 집으로 가려고 하는데, 친구 한 명이 배가 아프다고 교실 바닥을 뒹굴며 소리쳤다. 나는 순간 그 친구 배를 잡고 기도하고 싶었다. 기도하면 병 고침의 역사가 일어날 것 같았다. 그 당시 나는 병든 자들이 고침을 받은 성경 내용을 알고 있었다. 예수님께서 병든 자들을 치유하시고, 죽은 자를 살리시는 놀라운 기적의 역사에 대하여 성경을 통해 보았다. 예수님의 제자들과 사도들이 예수님과 동일하게 성령의 능력으로 병 고침의 기적을 나타내었다는 말씀을 나는 알고 있었다. 그래서 내 마음 가운데 복통으로 교실 바닥을 뒹구는 저 친구의 배에 손을 얹고 기도하면 살아계신 하나님이 치유하실 것이라는 강한 믿음이 생겼다. 친구들이 그 친구를 양호실로 옮기려고 할 때, 나는 친구들에게 말했다.

　"느그들 비키바라. 이거는 하나님이 고친다."

　"정수 니 머하노? 빨리 양호실로 옮기자!"

　나는 그 친구들의 말을 무시하고 배가 아파 뒹굴고 있는 친구의 배에 손을 얹고 기도했다.

　"주여, 이 친구를 주님이 고쳐주실 줄 믿습니다. 복통은 물러가고 예수님 이름으로 고침을 받아라! 믿습니다."

그 순간 정말 친구의 복통이 거짓말처럼 사라졌다. 그 친구는 이상하게 생각했다. 주위의 친구들도 이상하게 생각했고, 나 자신도 놀랐다.

며칠 후 교회에서 기도하고 있을 때, 다른 반 학교 친구가 교회로 나를 찾아왔다. 다리를 절뚝거리며 나에게 와서는

"정수야, 니한테 신기한 능력이 있다 카데."

"무슨 말이고?"

"친구들 사이에 니가 병 고친다고 소문 짝 났다. 정수야, 내 다리 잡고 기도 좀 해도. 며칠 전부터 오른쪽 다리가 억수로 아프다. 니가 기도하면 병이 낫는다 케서 왔으니까 기도 한번 해 바라."

나는 아픈 그 친구의 발을 잡고 기도했다. 그런데 정말 그 친구의 발의 통증이 사라지고 깨끗이 나아버렸다. 이 친구는 깜짝 놀랐다.

"와, 신기하네. 진짜 안 아프네. 정수 니 초능력 가진 거 아이가?"

"아이다. 이거 하나님이 고친 기다."

얼떨결에 그렇게 말을 했지만 정말 신기했다. 그 친구도 이상하고 신기하게 생각하며 돌아갔다. 그 다음 날 학교 수업을 마치고 학교 청소를 하기 전에 나는 친구들에게 소리쳤다.

"느그들 중에 아픈 놈 있으면 다 나온나. 내가 고치주께."

몇 명 아픈 친구들이 이 말을 듣고 앞으로 나왔다. 그때 내 마음에는 이상한 교만이 가득 차 있었다. 나를 통해 친구의 병을 치유하신 분이 하나님이 아닌 나 자신으로 착각했고, 하나님이 보여주

신 두 번의 기적이 내가 기도를 많이 해서 나한테 그런 능력이 생긴 것으로 착각했다. 나는 두통을 가진 친구의 머리를 잡고 기도했고, 가슴이 아픈 친구의 가슴에 손을 얹고 기도했다. 목에 통증이 있는 친구의 목을 잡고 기도했다. 이 친구들만 고치면 나는 신비한 능력을 가진 사람으로 소문날 것이라는 이상한 생각과 함께 친구들의 병을 고치려고 기도하고 있었다. 그런데 아무런 일도 일어나지 않았다.

"정수야, 머꼬? 니가 기도하니까 더 아프다. 니 초능력이 다 떨어진 거 아이가."

친구들은 나를 비웃고 놀리듯이 말했다. 나는 며칠 동안 있었던 일들을 학생회 지도교사 집사님께 가서 물었다. 그리고 솔직한 나의 교만했던 마음을 얘기했다. 지도교사 집사님은 '신유은사'라는 것을 말씀해 주셨고, 하나님이 그 능력을 나에게 주셨지만, 나의 교만으로 그 은사가 사라진 것 같다고 말씀하셨다. 하나님이 친구에게 보여주신 신유는 더 이상 내가 친구들의 유혹에 빠져 주님을 떠나 다시 옛날의 정수로 돌아가지 못하도록 하기 위해 하나님의 살아계심을 분명히 보여 주신 것이라고 말씀하시면서, 더 겸손히 낮아지고, 성경을 많이 읽어 말씀으로 나의 신앙을 든든히 세우라고 격려하셨다.

그 당시 나에게 좋은 신앙의 조언으로 바른 신앙을 가질 수 있도록 해 주신 지도교사 집사님이 참 고마웠다. 그리고 영적 교만이 얼마나 무서운 것이며 마귀가 주는 교만의 꼬임에 빠져 타락한 종들이 얼마나 비참한 존재가 되었는가를 그 지도교사를 통해 들게 해 주신 하나님께 감사했다. 악한 교만으로 주님께 버림받지 않고 겸손한 종이 될 수 있도록 인도하신 하나님께 감사를 드렸다.

"21. 나더러 주여 주여 하는 자마다 다 천국에 들어갈 것이 아니요 다만 하늘에 계신 내 아버지의 뜻대로 행하는 자라야 들어가리라22. 그날에 많은 사람이 나더러 이르되 주여 주여 우리가 주의 이름으로 선지자 노릇하며 주의 이름으로 귀신을 쫓아내며 주의 이름으로 많은 권능을 행하지 아니하였나이까 하리니23. 그때에 내가 그들에게 밝히 말하되 내가 너희를 도무지 알지 못하니 불법을 행하는 자들아 내게서 떠나가라 하리라"

(마태복음 7:21-23)

# 친구 전도

그 후에도 나는 계속해서 나의 학급 친구들을 전도하고 싶었다. 그래서 넷째 시간이 끝나고 점심시간이 되면 친구들에게 어떤 방법으로든 전도했다.

"야, 느그들. 다 앉아바라."

"뭐 할라꼬?"

"자, 점심 묵기 전에 기도하자."

"정수 니 뭐하노? 무슨 기도?"

"식사 감사기도. 느그들은 벤또(도시락)들고 눈만 깜고 있으면 된다. 기도는 내가 할 끼다. 그라고 기도가 딱 끝나믄, 느그들은 전부 같이 '아멘'하면 된다. 알겠제. 자, 눈 깜아라."

"정수야, 우리 집은 불교다."

"입 닥치라. 기도하자."

나는 이렇게 친구들을 강제로 기도하게 했다. 기도 내용은 오직 예수 그리스도는 우리의 구원자라는 기도를 드렸다. 식사 감사기도가 예수 그리스도에 대한 복음을 듣게 하는 시간이었다.

그러던 어느 날, 점심시간에 친구들에게 부흥 강사 목사님들이 하는 스타일로 구원을 위한 안수기도를 해 보고 싶었다. 학생회 수련회 때 이 호문 목사님이 하신 대로 흉내를 내고 싶었다. 42명의 반 친구에게 소리쳤다.

"느그들 대가리 다 수그리라."

"뭐 할라꼬?"

"안수기도."

"그건 또 머꼬?"

"일단 수구리라."

친구들은 뭔지도 모르고 고개를 숙였다.

"주야, 믿습니다!"

나는 친구들의 머리를 한 대씩 때리며 교실을 돌아다니면서 기도를 했다.

"아야! 정수야, 좀 살살 치라."

머리를 맞은 친구들은 아프다고 소리쳤다. 그런데 놀라운 일이 생겼다. 안수기도가 끝나고 조금 있으니 3명의 친구가 나에게 왔다.

"정수야, 이상하제. 니가 내 머리를 딱 치는 순간 바로 예수가 딱 믿고 싶어지는 거 있제."

하나님께서 역사하신 것이다. 어린아이 같은 자를 사용하시고 연약한 자를 들어서 하나님 구원의 역사를 이루신 것이다. 친구들을 전도하고 싶은 간절한 소망을 담아 안수기도가 뭔지도 모르고 그저 부흥강사 흉내를 내며 친구들을 위해 기도했을 때 하나님 구원의 은혜가 임했다. 그날 3명의 친구가 예수님을 믿고 교회를 다니게 되는 역사가 일어난 것이다.

"주의 대적으로 말미암아 어린아이들과 젖먹이들의 입으로 권능을 세우심이여 이는 원수들과 보복자들을 잠잠하게 하려 하심이니이다."

(시편 8:2)

# 가정 전도

나의 가정은 교회 다니는 사람이라면 혐오감을 느낄 정도로 싫어하는 집안이었다. 그 이유는 할머니가 친구들을 따라 교회를 다니던 중 한 달 정도 지났을 때, 혈압으로 쓰러지셔서 돌아가셨기 때문이었다. 아버지와 어머니는 건강하셨던 할머니가 갑자기 쓰러져 돌아가신 이유가 교회를 다녔기 때문이라고 오해했다. 그런 나의 가정에 내가 예수에 미쳐 있었으니 온 집안이 난리가 났다. 강림산 기도원에서 예수님을 만난 후 나는 매일같이 집에서 약 3km 정도 떨어진 유산공단에서 함바식당을 하시는 부모님을 찾아가 전도를 했다.

"아버지, 엄마, 제발 예수님 믿으소. 안 믿으면 지옥 갑니더."

"저 미친놈이 무슨 소리를 하는 거여."

아버지는 큰소리를 치셨고, 어머니는 나의 이런 모습을 보시고 괴로워하셨다.

"어째야 쓰까. 정수가 미쳐 부렀네. 교회에 미쳐 부렀네. 어째야 쓰까. 어째야 쓰까."

그 당시 셋째 누나(박부순 집사)는 산후풍으로 3년째 한쪽 수족을 쓰지 못한 상태에 있었다. 결혼하고 아이를 낳았는데 출산 후 관리를 잘못하여 그것이 풍으로 온 것이었다. 그 누나는 우리 집 근처에 살고 있었는데 시간이 날 때면 부모님이 운영하시는 함바식당까지 자주 운동 삼아 걸어오곤 했다.

어느 날 셋째 누나는 풍을 낫게 하려고 무당을 불러 굿을 했다. 무당은 조상귀신이 노여워서 풍에 걸렸으니 집에 시주 단지를 모셔놓고 1년 동안 정성을 들이면 풍이 낫는다고 말했다. 그래서 누나는 집에다 시주단지를 모시고 절을 하고 기도를 하며 정성을 들이고 있었는데 그 누나가 하루는 식당에 놀러 와 내가 아버지 어머니께 전도하는 모습을 보았다.

"정수 너, 죽는다. 예수 믿으면 큰일 난다."

나를 보고 씩 웃으면서 말을 하는 것이었다. 나는 그 누나의 눈을 똑바로 쳐다보았다. 누나의 얼굴에서 시꺼먼 마귀의 모습이 내 눈에 보였다. 나는 부모님 앞에서 큰 소리로 누나를 향해 소리쳤다.

"사탄아, 물러가라!"

누나를 통해 내 눈에 보인 마귀의 모습을 보고 무의식적으로 외친 소리였다.

"원매 미쳐 부렀어야, 원매 우리 징수 미쳐 부렀네. 방하 때 친구들하고 기도원에 간다더만 거기서 미쳐서 왔어야. 어째야 쓰까."

옆에서 나의 이런 모습을 본 어머니가 울면서 소리쳤다. 그때 누나는 내 얼굴을 보고 놀라 대경실색하여 멍해져 버렸다.

그 후 며칠이 지나, 나의 마음 가운데 풍에 걸린 누나 집으로 찾아가 누나가 모시고 있는 시주 단지를 다 깨버려야겠다는 생각이 들었다. 집에서 망치를 찾아들고 누나 집으로 갔다. 시주단지 앞에 가려져 있는 빨간 천을 걷어냈다. 쌀을 담아놓은 시주 단지 안을 들여다보니 그 단지 안에 쌀이 가득 담겨 있었고 그 쌀 위에 2천 원이 놓여있었다. 그 돈은 버리기가 아까워 호주머니에 집어넣고 단지를 밖으로 꺼내 깨뜨려 버렸다. 그리고는 시주단지를 모시기 위해 만들어 놓은 제단을 망치로 완전히 박살을 내 버렸다. 나는 누나의 손을 잡고 간절하기 말했다.

"누나, 교회 가자. 그래야 산다. 안 그라믄 누나 니 죽는다."

"그렇지 않아도 이 시주단지 모시면서 지금까지 무서운 꿈 때문에 잠을 제대로 못 자, 시주 단지 치울라고 했는데, 시주단지 잘못 만지면 그 앞에서 즉사한다는 말을 듣고 죽을까 봐 무서워서 못하고 있었다. 이제 시주단지도 없어졌으니 다음 주부터 나도 교회 나 갈란다."

그 후, 누나는 약속대로 삼양교회에 나오게 되었다. 예수님을 믿어 하나님 구원의 은혜를 받게 되었다. 누나는 열심히 신앙생활을 했고 기도를 많이 하였다. 불편한 몸이었지만 열심히 교회에 나오는 누나에게 하나님은 말할 수 없는 은혜를 부어주셨다. 누나는 곧 성령체험을 하면서 뜨거운 전도의 열정을 갖게 되었다. 교회에서 집사 직분도 받고 구역장이 되었다. 누나는 예수님을 알지 못하는 사람들을 전도하는 데 앞장서는 하나님의 일꾼이 되었다. 새로운 모습으로 다시 태어나 새로운 인생을 살기 시작했다. 이 땅이 아닌 천국의 소망을 가지고 열심히 살았다. 하나님은 누나의 부족하고 연약함을 오히려 주님의 영광을 나타내는 데 사용하셨다. 산후풍으로 몸은 불편하고 연약했지만, 누나의 영성은 더욱 강해졌으며 죽은 영혼을 주님께로 인도하는 강한 주님의 군사가 되었다.

"…내 은혜가 네게 족하도다 이는 내 능력이 약한 데서 온전 하여 짐이라…."

(고린도후서 12:9)

1984년 겨울, 하나님은 나에게 금식기도를 하라는 마음을 주셨다. 주님을 만났던 강림산 기도원으로 다시 올라가 10일간 금식기도를 시작했다. 금식기도를 한 지 7일이 지났을 때, 나와 가장 친했던 막내 누나(박정윤 집사)가 기도원으로 날 찾아왔다. 조그만 방에서 살이 쭉 빠진 채 기운 없이 누워있는 내 모습을 보고는 누나는 안쓰러워 울었다.

"여기서 와 이라고 있노? 이렇게 굶으면 사람이 어떻게 사노? 이라다가 죽으면 우짤라고 그라노?"

이때다 싶어 나는 누나를 전도했다.

"누나, 예수님 믿어라. 니가 예수님 믿으면 내 집에 내리가께. 니예수님 안 믿으면 여기서 안 내리갈 끼다."

"알겠다. 교회 나가면 될 꺼 아이가. 그라니까 집에 가자."

"진짜제? 누나 니 공갈치면 안 된데이. 누나 니 먼저 내리 가 있어라. 3일만 더 하면 금식기도 끝난다. 금식기도 끝내고 내리가께."

나는 누나에게 교회 나오겠다는 약속을 받았는데 누나는 약속대로 교회에 나왔다. 누나는 교회 나온 지 3개월이 지났을 때 성령체험을 하고 열심히 신앙생활을 했다. 나와 함께 주일학교 교사로, 성가대 대원으로 주님을 위해 열심히 봉사했다. 함께 기도하며 부모님 전도를 위해 힘썼다. 내가 신학 공부를 할 때 물질로 기도로 나의 큰 후원자가 되어 주었고, 지금까지 변함없이 주님을 위한 나의 든든한 기도의 동역자로 큰 힘이 되어주고 있다.

나는 부모님이 예수님을 믿지 않아 참으로 가슴 아팠다. 날마다 부모님의 구원을 위해 기도했다. 아버지와 어머니께서는 내가 교회 다니는 것을 몹시 반대하셨다. 어느 날 아버지는 나에게 교회에 다니려면 집을 나가라고 하셨다. 아버지의 말씀

1985년 여름, 누나 박정윤 집사(왼쪽 두번째)와 함께 양산 삼양교회에서 어린이 주일학교 선생으로 함께 봉사하며 섬겼다.

에 나는 곧바로 짐 가방을 챙겨 집을 나와 교회로 갔다. 교회 기도실 방에서 지내며 밤마다 강대상 앞에서 무릎을 꿇고 부모님의 구원을 위해 기도를 했다. 교회에서 지내며 기도한 지 일주일이 지났을 때, 아버지께서 교회로 날 찾아오셨다. 그때 나는 교회에서 기도하고 있었다. 아버지가 날 찾는 소리에 나는 교회 밖으로 나가 아버지를 만났다.

"와 오셨습니꺼?"

"정수야 집에 가자. 니가 교회 가는 거 안 말릴 텐께 집에 가자."

"아니, 집 나가라 할 때는 언제고 와 집에 가자고 합니꺼?"

"어제 니 친구들이 패싸움해서 경찰서에 잡혀갔어야. 그란디 넌 여기서 기도를 하고 있었은께 얼마나 다행이냐."

아버지를 전도할 수 있는 절호의 기회가 왔다고 나는 생각했다.

"아버지, 내가요. 예수님 안 믿었으면 분명히 나도 패쌈했을 꺼요. 난 인자 쌈 안 합니더. 못된 짓도 안 하고 사고도 안 치고 열심히 공부해서 대학도 갈 낍니더. 그라니까 아버지도 예수님 믿고 날위해 기도 좀 해 주소. 안 그라면 집에 안 갑니더."

"알것다. 교회 가제. 까지껏 교회 가는 것이 뭐가 힘들것냐?"

아버지는 거기서 교회에 나올 것을 나와 약속하셨고 나는 그 약속을 믿고 집으로 갔다. 아버지와 함께 집으로 돌아가니 어머니께서 기다리고 계셨다.

"엄마, 아버지 교회 간다고 했심더. 엄마도 교회 가입시더. 엄마가 교회 가면 저요, 절대 사고 안 칠 낍니더."

"그라제. 가야제. 죽은 사람 소원도 들어준다는디 산 사람 소원 못 들어주겠냐? 나도 교회 나갈란다. 며칠 있으면 할머니 제사여. 마지막으로 이 제사 지내고 교회 나갈란다. 교회 다니면서 제사 지내면 쓰겠냐? 안 되제. 그랑께 이번에 마지막으로 제사 지내고 교회 갈란다."

약속대로 아버지와 어머니는 교회에 다니기 시작하셨다. 하나님은 두 분께 예수님을 구주로 영접하여 큰 구원의 은혜를 받게 하셨다.

그 후 6년이 지나, 내가 필리핀 선교사로 떠난 지 1년쯤에 아버지와 어머니가 나를 위해 100일간 산 기도를 하시다 성령체험을 하셨다. 그때 아버지는 평생 손에서 놓지 못했던 술과 담배를 끊게 되었다. 아버지에게 술을 끊으라고 권할 때마다 어머니께서는 나에게 이렇게 말했다.

"느그 아버지는 술, 담배 끊으면 죽어야. 그랑께 술, 담배 끊으라고 하지 마라."

그런 아버지가 성령을 받고 성령의 능력으로 술, 담배를 단번에 끊게 된 것이다. 부모님께서는 나의 든든한 기도의 후원자가 되어 주셨다. 또한, 두 분은 삼양교회에서 집사 직분까지 받게 되는 축복을 누리게 되었다. 하나님께서는 이렇게 우리 가정에 두 명의 누나와 부모님을 구원해 주셨다. 하나님 종의 길을 가고 있는 나를 위해 그들은 기도의 후원자가 되게 하셨고, 하나님 나라를 위한 든든한 동역자들이 되게 하셨다.

> "이르되 주 예수를 믿으라 그리하면 너와 네 집이 구원을 받으리라."
>
> (사도행전 16:31)

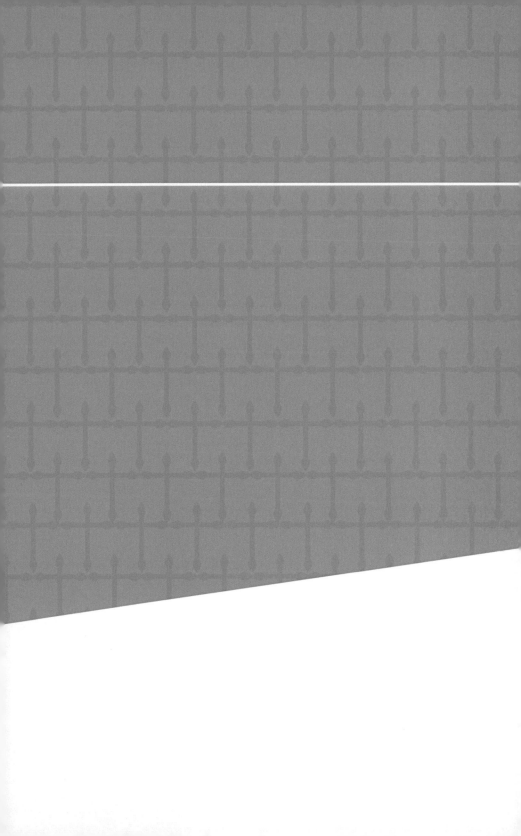

TR**U**MPET

# Undergoing
## 인내

정든 가족과 친구와 교회 그리고 어린 시절을 보낸 양산을 떠난
후, 하나님께서는 나를 경기도, 서울, 필리핀, 영국, 아메리칸 사
모아, 그리고 세계의 나라 미국땅으로 인도하셨다. 수많은 시련
속에서도 하나님은 그 어려움을 견디며 이겨내게 하셨다. 그리고
그 안에서 인내를 가르치셨다.

# 시작된 나그네 삶

1986년 나는 하나님의 인도하심으로 경기도 군포시에 있는 순복음 신학대학(현 한세대)에 입학하게 되었다. 기숙사 방을 배정받고 새로운 사람들과의 생활을 시작했다. 정든 양산과 영적 고향 삼양교회 그리고 부모님과 가족들을 떠나 하나님이 보여주신 새로운 세계를 향해 믿음의 발을 내디뎠다.

"과연 여기가 위대한 하나님의 종들을 만드는 곳인가!"

4층짜리 큰 건물 하나밖에 없는 작은 캠퍼스였지만 높은 산봉우리에 자리 잡은 신학교는 정말 선지 학교 분위기가 나는 곳이었다. 나는 기숙사 생활을 했는데 학교 기숙사는 학교 건물 4층을 개조해 만들어져 있었다. 겨울이 되면 기숙사생들이 4층까지 연탄을 나르고, 기숙사 식당에서 음식을 해 주신 집사님을 도와 땅을 파 김장 김치를 장독에 묻었다. 순복음 신학교 기숙사는 나에게 이러한 즐거운 추억이 있는 곳이다. 무엇보다도 하나님을 뜨겁게 사랑하는 불타는 가슴으로 기도와 학문에 열중하고 있었던 훌륭한 선배들과 부족한 나를 격려하며 훌륭한 주의 종이 될 수 있도록 나를 붙들고 기도해 주셨던 귀한 분들을 만난 곳이었다.

꿈을 갖고 시작된 신학교 신입생 초기에 나는 매일같이 기도하고 있었던 기도 제목이 있었다. 신학교를 다니는 동안 헌신적으로 섬길 수 있는 주님의 교회로 나를 인도해 달라는 것이었다. 기도 중 나는 기숙사에서 함께 생활하던 선배님들 가운데 훌륭한 선배 전도사님 한 분을 만났다. 현재 안양 성문교회의 담임 목사로 계시는 윤노원 목사님이시다. 그분은 그 당시 서초동 꽃 마을에 있는 동신교회(서동근 목사 시무)에서 교육 전도사로 사역하고 계셨는데, 하루는 나에게 자신이 봉사하는 동신교회에서 함께 사역하자고 제안하셨다. 어린이를 맡을 담당 전도사가 필요하다고 하셨다. 윤노원 전도사님은 동신교회에서 부 교역자로 주일학교부터 시작하여 학생, 청년, 대학부 등 모든 교육 부서를 담당하고 계셨는데, 혼자서 모든 부서를 맡다 보니 사역의 전문성이 떨어지고 비능률적이라 여겨 교육 부서에서 함께 일할 청소년을 담당할 전도사와 주일학교를 담당할 전도사를 위해 기도하셨다. 주일학교 담당할 전도사를 위해서는 기타를 잘 치는 전도사를 보내달라고 기도를 하셨는데, 기도 중 윤 노원 전도사님은 만약 신입생 중에 기타를 잘 치는 학생이 들어오면 그 신입생을 자신이 봉사하고 있는 교회로 꼭 데리고 가겠다는 생각을 하셨다. 기숙사 내 신입생 환영회 때 기타를 치며 찬양하는 내가 그분의 눈에 띄게 되었고 전도사님은 나에게 동신교회에 대하여 소개했다. 윤노원 전도사님은 당시 기숙사뿐만 아니라 학교에서 후배들 사이에 배우고 본받을 점이 많은 실력 있고 인격적으로 훌륭한 분으로 좋은 평을 받고 있었던 선배셨기 때문에 나는 그 전도사님의 요청에 동신교회를 한번 가보기로 했다. 가서 보니 그 교회는 2층 상가 건물에서 예배를 드리고 있었던 작은 교회였다. 주일학교 어린이가 약 40명 정도 있었다. 하나님은 나에게 그 교회를 섬기도록 마음을 주셨다. 그래서 나는 신학교 1학년 초, 동신 교회에서 사역하기로 결정했다. 하나님께서는 이렇게 나의 기도에 응답해 주셔서 훌륭한 선배 전도사님이 섬기고 있는 사역지에서 함께 사역할 수 있게 되었다.

열심히 기도하며 사역하는 나의 모습에 하나님은 복을 주셨다. 주일학교 교사들과 하나가 되어 열심히 사역한 결과 2년 만에 168명의 어린이가 여름 성경학교 때 모이게 되었고 나는 그들에게 열정을 다해 말씀을 전하며, 사랑의 헌신을 쏟았다. 효과적인 말씀 전달을 위해 인형극 설교 법을 배웠고, 눈물과 침을 뿜어낼 수 있는 인형들과 인형 틀을 직접 만들어 복음을 전했다. 어린 영혼을 뜨겁게 사랑하는 마음으로 동신 교회의 어린 영혼들에 그리스도의 복음을 눈물로 전했다.

나는 초등학교 디모데 제자학교를 만들어 어린 주일학교 학생들에게 제자훈련을 시켰다. 말씀을 가르치고, 전도를 가르치고, 주님을 섬기는 헌신을 가르쳤다. 15명의 디모데 제자 학생들을 중심으로 동신교회 어린이 사역을 더욱 활성화 시켰고, 동신 교회 어린 영혼들이 살아나는 부흥의 역사가 일어날 수 있도록 말씀 훈련을 철저히 시켰다.

1987년 여름, 디모데 제자학교 학생 15명을 데리고 나는 내 집이 있는 양산으로 2박 3일 수련회를 떠났다. 수련회 집회 장소로 삼양교회를 사용할 수 있었다. 2박 3일 동안 오전에는 말씀 공부를 인도하고, 낮에는 어곡동이라는 마을에서 물놀이하고, 밤에는 성

1987년, 동신교회 디모데 제자 어린이들과 함께 양산으로 2박 3일 여름 수련회를 다녀오다 타고 오던 열차가 그날 밤 폭우로 대전에서 운행을 멈춰 버렸다. 대전역 앞에서 비닐우산을 사서 아이들에게 나눠준 뒤 그 우산을 쓰고 대전역 주변에 있는 여인숙을 찾아 거기서 하룻밤을 묵고, 그 다음 날 고속버스로 강남 터미널에 도착했다. 우리는 사고 없이 무사히 도착한 기념으로 사진을 찍었다.

령 대망회를 가졌다.

나는 그 아이들에게 열심히 말씀을 가르쳤고, 열심히 그들과 놀며, 성령 대망회 시간에는 열정을 다해 말씀을 선포했다. 말씀을 전한 후 나는 그들이 기도할 수 있도록 뜨겁게 기도회를 인도했다. 디모데 제자 어린이들은 기도하길 시작했다. 함께 주님의 이름을 불렀을 때, 그들에게 성령님이 임하여 기도는 더욱 뜨거워졌다. 아이들의 기도 소리에서 방언이 터져 나오기 시작하면서 그들은 울기 시작했다. 그 기도의 자리에 위로부터 불같은 성령이 임하였다. 주님의 영광을 위해 살겠다는 신앙 고백의 눈물을 쏟고 있었다. 그때 나는 하나님 성령의 역사는 나이에 상관없이 임한다는 사실을 깨닫게 되었다.

하나님께서는 15명의 디모데 제자 훈련생들을 성령으로 뜨겁게 하셨다. 나에겐 하나님을 향한 열정과 복음 전도에 대한 더 간절한 소망을 주셨다. 디모데 제자 여름 수련회를 다녀온 후, 이 어린 아이들은 그들이 다니는 초등학교에서 매일 점심시간이 되면 함께 모여 동신 교회와 나, 그리고 예수님을 알지 못하는 친구들을 위한 특별 기도시간을 가졌다. 그들은 성령 충만했으며 모두가 학교에서 모범생들이었고 공부에도 우수한 학생들이었다. 그들은 비록 어린아이들이었지만 디모데 제자 훈련을 통해 주님의 영광을 위해 삶의 헌신을 각오한 학생들이 되었다.

1988년, 동신교회가 서초동에 부지를 사서 예배당을 건축할 때, 그때 은혜받은 디모데 제자 훈련생들과 함께 리어카를 빌려 성도들 집을 돌아다니며 폐품(빈 박스, 병, 음료수 캔 등)을 수집했다. 아이들에게 왜 우리가 폐품 수집을 하는지 그 목적을 분명히 말했다.

"예배당을 건축하면 우리가 어린이 예배실에 피아노를 헌물하자. 너희들이 헌물한 피아노로 하나님을 찬양한다고 생각해 봐라. 생각만 해도 기쁘제? 하나님의 영광을 위해 오늘도 폐품 수집하러 가자."

매주 토요일이 되면 그들과 함께 교회에 모여 온종일 리어카를 끌고 집집마다 다니며 폐품을 수집해 고물상에 갔다 팔아 돈을 모았다. 이 일을 하나님이 기뻐하셨고, 하나님은 정말 폐품 수집해서 모은 돈으로 새 예배당 건축 후, 어린이 예배실에 피아노를 헌물할 수 있도록 하셨다. 그들의 부모님은 이 일을 기뻐하셨고, 이러한 믿음을 잃지 않도록 그들의 자녀들에게 많은 격려를 해 주었다. 나는 그 아이들의 부모님들께 참으로 감사했다. 폐품 수집을 하러 다니는 자신들의 아이들을 야단치거나 그런 일을 하게 한 나를 비난

하기보다 오히려 격려하며 수고한다는 위로의 말을 아끼지 않았던 그들에게 참으로 하나님의 은혜가 있었음을 알았다.

미국에서 한국을 방문할 때면 동신교회에서 설교할 기회를 가지곤 했다. 그때마다 당시의 부모님들은 여전히 그때 일을 기억하며 말했다.

"목사님이 어린이 디모데 아이들을 데리고 다니며 리어카를 끌고 폐품 수집하러 다니던 일을 늘 기억하고 있어요. 우리는 그때 너무나 감탄했고 '하나님이 역사하지 않았다면 그 멀리까지 아이들과 함께 리어카를 끌고 다니며 어떻게 이런 일들을 할 수 있을까!' 하며 살아계신 하나님이 일하시는 것을 보았어요."

정말 하나님은 우리 안에서 우리를 통해 일하셨다. 주님이 주신 열정과 주님의 나라를 위한 하나님의 비전을 가지고 헌신의 삶을 기쁨으로 살 수 있게 하셨다.

나는 디모데 제자 훈련생들에게 아파트 전도와 학교 전도를 통해 살아계신 예수 그리스도를 증거하는 증인의 삶을 살 수 있도록 교육했다. 그들의 전도를 통해 교회의 주일학교는 성장했다. 나는 그들을 데리고 기타를 치며 노방전도를 하고, 기도와 하나님의 말씀으로 충만해질 수 있도록 훈련시켰다. 또한, 열심 있는 하나님의 일꾼들이 되어 동신 교회 어린이 주일학교의 훌륭한 리더들이 되도록 최선을 다하였다.

하나님의 일은 나이와 상관이 없었다. 어린아이들도 복음을 만나면 그들의 삶을 기쁨으로 헌신한다. 하나님께서 우리를 성령으로 충만케 하시는 것은 하나님의 영광을 위해 일할 수 있는 생명의 능력을 주시기 위함이다. 그 성령 충만의 삶은 복음을 만난 동신 교회 디모데 제자 학교 어린이들에게 동일하게 일어났다. 그들을 통하여 복음이 전파되고 그들의 삶 속에서 살아계신 하나님이 드러났다. 불신 세계에 생명의 역사가 일어났으며 주님을 알지 못한 어린이들이 주님께 돌아오게 되었다.

# 영어의 장벽

신학교 2학년 여름, 나는 영어 공부를 시작하기로 결심했다. 세계에 나가 복음을 증거하기 위해서 영어는 필수적으로 해야 한다는 강한 마음이 생겼기 때문이다. 학창시절 영어 공부라곤 전혀 해 본 적이 없었기에 알파벳만 겨우 아는 내 실력으로 어떤 방법으로 어떻게 영어를 공부해야 할지 캄캄했다. 기숙사에 영어를 잘하는 복학생 친구가 있었는데 그 친구에게 어떻게 영어를 공부하면 영어를 잘할 수 있느냐고 물었더니 중학교 책을 암기하는 것이 가장 좋다고 했다. 무식하면 용감하다고 그 친구의 말을 믿고 중학교 1, 2, 3학년 책을 무조건 모두 암기했다. 무슨 내용이며 무슨 뜻인지도 모른 체 단어를 찾아가며 하루에 6~7시간을 투자해 무조건 문장을 암기했다. 하지만 시간이 지나면 암기한 책 내용은 새까맣게 다 잊혔고, 투자한 시간만큼 능률이 없었다. 이렇게 1년간 중학교 책을 암기했지만, 영어 실력 향상에 큰 도움이 되지 않는다는 사실을 실감한 후 영어 기초 문법부터 다시 시작하기로 했다. 그래서 서울 을지로 입구에 있는 '코리아 헤럴드 어학원'에 새벽반을 등록해 안현필의 기초 문법책으로 강의하는 유명한 강사로부터 강의를 들었다. 60분 수업을 듣기 위해 기숙사에서 걸어 군포역까지 가서 전철을 타고 을지로 입구 코리아 헤럴드 어학원까지 갔다. 매일 새벽 4시에 일어나 약 1시간 30분 이상이 걸리는 거리를 전철을 타고 학원에 다녔다. 영어를 극복하기 위해 노력하고 또 노력했다.

그러나 학원에서 기초 문법을 배워도 워낙 기초가 없어 학원 선생의 설명이 이해가 되지 않았다. 문법적인 용어도 낯설었다. 나는 하나님께 지혜를 달라고 기도했다. 영어를 극복할 때까지 포기하지 않도록 힘을 달라고 기도했다. 하나님은 그 기도에 응답하셨고 나에게 영어를 절대 포기하지 않도록 강한 열정을 주셨다. 더 열심히 배울 수 있도록 끈기와 인내를 주셨다.

신학교 3학년 늦가을, 나는 더 많은 시간을 영어 공부하는데 투자하기 위해 신학교 기숙사에서 나왔다. 교회 봉사와 영어 공부를 하기에 적합한 장소로 강남 서초동에 방을 얻었다. 학원에서 영어 한 과목을 더 듣기 위해 가장 싼 월 셋방을 얻었다. 온돌 시설도 되어 있지 않고 부엌도 없는 창고 같은 지하 방을 보증금 없이 월 5만 원에 얻었다. 겨울에는 그 방이 너무 추웠고 여름은 통풍되지 않는 좁은 방이라 너무 습하고 더웠다. 가정용 부탄가스로 방 안에서 요리하여 음식을 해 먹어 가며 영어 공부에 열중했다.

세계인들에게 복음을 전하기 위해서는 영어라는 언어를 반드시 극복해야 한다는 마음으로 나는 열심히 공부했다. 하나님은 그런 나에게 영어를 극복할 수 있도록 하나님의 열정을 부어 주셨고, 그 열정으로 나는 지칠 줄 모르고 영어를 공부했다. 하루에 13시간을 투자해 영어라는 장벽과 몸부림을 쳤다.

나는 종이를 일일이 잘라 영어 단어 카드를 만들었다. 그 영어

단어 카드를 벽에다 하나씩 붙였다. 벽에 붙여 놓은 그 단어들을 무조건 외웠다. 천장에도 단어 카드를 붙였다. 방바닥만 제외하고 방 전체에 온통 영어 단어를 붙였다. 외워야 할 단어가 얼마나 많은지! 밥 먹으면서도 영어, 책상에 앉아서도 영어, 요리하면서도 영어, 누워서도 영어였다. 눈에 보이는 데는 모두 영어 단어 카드를 붙여 영어 단어를 외웠다. 잠을 잘 때는 미국인들이 만든 영어 회화 테이프를 틀어놓고 그 대화 장소에서 내가 함께 그들과 대화를 나누고 있다는 상상을 하며 소위 말하는 이미지 대화(image conversation)를 하면서 잠을 잤다. 영어 공부를 게을리할 때, 나 스스로 나를 채찍질하기 위해 '사랑의 몽둥이'를 만들었다. 그것을 벽에 걸어놓고, 공부를 게을리할 때마다 스스로 내 종아리를 사정없이 때렸다. 그런 나 자신이 놀라웠다.

영어를 극복한다는 것은 영어에 대해 완전 백지였던 나에게 정말 쉬운 일이 아니었다. 힘들었다. 고통스러웠다. 절망이 오고 포기하고 싶은 마음이 순간순간 들었다. 그러나 하나님은 나에게 더 열심히 할 수 있는 힘을 주셨다. 매일같이 단어를 외우고, 문장을 외우고, 학원에 다니며 하루 평균 13시간씩 영어 공부를 하며, 엉덩이에 습진이 생길 정도로 책상에 앉아 영어책을 소리 내며 읽었다. 하루에 영어 단어를 200

1987년, 영어 공부에 푹 빠져 있을 때, 신학교 앞 정원에서 중학교 영어책을 암기하며….

개씩 외웠다.

세계인들이 모여있는 큰 잡지 사진과 세계 지도를 벽에 붙어놓고 그들 앞에서 영어로 하나님의 복음을 전하는 꿈을 그렸다. 그러던 중 신학교에서 학생 데모가 일어났다. 실력 없는 교수들과 당시 학장으로 계셨던 미국인 아더씨 솔티스 학장을 내쫓는 데모였다. 2학년 후배들과 동기들 그리고 4학년 선배들이 나를 찾아와 그 데모에 가담하라고 했다.

"내 건들지 마소. 내가 영어 공부하는 거 방해하면 가만 안 있을 낍니다."

나는 눈을 부릅뜨고 말했다. 그 뒤로 아무도 나에게 데모에 가담하라고 말하는 사람은 없었다. 학생들이 데모하는 동안 나는 더 열심히 영어를 공부했다. 학교 수업이 데모로 인해 휴강이 계속되면서 나에게는 영어 공부할 시간이 더 늘어났다. 영어책을 손에서 떼지 않았다. 귀에는 헤드폰을 끼고 영어 회화 연습을 했다. 영어에 대한 이러한 열정을 통해 나는 1년 반 만에 왕초보 잉글리시에서 벗어날 수 있었다.

1989년 3월 몹시도 추운 겨울날이었다. 담요를 덮어쓰고 자취방 책상에 앉아 영어를 공부하다가 공부하는 게 너무 힘들어 울컥 눈물이 쏟아졌다.

"하나님이 날 좀 더 일찍 불러 복싱이 아니라 공부를 이렇게 하게 했으면 제가 지금 이 고생 안 할 텐데…. 하나님, 날 좀 일찍 부르시지 왜 이렇게 늦게 불러 영어 때문에 고생하게 합니까?"

하나님은 힘들어 울고 있는 나를 위로해 주셨다. 하나님께서는 하나님의 때에 나를 불렀고, 가장 적당한 때에 내가 영어 공부를 하고 있다고 말씀하셨다. 나는 분명히 그때 내 안에 내가 아닌 누군가가 영어 공부를 하도록 힘주고 계심을 느꼈다. 영어 공부를 하는 것이 내 열정이 아니었다. 내 노력이 아니었다. 내 수고가 아니었다. 초등학교 때부터 공부하고 담을 쌓고 지냈던 내가 하루 13시간씩 영어 공부를 하고 있다는 것은 기적과 같은 일이었다. 성령의 능력이 아니고서는 도저히 불가능한 일이었다. 하나님께서 하나님의 영광을 위해 일하게 하시려고 나에게 영어를 공부할 수 있도록 마음의 열정을 주셨고, 힘들어도 영어를 포기하지 않도록 나를 붙들어 주셨다.

언어는 하나님께 속해있다. 인간의 언어를 주관하시는 분이 바로 하나님이시다. 바벨탑 사건 때에 언어를 혼잡하게 하여 사람들을 흩으셨고(창 11장), 오순절 사건 때에 언어를 하나 되게 하여 각처에서 온 세계인들에게 복음 안에서 하나 되게 하신(행 2장) 하나님은 분명히 세계 복음화를 위해 영어 극복을 소원하며 기도하는 나에게 응답해 주신것이다.

> "결코 열정에 있어서 부족하지 말라, 그러나 너의 영적인 열정을 유지하라, 그리고 주를 섬겨라."
>
> (로마서 12:11 NIV-박정수 목사 번역)

# 필리핀

1990년, 나는 순복음 신학대학교를 졸업했다. 한국을 떠나 해외로 나가 복음을 전하고 싶은 마음이 내 가슴을 불태웠다. 기도하던 중 필리핀이라는 곳에 대해 듣게 되었다. 필리핀은 영어를 배우기에 좋은 나라이며, 기독교 복음이 절실히 필요한 나라라는 것을 알게 되었다. 필리핀 바기오라는 곳에는 미국 선교사들이 세운 APTS라는 아주 훌륭한 신학 대학원이 있어서 그 학교에 들어가기만 하면 훌륭한 신학자들 밑에서 많은 신학 지식을 얻을 수 있다는 소식을 듣게 되었다.

신학교 졸업 후 나는 하나님께서 주신 감동으로 아무런 후원교회 없이 필리핀 산악지대 바기오(Baguio)로 가기 위해 여권을 만들고 비행기 표를 사서 그저 믿음으로 필리핀행 비행기를 탔다. 필리핀 사람들은 영어를 제2 외국어로 사용하고 있기 때문에 부족한 영어지만 영어로 복음을 전할 수 있다고 생각했고 실제적인 영어 공부를 할 수 있는 좋은 나라라고 생각했다. 아는 사람 한 사람 없는 처음 가는 곳이라 두렵고 떨렸지만, Asia Pacific Theological Seminary(APTS)라는 그 훌륭한 학교에 한국인 선교사님(마원석 선교사)이 교수로 계신다는 정보를 듣고 학교 주소를 들고 무조건 필리핀을 향해 떠났다.

처음 가보는 낯선 나라를 향해 비행기에 올라탔다. 드디어 필리핀 마닐라 공항에 도착했다. 공항에 나를 기다리거나 마중 나온 사람이 아무도 없었기 때문에, 무조건 택시를 타고 가까운 여관으로 갔다. 거기서 하룻밤을 묵고 여관 주인에게 물어 바기오 시로 가는 고속버스를 탔다. 버스는 구불구불한 산길을 타고 달렸다. 필리핀 바기오 시(Baguio City)는 해발 2,000m의 높은 산에 위치한 도시로, 날씨가 시원하고 관광객들이 많이 오는 도시이다.

버스를 타고 산길을 오르며 몇 시간 동안을 올라가는데 귀가 멍

해발 2,000m의 바기오 시에서 가장 높은 산 정상에서 바라본 전경.

해지고 머리도 아팠다. 8시간을 달린 버스가 바기오 고속버스 터미널에 도착했다. APTS 학교에 전화를 걸었다. 마침 마원석 선교사님과 전화 연결이 되었는데 한국인 학생 두 명을 보내어 나를 터미널에서 픽업해주셨다.

이렇게 나의 필리핀에서의 생활이 시작되었다. 나는 군대 면제를

받았기 때문에 신학교를 졸업하자마자 필리핀을 갈 수 있었다. 필리핀으로 간 내 나이는 24살이었다.

필리핀에서 사역하시는 여러 선교사님과의 만남을 통해 필리핀 선교에 대한 실감 나는 소식을 접하게 되었다. 말로만 듣던 선교사님들을 직접 만나 대화를 나누고 선교지의 상황을 직접 눈으로 보니 내 마음에서는 말할 수 없는 감격이 솟구쳤다. 주일마다 선교사님들이 사역하고 있는 선교지를 방문하여 선교사님들의 선교 활동을 직접 눈으로 보며 경험했다. 아직도 삶에 복음이 없어 어둠 속에 사는 필리핀 산 부족들에게 복음을 전하고 싶었다. 하나님께 기도했다.

"하나님, 저에게도 복음을 전할 수 있는 선교지를 주십시오. 젊음을 드려 복음 증거에 헌신할 수 있는 나를 필요로 하는 선교지를 주십시오."

간절한 마음으로 선교지를 위해 하나님께 기도했을 때, 하나님은 나의 기도를 들으시고 응답해 주셨다. 오래전에 필리핀 선교사로 오셔서 아주 성공적으로 선교 사역을 하고 계셨던 정재룡 선교

신학교를 졸업한 후, 나는 필리핀 바기오로 떠났다. 필리핀 바기오에 먼저 온 오형석 선교사님의 사역지를 따라다니며 선교의 현장을 직접 보고 선교의 절실함을 느꼈다. (1990년)

사님이 찾아오셔서 선교지에 관한 말씀을 하셨다.

"박 전도사님, 선교할 마음 없어요? 지금 선교사가 필요한 지역이 한군데 있는데 전도사님이 선교할 마음이 있으면 그 선교지를 소개해 주려고요."

정 선교사님의 말씀에 가슴이 두근거렸다. 그 순간 나의 기도에 응답하신 하나님께 감사했다.

"소개해 주십시오. 이때까지 선교지 놓고 기도하고 있었다 아입니꺼.

제가 마이 부족하지만, 하나님 뜻으로 알고 마 열심히 해 보겠더."

정 선교사님의 안내로 바기오 시에서 지프니(필리핀 대중교통 수단으로 개조된 차)로 약 40분 정도 떨어진 알라팡이라는 지역에서 선교사역을 시작하게 되었다. 나는 그 알라팡 지역의 한국인 초대선교사가 되었다.

기타를 들고 성경책 가방을 메고 지프니를 타고 매일 알라팡 마을에 들어갔다. 마을에 도착하여 집들이 모여 있는 공터에 자리를 잡고 바위 위에 앉아 기타를 치며 찬양을 불렀

정재룡 선교사님을 통해 그리스도의 십자가 복음이 절실히 필요했던 알라팡 마을을 소개받고 나는 한국인 초대선교사로 알라팡 마을의 선교활동을 믿음으로 시작했다. 알라팡 마을 전경. (1991년)

다. 어떠한 선교 전략도, 선교 방법도 그리고 그 마을에 대한 정보도 가지지 않은 채 나는 그저 복음을 전하고자 하는 뜨거운 열정

하나로 그 마을에 들어갔다.

"God is so good. God is so good. God is so good. He's so good to me. / 좋으신 하나님. 좋으신 하나님. 참 좋으신 나의 하나님."

이 찬양만 30분 이상을 불렀다. 아는 영어 찬양이라곤 이 찬양밖에 없었기 때문이었다. 이 찬양을 오래도록 부르고 있으면 동네 꼬마 아이들이 몰려왔다. 나는 준비한 복음 메시지를 그 아이들에게 전했다. 그들이 내 영어를 이해하든 이해하지 못하든 상관없이 예수 그리스도는 우리의 구원자이심을 증거했다. 그리고 가져온 사탕을 가방에서 꺼내 아이들에게 나눠주며 내일 친구들을 데리고 오면 또 사탕을 주겠다는 약속을 했다. 사탕을 받기 위해 온 아이들의 수가 점점 늘어나기 시작했고 나는 그들에게 'God is so good' 찬양을 가르치며 매일같이 복음을 전했다. 그러나 나의 짧은 영어 때문에 복음을 마음껏 전할 수 없는 것이 너무 안타까웠고, 너무 답답했다. 알라팡 마을이 사용하는 산부족 언어인 '일로카노'를 배워 그들에게 복음을 전하면 더 좋겠지만, 영어만 잘해도 알라팡 선교에 전혀 문제가 없었기 때문에 나는 영어 극복에 집중하기로 결심했다.

알라팡 마을을 복음화시키고 싶은 마음이 간절했기 때문에 매일 수백 개의 영어단어를 외우며, 당시 한국의 고등학교 오종 교과서에 나와 있는 중요단어 7,000개를 모두 암기했다. '문법 삼위일체'라는 책을 7번 반복하여 공부하면서 영어 극복을 위해 몸부림쳤다. 영어 성경을 열심히 읽었다. 힘들었지만 매주 영어로 설교문을 작성하여 주일 설교를 했다. 영어 발음도 엉망이고 문장도 엉망이었지만 성령 하나님께서는 주일마다 나의 부족한 설교를 사용하셨다.

알라팡 선교를 시작한 지 몇 개월이 지나 하나님은 신학교 때 봉사했던 동신교회로부터 정식으로 선교사 파송을 받게 하셨다. 동신 교회에서는 선교금으로 매달 15만 원씩 후원해 주었고 기도로 후원해 주었다. 하나님의 은혜였다. 누가 시켜서가 아닌 하나님의 절대적인 역사로 선교사가 되어 주님의 사역을 하고 있었던 나에게 하나님은 선교 베이스를 만들어 주셨고, 그 선교 베이스는 나에게 큰 힘과 위로가 되었다. 동신교회는 나와 알라팡 사역을 위해 열정을 다해 기도하였고 그 기도는 알라팡 선교 현장에서 하나님이 강하게 역사하도록 하는 원동력이 되었다. 기도가 필요했던 나에게 하나님께서 알라팡에서 역사하고 있었던 사탄의 힘을 꺾어 버리도록 기도 후원의 동역자들을 붙여 주신 것이다.

# 알라팡 은총교회

알라팡 마을에서 전도를 시작한 지 약 3개월이 지났을 때, 20명의 어린이가 매일같이 모였다. 하나님의 은혜로 알라팡 선교는 점점 불이 붙기 시작했고 마을 사람들에게도 좋은 인상을 주기 시작했다. 그러나 나 혼자서는 한계였다. 언어와 문화 그리고 알라팡 사람들에 대한 이해와 내가 외국인이라는 문화적 차이로 인해 오는 거리감을 좁히기에는 반드시 본토인 동역자가 필요했다. 이 문제를 놓고 나는 하나님께 간절히 기도했다. 정말 하나님은 나의 필요를 먼저 아시고 나를 기도의 자리로 인도하셨다. 그리고 그 기도에 응답하셨다.

> "나의 하나님이 그리스도 예수 안에서 영광 가운데 그 풍성한 대로 너희 모든 필요(needs)를 채우시리라."
>
> (빌립보서 4:19)

함께 사역할 동역자를 위해 기도하고 있던 나에게 하나님은 정재룡 선교사님을 통해 나보다 5살이 어린 뎀벌트(Dembert)라는 이름을 가진 신앙 좋은 동역자를 만나게 해 주셨다. 정 선교사님이 사역하고 있었던 성경 학교 학생이었는데 복음의 열정이 있었고 기도를 많이 하는 친구였다. 영어도 잘하는 똑똑한 사역자였으며, 목회자 사명을 가진 아주 신실한 바기오에 사는 친구였다. 나는 뎀벌트와 일주일에 한 번씩 만나 어린이 전도를 하였는데 그는 나의 설교를 통역하였다. 나의 엉터리 영어를 잘 이해하여 '일루카노'로 통역을 참 잘해 주었다. 내가 한 단어를 얘기하면 뎀벌트는 그 단어를 가지고 설교 말씀의 의도를 정확히 이해하여 통역하였다. 마치 성령 하나님이 뎀벌트를 통해 말씀하고 있는 것 같았다.

1993년, 알라팡 은총교회 어린이 여름 성경학교를 통해 많은 어린아이가 예수님을 영접했다.
뎀벌트는 열심히 찬양 인도를 하며 알라팡 어린이들에게 열정적으로 말씀을 전하였다.

야외에서 나는 기타를 치며 알라팡 은총교회 어린이들의 게임을 인도하며 그리스도 안에서의 즐거움을 느꼈다.

뎀벌트와 나는 한마음이 되어 열심히 전도했다. 그렇지만 우리에게는 예배드릴 곳이 없었다. 바람이 많이 불고 비가 억수같이 쏟아지고 있었던 어느 주일, 나는 예배를 드리러 온 아이들을 데리고 비를 피해 한 집의 처마 밑으로 들어갔다. 그리고 거기서 예배를 드렸다. 얼마나 눈물이 나던지… 예배를 드리며 나는 한 없이 울었다. 예배드릴 장소가 없어 눈물을 흘린 것이 아니었다. 이런 곳에서도 아이들이 함께 모여 하나님께 예배드릴 수 있도록 하신 하나님의 은혜가 감사하여 눈물을 흘렸다. 처마 밑으로 떨어지는 빗방

울이 나의 눈물과 함께 흐르고 있던 그 날, 마을에 사는 아선선이라는 아주머니가 나에게 다가왔다.

"이렇게 비를 맞고 예배드리지 말고 우리 집 거실에서 예배를 드리세요."

하나님께서 그 아주머니의 마음을 움직이셨다. 당시 우상을 섬기며 조상신을 섬기고 있었던 불신자가 자신의 집을 예배처소로 내어 주는 일이 하나님의 역사가 아니고서 어떻게 가능한 일이었겠는가! 하나님의 역사가 아니고서는 불가능한 일이었다. 나는 그 날 예배의 처소를 허락하신 하나님께 감사의 예배를 드렸다. 뎀벌트와 나는 그때부터 어린아이들과 함께 아선선 아주머니 집에서 예배를 드렸다. 기도 중에 교회 이름을 지었다. 하나님 구원의 은혜와 사랑이 알라팡 마을에 널리 전파되기를 간절히 기도하며, 아선선 아주머니 집 앞에 'Alapang Grace Church(알라팡 은총 교회)'라는 간판을 만들어 세웠다.

아선선 성도의 가정을 교회의 예배 처소로 사용하게 하신 하나님께 감사하며 예배 후 성도들과 함께 기념 사진 촬영을 했다.

아선선 아주머니 가족은 알라팡 은총교회의 첫 번째 어른 멤버가 되었고, 그들은 곧 예수님을 믿게 되는 은혜를 하나님으로부터 받게 되었다. 그 후 어린아이들을 통하여 마을 어른들이 한두 사람씩 전도 되어 예배에 참여하는 멤버들이 늘기 시작했다. 나는 선교 사역에 열정을 다 하였다. 원주민들이 일하는 밭에 방문하여 그들이 하는 밭일을 도우며 전도했다.

가끔 나는 바기오 시에 있는 시장의 개전(dog market)에 가서 개(식용)고기를 사서 동네어른 집을 방문하곤 했다. 내가 개고기를 사서 갈 때면 몇 명의 어르신들이 함께 모여있었다. 그들은 산 부족 스타일의 맛있는 개고기 요리를 먹으며 하루의 피로를 풀곤 했다. 프라이팬에 식용유를 부어 마늘을 볶은 후, 잘게 썬 개고기를 함께 볶는다. 그리고 식초와 소금을 넣고 계속해서 볶으면, 개고기 요리 끝!

나는 그들과 함께 개고기를 먹으며 예수님에 대한 얘기를 했다. 아직 한 번도 우리 교회를 나와보지 않은 그들을 만날 때마다 산 부족 말인 '일루카노'로 그들을 초대했다.

"노아따 띠 찜쁘요 오마이까요 이자이 심빠안, 마농." (어르신, 시간 나면 교회 한번 꼭 나오세요.) 나는 이 전도를 일명 '개고기 전도'라고 이름을 붙여 산 부족 어른들을 전도했다. 필리핀 산 부족들은 개고기를 아주 좋아한다. 그러나 그들은 그것을 쉽게 사서 먹지 못한다. 개고깃값이 그들에게는 부담스러운 가격이기 때문이다. 필리핀 개고기가 한국인들에게는 값싼 음식이지만 필리핀 원주민들에게는 아주 비싼 고급 육류이기 때문에 개고기를 사서 선물을 하면

1년간 알라팡 원주민 마을에 월세 집을 얻어 살면서 어린아이들로부터 그들의 생활과 문화를 배웠다.

마을 이장과 집 주위 어린아이들을 집으로 초대하여 좋은 관계를 맺으며 알라팡에서의 선교 사역을 효과적으로 수행하였다. 월세로 살던 집 거실에서. (1993년)

그들이 아주 흡족해한다는 것을 알게 되었다. 그래서 나는 종종 개고기를 사서 마을 어른들을 전도했고, 그들은 내가 개고기를 사서 오는 날을 기대하며 기다렸다.

밭에서 고된 일을 마치고 돌아온 마을 어른들은 저녁 식사 후 거의 매일 밤 함께 모여 얘기를 나누며 시간을 보낸다. 나는 그 시간을 이용하여 그들을 전도했고 전도를 위해 그들이 좋아하는 개고기를 샀다. 거실 부엌에 모여있는 그들과 함께 앉아 요리한 개고기를 먹으며 개고기를 먹는 동안 개고기 뼈를 우린 육수를 마시며 밤이 늦도록 복음을 전했던 그 시간은 참으로 아름다운 시간이었다. 예나 지금이나 인종과 문화를 초월하여 모든 사람은 먹는 것 앞에서는 마음이 통한다. 그들도 그러했다. 개고기 음식을 다 먹고 난 후, 늦은 밤, 그들이 끓여준 설탕 듬뿍 탄 따끈한 산에서 온 커피 한잔을 마시며 대화를 하다 보면 그들의 마음이 열렸고, 나는 열린 그들의 마음에 예수 생명을 심었다. 그들은 진지하게 내가 전한 복음의 말씀을 받아들였다.

그 후, 몇 주가 지나 그들은 알라팡 은총 교회를 열심히 섬기는 성도들이 되었다. 그리고 내가 알라팡을 떠날 때쯤, 그들은 더 이상 개고기가 아닌 참 생명이신 예수 그리스도의 살과 피를 먹어야 영원한 생명을 얻게 된다는 진리를 깨닫게 되었고 예수님을 믿는 믿음 안에서 사는 하나님의 자녀들이 되었다.

# 열린 복음의 문

알라팡 마을에 내가 자주 기타를 들고 가서 찬양하며 전도하는 곳이 있었다. 그곳은 알라팡 저수지였다. 왜냐하면, 그곳은 어린아이들로부터 어른들에 이르기까지 다 모여 수영을 하고 고기를 잡으며 즐기는 곳이었기 때문이었다. 거기는 저수지를 건너 다른 마을로 갈 수 있는 다리가 놓여 있었는데 나는 그 다리 위에서 기타를 치며 찬양을 부르며 전도를 했다. 그러던 어느 토요일 낮에, 그 저수지에서 큰일이 일어났다. 알라팡 선교를 시작한 지 6개월쯤 되었을 때였다. 아선선 성도가 나에게 달려와서는 다급한 목소리로 말했다.

"지금 마을 저수지에 학생이 빠져 죽었어요. 옆 동네 아이들이 수영하러 왔다가 한 명이 빠졌는데 30분째 물속에서 올라오질 않아요. 지금 마을 사람들이 다 모여있고, 마을 이장은 그 아이 시체를 건지려고 하는데 그게 쉽지가 않아요."

그 소식을 듣자마자 나는 급히 저수지로 달려갔다. 달려가 보니 정말 많은 사람이 거기에 모여 있었다. 마을 이장은 그 학생을 물속에서 꺼내려고 물가에 서서 밧줄에 갈퀴를 매달아 낚싯대 던지듯이 던지고 있었다.

매주 토요일이면 알라팡 마을 저수지 다리 위에서 나는 기타를 치며 찬양을 부르며 전도했다.

　나는 급히 옷을 벗고 내가 늘 찬양하며 전도했던 그 다리 위로
뛰어 올라갔다. 그리고 몸을 날려 다이빙을 해서 깊은 저수지 물
속으로 들어갔다. 물속에 잠겨있는 그 학생의 시체가 보였다. 그러
나 도저히 숨이 짧아 그 아이가 있는 곳까지 들어갈 수가 없었다.
물 위로 올라와 다시 다리로 가서 다이빙하고, 또 다이빙하고, 나
는 이렇게 다섯 번을 반복하여 시도했다. 두 시간 안에만 저 아이
를 물속에서 건져 낸다면 살릴 수 있다는 생각에 나는 물속으로
뛰어들었다. 정말 말도 안 되는 상상을 하며 계속 다이빙을 시도했
다. 이미 2시간이라는 시간이 훨씬 지나버렸다. 나는 지쳐서 아이
의 시체를 건지지 못하고, 벗어놓은 옷을 다시 주섬주섬 걸쳐 입고
는 아선선 성도의 집 예배당으로 돌아와 기도하고 있었다. 오후 늦
게 아선선 성도가 왔다.
　"경찰들이 와서 그 학생을 건졌어요. 마을 주민들이 선교사님은
진짜 우리 마을을 도우려고 오신 선교사님이시래요. 우리 마을을
정말 사랑하는 선교사님이시래요."

비록 내가 그 학생의 시신을 건지지 못했지만, 그 저수지에 빠진 학생을 건져보겠다고 다이빙을 해서 물속으로 들어간 나의 모습을 보고 마을 사람들은 크게 감동한 것이었다. 전혀 그들에게 감동을 주려고 행했던 행위가 아니었는데 그들은 그 저수지 사건으로 크게 감동을 하게 된 것이다. 그때부터 알라팡 전도문이 활짝 열리기 시작했다. 동네 어린아이들이 알라팡 은총 교회에 몰려오기 시작했다. 아선선 성도의 집이 좁아서 예배를 드릴 수 없을 정도로 많은 어린아이가 왔다. 중고등부 학생들과 청년들이 오기 시

하나님은 교회를 계속 성장시켜 주셨다. 교회 성장으로 아선선 성도 집에서 마을 회관으로 옮겨 그곳에서 매주 예배를 드렸다.

작했고, 많은 어른이 교회에 참석했다. 매주 주일에 주일학교 어린이들 60명 이상이 출석했고, 학생회 청년 어른들이 50명 정도가 참석했다. 알라팡 선교 1년 반이 지났을 때 100명의 성도가 모였다. 예배 공간이 부족해 사람들은 밖에 서서 예배를 드려야 하는 형편이 되었다. 모두가 함께 앉아 예배를 드릴 수 있는 넓은 예배당이 필요했다. 나는 예배처소를 달라고 하나님께 간절히 기도했다. 그때 마을회관을 사용하면 좋겠다는 마음의 감동이 왔다. 마을 이장을 찾아가 마을 회관을 사용할 수 있도록 부탁을 했더니

흔쾌히 허락해주셨다. 넓은 장소에서 알라팡 은총교회 성도들은 마음껏 하나님께 예배드릴 수 있게 되었다.

3년쯤 되었을 때, 성도 수가 약 150명까지 성장을 하게 되었다. 그들은 복음의 말씀으로 예수님을 영접하고 하나님의 말씀으로 점점 변화되어갔다.

# 복음의 능력

어느 주일 알렉스라는 그 마을의 한 아저씨가 교회를 나왔다. 그는 마을에서 평이 아주 좋지 못한 술주정뱅이였다. 그런 그가 교회에 왔다. 예배시간이 되면 술주정을 하고 코를 크게 골며 잠을 잤다. 그의 술주정과 코 고는 소리가 예배를 방해했기 때문에 성도들은 그가 교회 오는 것을 못마땅히 여겼다.

"그냥 놔두세요. 알렉스가 교회에 나올 때는 심령에 뭔가 갈급함이 있기 때문에 이렇게 술에 취해서라도 나오는 것이 아니겠습니까?"

나는 성도들에게 알렉스를 그냥 놔두라고 부탁했다. 그러던 그가 어느 날, 술을 먹지 않은 맨정신으로 교회를 나왔다. 그날은 예배를 아주 진지하게 드렸다. 손뼉 치며 기쁨으로 찬양을 드렸다. 나는 말씀을 전하는 시간 내내 긴장되었다. 느낌적으로 오늘은 알렉스에게 무슨 일이 일어날 것만 같았다. 말씀을 전하던 중 그가 갑자기 일어섰다. 설교단 앞으로 뚜벅뚜벅 걸어 나오더니 내 앞에서 무릎을 꿇었다. 그리고는 엉엉 울기 시작했다. 나는 설교를 계속할 수가 없었다.

"선교사님, 이제 나는 예수님의 십자가 사랑을 알았습니다. 나는 예수님의 십자가의 은혜로 새 생명을 받고 구원을 받았습니다. 이제는 새로운 알렉스로 태어났습니다."

그는 엉엉 울었다. 이 모습을 본 성도들은 박수를 치며, 알렉스가 새사람이 되었다고 소리치며 기뻐했다. 정말 복음의 능력은 대단했다. 수년을 술주정뱅이로 살던 알렉스가 이렇게 새사람이 된 것이다. 하나님은 그에게 구원의 은혜를 베푸셔서 영원한 생명을 주시고 하나님의 자녀로 삼아 주신 것이다.

교회에 성령의 역사는 계속해서 일어났다. 계속해서 성도들에게 놀라운 변화가 일어나기 시작했다. 알라팡 은총 교회 성도 중에 자녀를 셋을 둔 아주 젊은 성도가 있었다. 그의 직업은 산 부족들이 우상으로 집에 모셔놓는 조각상들 즉, 천사, 뱀, 거북이, 독수리, 등을 나무로 조각하여 그것을 파는 일을 하는 조각가였다. 그런 그가 하나님 말씀을 듣기 시작했다. 하나님의 말씀을 통해 그는 하나님이 무엇을 싫어하시는 지, 자신이 얼마나 큰 죄를 짓고 있는지를 깨닫게 되었다. 하루는 그가 나를 그의 집으로 초대했다.

"선교사님, 이제 하나님이 나에게 무엇을 원하시는지 알았습니다. 하지만 우리 집이 먹고 살려면 이 조각상 만드는 일을 계속해야 합니다. 내가 부모에게 물려받은 것이라곤 이 조각상들을 만들어 파는 일이라서 어릴 때부터 지금까지 이 조

알렉스 형제가 구원을 받은 후 가정을 심방하여 첫 가정예배를 드렸다.

각상 만드는 일만 해 왔습니다. 그런데 이 일을 하나님께서 싫어하시니 그만둬야겠죠?"

나는 그 일을 직접 그만두라고 말할 자신이 없었다. 왜냐하면, 만일 그가 내 말을 듣고 조각상 만드는 일을 그만둔다면 그의 직업을 내가 구해줘야 한다는 생각이 들어서였다.

"형제님, 저라면 하나님의 말씀에 순종하여 그 일을 그만둘 겁니다. 그러나 형제님의 믿음이 중요합니다. 하나님의 말씀에 순종하세요. 나의 말이 아닌 하나님의 말씀에 순종하시면 하나님이 모든 일을 책임져 주실 겁니다."

이 말이 떨어지자마자 그는 방으로 들어가 팔려고 만들어 놓은 우상 조각상들을 가지고 나와 불을 질러 다 태워버렸다.

"선교사님, 내 가족이 굶어도 하나님이 분노하시는 일은 하지 않겠습니다."

나는 필리핀인 동역자 뎀벌트(Dembert)와 함께 알라팡 마을 집들을 방문하며 전도하는 데 힘썼다. 교인 집 심방을 가던 중 바나나 나무 아래서 뎀벌트와 함께….

나는 그를 부둥켜안고 기도를 했다. 하나님께 그의 가정에 복을 달라고 기도했다. 그 일이 있은 지 2주 후, 그는 바기오 시에 있는 목공소에 취직하게 되었고, 경제적으로 오히려 더 안정적인 생활을 하게 되었다. 아무리 평생 해왔던 일이라도 그 일이 하나님의 기뻐하는 일이 아니며, 하나님 뜻이 아님을 깨닫게 되었을 때, 기꺼이 하나님 말씀을 믿음으로 순종하는 자의 삶을 하나님이 책임지신다는 사실을 알라팡 마을 사람들에게 보여주신 역사였다.

> "믿음이 없이는 하나님을 기쁘시게 하지 못하나니 하나님께 나아가는 자는 반드시 그가 계신 것과 또한 그가 자기를 찾는 자들에게 상 주시는 이심을 믿어야 할지니라."
>
> (히브리서 11:6)

나는 알라팡 마을에 월세방을 얻어 동역자 뎀벌트와 함께 살았다. 원주민들과 함께 살고 싶었고 원주민들의 삶을 직접 경험하며 그들의 삶 속으로 더 가까이 접근하고 싶었기 때문이었다. 그 마을에 살면서 하루도 빠지지 않고 했던 것이 있다. 그것은 새벽기도였다. 새벽 4시 30분에 일어나 뎀벌트와 함께 새벽기도를 했다. 우리는 함께 기도했고, 나는 기도할 때마다 큰 소리로 "주여, 주여, 주여!"를 한국말로 불렀다.

내가 살았던 그 집 앞에 그 알라팡 마을의 무당이 살고 있었다. 알라팡 부족의 무당들은 우리나라 무당과는 달리 거의 남자들이다. 그 무당은 마을 주민들의 가정에 우환이 생기면 돼지를 잡아 그 집에 돼지 피를 뿌리고, 돼지의 내장을 꺼내 대야에 담아 갈대로 그 내장에서 나온 진액을 묻혀 가족들 모두, 부모부터 자식들을 일렬로 세워놓고 그들의 몸에 그 진액을 뿌리며 악귀를 쫓아내는 '칸냐오' 제사를 지내주는 사람들이었다. 마을의 무당이 돼지를 잡아 돼지 피를 보고 그 피가 더럽다고 생각이 들면 다른 돼지를 잡는다. 이렇게 해서 어떤 집은 돼지를 12마리까지 잡는 일도 있었다. 이런 일이 가난한 집에서 생기게 되면 그 집은 많은 빚을 지게 되어 그 빚 때문에 많은 고통을 겪기도 한다. 이런 제사를 지내주는 무당이 내가 사는 집 앞에 살았다. 나와 얼굴을 마주칠 때마다 그는 인상을 쓰고 마을에서 떠나라고 했다. 마을 주민들이 예수님을 믿은 뒤로 그에게 '칸냐오' 제사를 부탁하지 않으니 자신의 생계가 위태로워졌기 때문이었다. 나는 새벽마다 그 무당집을 향해 '주여'를 외치며 기도했다.

어느 날 아침 새벽기도를 마치고 알라팡 마을을 한 바퀴 돌려고 밖으로 나왔는데 그 무당이 나를 기다리고 있었다.

"아침마다 '주여, 주여, 주여!' 하고 소리치는데, 도대체 그 소리가 뭡니까? 그 소리가 너무 귀에 거슬립니다."

"당신이 '칸냐오' 제사를 지낼 때 귀신을 부르죠? 그렇게 당신이 귀신을 부르는 것처럼 나는 하나님의 이름을 부르는 것입니다. 내가 하나님께 '주여, 주여, 주여!' 하고 부르면, 그 하나님이 오시거든요."

그 마을 무당은 나의 말을 듣고 깜짝 놀랐다. 그때부터 그의 삶에 변화가 왔다. 나를 만날 때마다 나에게 하나님을 불러달라 하며 기도를 부탁했다. 한국말로 "주여, 주여, 주여!"를 하면서 나의 흉내를 내며 다니더니, 얼마 되지 않아 우리 알라팡 은총교회에 나오기 시작했다. 그는 곧 예수님을 영접했고, 하나님 구원의 은혜를 받게되었다. 주님은 그를 신앙 좋은 그리스도인이 되게 하셨다. 우리가 예배당을 건축할 때 무급으로 목수일을 하도록 은혜를 주셔서 예배당 건축에 자신을 헌신할 수 있도록 그를 사용하셨다. 주님의 이름에는 참으로 능력이 있었다. 주님의 이름만 불러도 알라팡 마을의 무당이 구원을 받게 되는 역사를 나는 직접 경험했다.

"누구든지 주의 이름을 부르는 자는 구원을 받으리라."

(로마서 10:13)

# 드림

　　알라팡 은총교회는 계속 성장했다. 마을 회관을 주일 예배 장소로 빌려 약 1년간 그곳에서 예배를 드린 후, 한국 동신교회의 후원으로 70평 땅을 사들여 알라팡 은총교회 예배당 건축을 시작했다. 당시 나는 27살이었고 이제 고작 선교 경험이 3년밖에 되는 않는 여러 면에서 경험이 부족한 어린 선교사였다. 그럼에도 불구하고 하나님은 나에게 예배당 짓기를 원하셨다. 필리핀이라는 낯선 땅에서 예배당을 건축하는 일이 결코 쉽지만은 않았다. 그러나 알라팡 마을에 예배당이 세워지길 하나님은 원하셨고 나는 그 일에 순종했다. 부지 매입과 2층으로 예배당을 건축할 경우 예산은 당

알라팡 은총교회 예배당 건축 기공식 예배를 드린 후 아내와 성도들이 땀봉땀봉 음식을 요리하였다. 그 후 예배당 건축이 본격화되었으며 나는 나의 차를 팔고 가전제품들을 팔아 헌금한 돈으로 2층 골조를 세웠다.

시 원화로 600만 원 정도였다. 2층으로 된 예배당 건물을 짓기로 하고, 1층은 교육관 및 친교실과 소그룹실, 2층은 본당으로 설계하였다. 동신교회는 예배당 건축 헌금을 후원해 주었고 나는 그 후원금으로 부지 매입부터 시작하여 건축 기공식과 예배당 공사에 착수했다. 모든 것이 순조롭게 진행되었다. 공사 일을 맡은 인부들과 목수들까지도 하나님의 은혜로 잘 준비되었다. 가끔 지진이 일어나는 산악지대의 특성을 감안해 튼튼한 건물을 짓기 위해 실력 있는 목수들과 정직하게 일할 인부들이 필요했는데, 하나님은 그런 사람들까지도 철저히 준비해 주셨다.

건축은 시작되었고 3~4개월 동안 예배당은 1층을 마무리하는 단계에 이르렀다. 그리고 2층 공사를 위해 골조를 새워야 하는데, 건축비가 생각 이상으로 많이 들었다. 원래 예산의 2,000달러 정도가 더 필요했다. 나는 이 문제를 놓고 기도했다. 그때 하나님은 내가 타고 다니던 차

를 팔아 건축헌금으로 드리길 원하셨다. 아내에게 이 사실을 말했을 때, 아내는 그 일에 대하여 기쁨으로 순종하길 원했다. 그 차는 2천 달러를 주고 부모님이 결혼 선물로 사주신 79년도 형 폭스바켄 차였다. 우리 가정에 정말 필요했던 차였고, 선교사역을 좀 더 기동력 있게 움직이는 데 필요했던 차였다. 그러나 나는 기쁨으로 하나님의 뜻에 순종했다. 그 차는 필리핀 돈으로 5만 페소에 팔렸는데 거의 그 차를 산 가격을 받고 팔게 된 것이다. 나는 그 돈을 건축비로 헌금했고, 게다가 텔레비전, 카세트, 전자레인지 등 팔 수 있는 모든 물건을 다 팔아 건축 헌금으로 드렸다. 그 헌금으로 2층 골조 세우는 일을 마무리했다. 하나님께서는 알라팡 은총 교회의 예배당 건축에 나의 헌신과 헌물을 원하셨다.

교회 예배당 2층 골조가 완전히 끝났을 때 우리 가정은 경제적 어려움에 시달리기 시작했다. 차를 팔고 가전제품까지 다 팔아 하나님께 건축헌금을 드리고 헌신적으로 열정을 다하여 선교사역을 하는 나에게 경제적 어려움이 왔을 때, 그 이유를 알지 못했다. 잠시 후 하나님은 그 이유를 알게 하셨다. 하나님은 나와 아내를 그 경제적 어려움을 통해 너욱 기도하게 하셨고, 기도 속에서 하나님의 인도하심을 받게 하셨다. 하나님은 내가 영국으로 떠나 더 넓은 세상 보기를 원하셨고 그 길로 인도하셨다.

# 목사 안수 그리고 결혼

1994년 성전 예배당 건축 기공식을 앞두고 나에게는 두 가지 특별한 은혜가 임했다. 만 27세 나이에 목사 안수를 받았고, 결혼까지 하게 된 것이다.

원래 교단 헌법상 27세 미혼남에게는 목사고시를 칠 수 있는 자격이 주어지지 않았다. 미혼남이 목사 안수를 받을 경우는 나이가 35세가 되어야 했기 때문에 나는 목사 안수 자격 미달자에 속했다. 하나님의 성회 선교 국에서 필리핀 선교사 방문을 했을 때, 당연히 그들은 나를 기혼자로 생각했다. 그 이유는 선교사들이 선교하러 올 때 대부분 결혼한 부부 선교사들이 오기 때문에 당연히 내가 결혼한 사람으로 생각했던 것이다. 그리고 또한 나는 그 당시 대학원을 다니고 있었고 선교 경력 3년에 예배당 건축을 준비하고 있었기 때문에 당연히 선교 국에서는 나를 목사안수 자격자로 보고 목사 고시 시험을 칠 수 있는 자격을 준 것이었다. 그런데 나중에 결혼하지 않은 것이 문제가 되었다. 한국에 가서 목사 고시를 치르고 합격을 했는데 선교 국장이 나에게 질문을 던졌다.

"선교사님은 결혼했습니까?"

"아직 안 했습니다."

"그러면 목사 안수를 받을 수 없습니다. 우리 교단은 나이도 미달이고 결혼도 하지 않은 사람에게는 목사 안수를 주지 않습니다. 그러나 나이가 미달이 되더라도 결혼만큼은 해야 하는데, 결혼을 약속한 자매라도 있으면 목사 안수를 주도록 허락하죠."

"예, 결혼할 자매가 있습니다."

그때 나는 믿음으로 대답했다. 그랬더니 선교 국장은 나에게 이렇게 말씀하셨다.

"그러면, 목사 안수식 때 꼭 그 자매를 데리고 오세요. 만약 결혼할 자매를 데려오지 않으면 목사 고시에 합격해도 안수식을 할 수 없습니다."

나는 분명히 하나님께서 나와 결혼할 자매를 준비해 놓고 계실 것이라는 확신이 있었고, 선교 국장님과의 약속을 지켜 목사 안수를 꼭 받을 수 있도록 하실 것이라고 믿었다.

"하나님, 하나님이 나의 아내로 준비해 두신 자매를 만나게 해 주십시오."

나는 믿음을 가지고 간절히 기도했다. 그리고 며칠 뒤 나의 기도 후원자이셨던 경기도 김포에 사시는 한 권사님으로부터 전화가 왔다.

"우리 구역을 담당하는 전도사님이 잘 아는 한 자매가 있는데 한번 만나보시겠어요?"

나는 이 전화를 받고 하나님께서 나의 기도를 응답하신 것으로 믿었다. 그 자매의 이름은 이 은미였는데 이름이 예뻐서 호감이 갔다. 약속 시간과 날을 정하여 그 자매와 그 자매를 소개해준 전도사님, 그리고 권사님과 한 자리에 만났다. 당시 그 자매는 신학교에서 성악을 공부하고 있었다. 자매는 그날의 만남이 선을 보는 자리인 줄도 모르고 그저 필리핀에서 온 선교사님을 만나러 가자는 그 전도사님의 말에 아무 준비도 없이 학교 가방을 어깨에 메고, 손에 책을 들고 평상시 복장으로 나타났다. 학교에서 오는 길이었다. 우리는 함께 인사를 나누었다. 권사님과 전도사님이 자리를 비켜준 후, 그 자매와 나는 이런저런 대화를 나누었다. 나는 그 자매에게 선교지에서 있었던 하나님의 역사하심과 재미있는 에피소드를 들려주었다. 자매는 현재 학교생활과 교회 봉사하는 일들, 그리고 자신의 가족들에 대해 많은 얘기를 들려주었다. 나는 그 자매와 얘기를 나누는 중에도 계속해서 기도했다.

"하나님, 이 자매가 하나님께서 나를 위해 준비하신 자매입니까?"

계속 하나님께 물었다. 대화가 끝나고 나는 그 자매를 집까지 바래다주었다. 그리고 집으로 돌아오면서 이런 생각을 했다.

"다음에 만나면 바로 결혼을 하자고 말을 해야겠다. 만일 하나님이 나의 배우자로 준비한 자매라면 나의 청혼에 '예'하고 대답할 것이고, 하나님이 정해놓은 자매가 아니면 '아니오'라고 대답할 것이다."

다음날 자매가 살고 있었던 인천 언니 집으로 전화했다. 무슨 영문인지 전화를 받지 않았다. 며칠 동안 계속 전화를 했지만, 여전히 통화가 되지 않았다. 뚜뚜뚜… 통화 중 신호음만 계속 울렸다. 아침에도 전화하고, 낮에도 전화하고, 밤에도 전화했다. 열흘 동안 통화가 되지 않았다. 내일 한 번 더 전화를 해보고 내일도 전화를 받지 않으면 하나님이 나를 위해 준비해 둔 자매가 아닌 것으로 알고 포기하겠다고 생각을 했다. 그 다음 날 오전에 전화했는데 마침내 그 자매가 전화를 받았다.

"왜 이렇게 연락이 안 돼요? 매일같이 전화를 드렸는데 통화가 되지 않아 걱정되었습니다."

"전화가 불통이 되었는데 저도 몰랐어요. 며칠 동안 전화가 한 통도 오지 않아 알아보니 전화가 불통이 되어 있었어요. 그렇지 않아도 이 일로 전화를 드리려고 했어요."

"자매님, 오늘 좀 만날 수 있겠습니까?"

자매는 흔쾌히 만나주겠다고 했다. 우리는 서울 서초동에 있는 한 레스토랑에서 만났다. 자매를 만나기 전 내 마음 가운데 성령께서 확신을 주셨기 때문에 두 번째 만나는 그 자리에서 나는 자매에게 청혼했다.

"자매님, 저하고 결혼합시다. 그것도 2달 안에 결혼해야 합니다. 4월에 목사 안수를 받으면 저는 바로 필리핀 선교지로 다시 돌아가야 합니다. 자매님이 저의 청혼을 받아주면 바로 결혼 준비해서 결혼하고 같이 필리핀으로 가고 싶습니다."

이 자매는 나의 이 황당한 말에 대답하지 못했다.

"1년만 기다려 주시면 안 될까요? 학교 졸업도 해야 하고 영어도 준비해야 하니까 저에게 1년만 시간을 주세요."

"안 됩니다. 1년이나 기다릴 시간이 없습니다. 자매님이 학교를 포기하면 제가 나중에 유학을 시켜주겠습니다. 영어는 저하고 결혼해서 필리핀에서 공부하면 됩니다. 저의 이 제안이 싫으면 말씀하세요. 사과 드리고 그냥 가겠습니다."

자매는 나에게 잠깐만 기다려 보라고 하더니, 식당 한쪽으로 가서는 어딘가에 전화를 걸었다. 누군가에게 통화를 한참 하더니 나에게 와서는 대답을 했다.

"알겠습니다. 선교사님과 결혼하겠습니다."

'아, 바로 이 자매구나. 하나님이 예비해 두신 자매가 바로 이 자매였어.'

나는 하나님께 감사를 드렸다. 나의 배우자로 하나님께서 예비해 두신 사람임을 확신하고 또 확신했다.

나중에 알게 된 사실은 자매가 나를 만나기 전에 결혼에 대한 확실한 응답을 받고 그 자리에 나왔다는 것이다. 전화가 불통이 된 10일 동안 하나님께서 그 자매에게 철야기도를 시켰다고 한다. 결혼해서 필리핀 선교지로 떠나겠다는 확실한 결단을 내린 날 신기하게도 전화가 다시 개통되었다는 것이다. 더 놀라운 사실은 자매가 18살 때 사모로 헌신하겠다는 서원기도를 하나님께 드렸다고 했다. 음대에 진학하고 싶었지만 가난한 가정형편 때문에 성악 레슨을 받을 수 없게 되자 하나님께 이런 기도를 드렸고 했다.

"하나님, 음대에 진학할 수 있도록 성악 선생님을 보내주세요. 하나님께서 제 기도를 응답해 주시면 가장 힘들고 귀한 것으로 내 인생을 드릴게요. 목회자 사모가 될게요."

이런 기도를 드리자 하나님은 기적과 같이 성악 선생님을 보내주셔서 음악을 공부할 수 있었다고 한다.

"선교사님을 처음 만나고 난 후 10일간 철야기도를 할 때, 하나님께서는 내가 고등학교 때 목회자 사모로 헌신하겠다고 했던 서원

기도를 기억나게 하셨어요. 자신이 없었어요. 저는 영어도 전혀 못하고 선교사로서 아무런 준비가 되어있지 않기 때문에…. 하지만 하나님께서 함께하시겠다는 강한 믿음을 주셔서 두렵지만, 하나님의 뜻에 순종하기로 했어요. 하지만 이렇게 급히 결혼해야 할 줄은 몰랐어요."

우리는 양가 부모님께 인사를 드렸다. 우리 쪽 집안은 기뻐했지만, 자매 쪽 집안은 '이게 무슨 날벼락인가!' 하며 놀라워했다. 이제 24살밖에 안 된 딸이 갑자기 결혼하겠다고 하며, 그것도 선교사와 결혼을 하여 결혼을 하자마자 함께 필리핀으로 가겠다고 하니 얼마나 황당했을까!

급하게 잡은 결혼식이라 서로에 대해서 알아가기엔 시간이 충분하지 않았다. 나중에 자매와 그녀의 가족에 대하여 알았을 때 나는 깜짝 놀랄 수밖에 없었다. 정말 배우자에 대한 나의 기도를 정확히 응답하셨음을 알게 되었다. 아내는 2남 4녀의 넷째 딸로 믿음의 가정에서 장로님과 권사님인 부모로부터 철저하게 신앙과 인성 교육을 받은 자매였다.

장인(이홍철 장로)과 장모님은 100년이 훨씬 넘은 역사를 가진 전남 고흥군 거금도에 위치한 명천교회를 지금껏 믿음으로 섬기고 헌신하신 분들이시다. 세상의 부귀영화를 누리려는 삶이 아닌,

나는 하나님이 예비해 놓은 이은미 자매를 만난 지 한 달 반 만에 그녀와 결혼을 했다. 그리고 신혼여행을 다녀온 후 곧바로 나는 아내와 함께 필리핀으로 떠났다.

오직 여호와 하나님만을 섬기고 경외하는 삶이 가장 가치 있는 삶이라는 사실을 자녀들에게 몸소 보여주셨고 자녀들 또한 부모님의 신앙을 본받아 6남매 모두가 사역자로 복음의 증인으로 모두 쓰임 받고 있었다.

아내는 인내심이 많고 자신보다 남을 먼저 생각하고 남을 위할 줄 아는 성품으로 하나님의 말씀에 대한 행함의 순종을 하는 자매였다. 어떻게 상대방을 섬기는지 알고 있었고, 자기 생각보다 상대방의 생각을 존중해 줄줄 알며 무엇보다도 하나님의 뜻이라면 전적으로 순종하는 사람이었다. 게다가 아름다운 목소리로 하나님을 찬양하고 피아노를 아주 잘 치는 자매였다. 나는 이러한 사실들을 결혼 후에 더 확실히 알게 되었다. 주님을 위한 더 많은 아름다운 모습들을 통하여 나는 놀라고 놀랐다. 하나님은 당신의 사역과 당신의 영광을 위해 나에게 함께 일할 수 있는 이런 믿음의 자매를 주셨다. 가장 멋진 친구이자 하나님의 사역을 위한 파트너이며 나의 후원자로 하나님은 그녀를 아끼고 사랑하라고 주셨다.

나는 목사 안수식에서 선교 국장께 이 자매가 나와 결혼할 사람이라고 소개했다. 목사 안수식이 은혜롭게 치러졌다. 우리는 본격적으로 결혼을 준비하여 동신교회 서동근 목사님의 주례로 결혼식을 했다. 만난 지 한 달 반 만에 결혼해서 제주도로 3박 4일 신혼여행을 다녀온 후 곧바로 필리핀으로 함께 떠났다.

아내를 데리고 필리핀으로 갈 때, 아내가 그저 하나님의 뜻에 순종하여 나를 따라 필리핀이라는 타국으로 가는 것을 보고 아브라함의 나이 든 종이 주인의 명을 받고 이삭의 아내를 구할 때 리브

가가 그 종의 말을 듣고 그 종을 따라 가나안이라는 타국으로 간 창세기 24장의 내용을 기억했다. 오늘날도 하나님의 역사는 동일하게 우리의 삶 속에 역사한다는 사실을 실감했다.

아내의 필리핀에서의 선교사 생활이 시작되었다. 아내는 언어 장벽 때문에 선교 사역을 힘들어했다. 선교지를 가면 그저 입가에 미소를 짓고 예배당 안에 앉아있는 것이 사역의 전부였다. 결혼 전 섬기던 교회에서 성가대 지휘자로, 반주자로, 고등부 교사로 열심히 봉사하던 자매가 언어의 장벽으로 아무것도 할 수 없으니 그 마음이 얼마나 답답했을까! 그러던 중, 아내는 자신의 사역을 재미있게 할 수 있는 일 한 가지를 찾았다. 그것은 한국어를 전혀 읽지 못하고 한국말을 잘하지 못하는 한국 선교사님들의 자녀들에게 한국어를 가르쳐 주는 것이었다. 한국에서 학비를 벌기 위해 속셈학원에서 한글 지도를 했던 경험을 살려 선교사님 자녀들에게 한글을 가르치는데 3주 만에 한글을 완전히 읽을 수 있도록 하는 큰 사역을 감당했다. 이 사역으로 많은 선교사님의 자녀에 대한 고민이 해결되었다. 참 놀라운 사역이었고, 귀한 하나님의 역사하심이었다.

그러나 나는 아내가 영어를 하지 못해 알라팡 선교지에서 힘들어하는 모습이 너무 안타까워 영국인 선생이 운영하는 영어학원을 다닐 수 있도록 했다. 학원비가 월 100달러였는데, 당시 선교비 후원금으로 부모님이 보내준 생활비를 다 합쳐 월 600달러 정도였기 때문에 아내의 영어 학원비로 100달러를 쓴다는 게 쉽지 않았다. 밥을 굶더라도 아내의 영어 극복을 위해 100달러가 아닌 200

달러라도 투자해야 한다고 생각했다. 하나님께서 나의 마음에 이런 마음을 가질 수 있도록 했음을 나는 믿었다. 아내도 영어를 배우고자 하는 강한 의지가 있었다. 아내는 열심히 영어 학원에 다녔고 영어 배우는 것을 즐거워했다.

새롭고 낯선 외국 땅, 말도 통하지 않는 이곳 선교지, 결혼한 남편도 오랫동안 사귄 사람이 아니라 그저 두 번 만나고 한 달 반 만에 결혼해 고국이 아닌 외국 선교지에서 함께 사는 사람, 아내에게 있어서 모든 것이 열악하고 생소한 곳이 아닌가! 생각해 보면 얼마나 고국이 그립고, 부모가 보고 싶었을까! 그런 환경에서도 아내는 한 번도 한국으로 돌아가고 싶다고 말하지 않았다. 그저 남편의 사명을 자신의 사명으로 생각하고 묵묵히 순종하며 믿고 따라주었다. 그런 아내가 영어를 배우며 즐거워하는 모습을 보았을 때 내 마음도 한없이 기뻤다.

그러던 중 아내가 장티푸스 병에 걸렸다. 당시 많은 필리핀 사람들이 치료를 받지 못해 이 병으로 죽었다. 돈이 없어 아내는 병원에 갈 수가 없었다. 아내가 장티푸스로 몸에 열이 불덩이처럼 오르고 고통스러워할 때, 찢어질 듯 아픈 가슴을 안고 나는 기도했다. 그 당시 선교 헌금이 다 끊긴 상태였기 때문에 경제적으로 어려웠었다. 알라팡 은총교회 예배당 2층 건물을 세우기 위해 자동차를 팔고, 결혼식 기념으로 산 가전제품들을 모두 팔아 건축헌금으로 다 드린 상태였기 때문에 재정적으로 가장 힘든 시기였다. 하나님은 나의 상황을 그렇게 만들어가셨다. 그러나 주님의 보호하심 아래 아내는 건강을 회복하게 되었다. 하나님은 철저히 우리를 훈련시키셨고, 하나님만 의지하는 믿음으로 성장시켜 주신 것이다.

필리핀에서 선교사로 사역하는 동안 하나님은 나에게 학문을 더 공부할 수 있도록 기회를 주셨다. 주님의 은혜로 영어 시험에 합격해 '아시아 태평양 신학 대학원(Asia Pacific Theological Seminary)'에 입학해 전적인 하나님의 은혜로 신학 석사 MA(Master of Arts) 과정을 마칠 수 있었다.

APTS는 나에게 더 깊은 학문을 얻게 하는 학교가 아니라 아시아, 태평양에서 온 16개국 사람들을 만나 함께 기숙사 생활을 하며, 세계를 향한 더 큰 꿈을 가지게 하는 학교였다. 미국인 교수들을 통해 얻게 되는 학문도 있었지만, 나에게 있어서 더 큰 공부는 인도네시아, 말레이시아, 대만, 일본, 사모아, 피지, 통가, 뉴질랜드, 호주, 싱가포르, 필리핀, 등 16개국에서 모인 학생들을 만나 대화를 나누며 그들

아시아 태평양 신학 대학원(Asia Pacific Theological Seminary)에서 함께 숙소를 사용한 룸메이트들을 통하여 인도네시아, 오스트레일리아, 대만 등 많은 문화를 접할 수 있었다.

APTS 교정에서

의 문화를 나누고, 음식을 나누며, 함께 그리스도의 복음을 나눈 시간이었다.

　1994년 12월, 전적인 하나님의 은혜로 나는 APTS에서 MA를 졸업하게 되었고, 거기서 하나님은 나에게 더 넓고, 더 큰 세상을 향해 꿈을 갖게 하셨다.

1994년 12월 필리핀 바기오 시에 있는 아시아 태평양 신학대학원(Asia Pacific Theological Seminary)에서 MA를 마쳤다. 졸업 후 나와 아내는 졸업 만찬회 때 William Mengies 총장님 내외분과 함께 식사했다.

# 영국

결혼한 지 6개월이 지난 후, 필리핀을 떠나 선교의 고장 영국으로 가서 선교학을 공부하기로 결심했다. 알라팡 선교 4년이 지난 1994년 12월, APTS 졸업과 함께 필리핀 선교사역을 마감했다. 필리핀에서 열심히 선교하며 하나님을 섬기고 있었던 정수복 선교사에게 알라팡 선교지를 부탁한 후, 나는 그동안 나의 젊음을 불태워 사역했던 알라팡 은총교회를 사임했다. 그리고 하나님의 뜻을 따라 선교학을 공부하러 아내와 함께 영국으로 떠났다.

1995년 1월, 아내와 함께 나는 영국 런던 윔블던(Wimbledon)에 도착하여 그곳에 정착했다. 런던 제일교회를 담임하고 있었던 김순영 목사의 도움으로 우리는 쉽게 영국에서 정착할 수 있었다. 정착 후, 일주일이 지나 나는 옐로 페이지(전화번호부)를 뒤져서 아내의 영어학교부터 찾았다. 런던에 있는 동안 아내의 영어 공부를 위해 비싼 등록금을 내고 아내를 영어학교에 등록시켰다. 아내가 영국에서 언어에 스트레스를 받지 않고 잘 적응할 수 있도록 힘껏 도와주

영국 버밍햄 시 전경. (1995년)

고 싶어서였다. 그리고 나는 선교학을 공부하기에 좋은 학교를 찾아보았다.

그 후, 6개월이 지나 런던에서 중부 버밍햄으로 이사하게 되었다. 멋진 선교활동을 꿈꾸며 더 깊은 선교 공부를 하기 위해 버밍햄 대학(The University of Birmingham)에 입학하여 선교학 석사(MA in Mission Studies)를 시작하게 되었다.

버밍햄은 부부 중 한 사람이 유학생이면 배우자는 무료로 영어학교에 다닐 수 있는 혜택을 주었다. 아내는 영어를 배울 좋은 기회를 놓치지 않았다. 내가 버밍햄 대학원에서 공부하는 동안 아내는 셀리옥 칼리지에서 영어 연수를 받았다. 낮에는 영어학교에 다니고, 오후에는 피아노 레슨, 밤에는 아이들 과외지도를 하면서 아내는 그렇게 바쁜 중에서도 열심히 영어 공부에 전념했다.

갑작스러운 결혼으로 인해 한국에서 신학교를 마치지 못한 아내에 대한 미안함이 늘 마음 가운데 자리 잡고 있었는데, 하나님께서 영어학교를 통해 아내에게 학문의 길을 열어 주셨다는 사실이 너무나 감사했다. 이렇게 영국 버밍햄의 생활을 시작했다.

우리 부부는 영국을 가기 전 영국에서 함께 돈을 벌며 충분히 생활할 수 있다고 생각했으나 영국 유학생활은 우리의 생각과 완전히 달랐다. 한인이 많이 사는 런던과는 달리 버밍햄은 한국 유학생들이 돈을 벌며 공부할 수 있는 곳이 아니었다. 그곳에서 만난 한국 유학생들은 거의 국비 장학생들, 아니면 공부에만 전념할 수 있도록 그들 뒤에 물질 후원자들이 있는 사람들이었다. 나의 경우는 후원자도 없었고, 양가 부모님은 그 비싼 유학비를 도와줄 수 있는 형편이 아니었다. 런던에서 6개월간 머물면서 한국에서 가지고 온 돈의 절반을 써버려서 대학원 등록금을 내고 나니 수중에 한 달 생활비 정도밖에 남지 않았다. 생활비를 벌기 위해 아내는 학교 기숙사에 사는 아이들에게 피아노를 가르쳤다. 밤에는 선배 목사님의 자녀들에게 한글을 가르쳤고 나는 선배 목사님과 함께 유학을 온 조카들에게 영어를 가르쳤다. 이렇게 해서 우리는 한 달 수입으로 550파운드를 벌었다. 당시 한 달 기숙사비가 350파운드였는데, 200파운드로 한 달을 살아야 하니, 추운 겨울이라도 난방을 켤 수가 없었다. 난방비 때문에 추운 겨울에 히터를 틀지 못해 집안에서도 두꺼운 파카를 입고 있어야 했고, 잠을 잘 때면 우리 부부는 침대에서 꼭 껴안고 잠을 잤다. 쌀 살 돈이 없어 약 한 달을 값싼 밀가루를 사서 수제비를 끓여 먹었다. 반찬 살 돈이 없어 김칫국물에 밥을 말아 며칠을 버티기도 했다.

가난한 유학생활이었지만 하나님은 우리 부부를 한 끼니도 거르게 하신 적이 없었다. 하나님은 우리 곁에 좋은 선배 목사님 부부를 붙여 주셨다. 필리핀에서부터 함께 선교사로 있었고, APTS에서 함께 공부했던 선배 목사님이신데, 나보다 3개월 뒤에 영국으로 유학을 오셨다. 필리핀에서부터 친형제 이상으로 가깝게 지냈던 목사님이셨다. 목사님 가정 때문에 영국의 유학 생활이 외롭지 않았다. 그분은 현재 경기도 이천시에서 아주 훌륭하게 성공적으로 목회하고 계시는 최성운 목사님(순복음예광교회)이시다. 최성운 목사님은 우리 부부에게 경제적으로 큰 도움을 주셨을 뿐만 아니라 심적으로도 큰 힘이 되어주신 목사님이셨다. 하나님께서는 먹을 것이 없을 때 목사님을 통해 맛있는 음식을 먹게 하셨고, 그분의 자녀들과 조카들의 과외를 우리 부부에게 맡겨서 생활비를 벌 수 있도록 도와주셨다. 하루는 아침에 아내와 함께 김칫국물에 밥을 말아 먹고 있었는데, 최 목사님이 갑자기 부엌으로 들어 오셨다.

"박 목사, 뭐해?"

"목사님, 거실에 잠깐 앉아 계세요. 먹던 밥 빨리 먹고 나가겠습니다."

김칫국물에 밥 말아 먹고 있는 모습을 보이고 싶지 않아서 부엌으로 들어 오시려고 하는 목사님의 손을 잡고 거실에서 잠시 기다려 달라고 말씀을 드렸다. 그런데 목사님께서 식탁에 앉으셔서 아무 반찬도 없이 김칫국물에 밥을 말아 먹고 있는 우리 부부를 보고 계셨다. 선배 목사님께 이런 모습을 들킨 게 부끄럽기는 했지만, 아무튼 그렇게 한 끼니를 겨우 때웠다. 학교 수업을 마치고 오후에 최 목사님으로부터 전화가 왔다.

"박 목사, 오늘 저녁에 같이 밥 먹으러 가자."

최 목사님은 우리 부부를 데리고 버밍햄 다운타운에 있는 중국 집으로 갔다. 거기서 중국음식을 마음껏 먹도록 사 주셨다. 배고팠던 영국 유학 시절에 며칠간 김칫국물에만 밥을 먹고 있었을 때 그 선배 목사님을 통하여 맛있는 중국음식을 마음껏 먹게 하신 하나님의 공급하심을 잊을 수가 없다. 그뿐만 아니라 목사님은 가족들이 외식할 때도 우리 부부가 맘에 걸리셨는지 가족들 외식 자리에 언제나 우리를 초대해 주셨고, 사랑이 많으신 사모님은 맛난 음식을 할 때마다 한 가족처럼 우리 부부를 챙겨 주셨다. 가난한 영국 유학생활에 영양실조에 걸리지 않도록 하나님이 최 목사님 부부를 통해 우리 부부를 돌봐 주신 것이라고 나는 믿었다.

영국을 떠나 사모아 선교지로 떠나는 짐을 부쳐야 할 때도 돈이 없어서 기도만 하고 있었는데 하나님은 최 성운 목사님을 통해 그 돈을 주셨다. 가난한 유학생활이었지만, 하나님은 때를 따라 먹이시고, 채우시고 공급해주시는 은혜를 경험케 하셨다. 광야에서 이스라엘 백성들을 굶지 않도록 먹이신 하나님을 우리 부부는 체험하고 있었다.

# 세계인들과의 만남

버밍햄 대학에서 나는 90개국에서 온 세계인들을 만날 수 있었다. 피부 색깔도 다르고, 언어와 문화와 음식과 삶의 배경, 그리고 삶의 방식도 다른 세계인들이 모인 버밍햄 대학에서 영어라는 언어 하나로 함께 생각을 공유하고 학문을 논하고 함께 교제할 수 있다는 것이 참으로 놀라웠다. 무엇보다도 타 문화권(Cross-Cultural)을 연구하는 나에게 있어서는 세계인들의 복음에 대한 생각과 복음이 어떻게 세계의 다른 문화권으로 들어갈 수 있었는가를 영어라는 언어를 통하여 배울 수 있다는 것이 놀라웠다. 나는 그때 한 번 더 영어라는 언어의 매력에 빠져버렸다. 그리고 크리스천이라고 불리는 많은 사람이 복음과 성경에 대하여 얼마나 다른 생각을 하고 있는지를 알게 되었다. 미얀마(Myanmar)에서 온 한 성공회(Anglican) 신부는 하나님과 마리아가 성관계한 후 예수를 탄생시켰다고 말했

영국 유학시절 나는 버밍햄 대학 선교학과에서 함께 공부했던 아프리카 가나, 수단(Sudan), 아프리카계 말레이지아 친구를 집으로 초대하여 한국식 오므라이스를 대접하며 그들과 함께 복음에 대하여 대화를 나누었다. (1996년)

다. 그래서 나는 그 신부에게 예수님의 성령 잉태를 설명했다. 그랬더니 그는 이렇게 말했다.

"나는 예수가 성령에 의해 탄생했다는 것을 믿을 수 없어요. 만일 내가 우리 미얀마 사람들에게 예수에 대해 그렇게 설명한다면 그들은 그것을 이해하지 못할 겁니다. 그래서 나는 그들이 예수에 대하여 쉽게 이해할 수 있도록 그의 탄생은 자연적 탄생이라고 가르칩니다."

그에게 아무리 예수님의 탄생을 성령님에 의한 초자연적인 역사라고 이해를 시키려 해도 그는 자기의 주장을 포기하지 않았다. 아무리 성경에 그렇게 기록이 되어 있어도, 일단 머리로 이해가 되지 않으면 그 성경을 믿으려고 하지 않았다. 그럼에도 불구하고 예수님은 자기의 구원자가 된다고 말했다. 구원자에 대한 잘못된 이론을 참 진리로 믿고 그렇게 가르치고 있는 그 성공회 신부가 너무 안타까웠다. 나는 그때 이런 생각을 했다.

"이 지구 상에 자신을 크리스천이라고 생각하며 살아가는 수많은 사람이 다 크리스천일 수가 없겠구나. 복음의 진리를 바로 깨우쳐 주는 일이 얼마나 중요한 일인가! 만일 내가 영어로 말하지 못한다면 어떻게 이런 사람들에게 참 복음을 전할 수 있을까?"

그 후 나는 더 열심히 영어 원서를 읽고 영어 성경을 연구하는 일에 몰두하게 되었다.

# 아픔을 통해 주어진 사명

영국 유학 중 아내는 첫 아이를 임신하게 되었다. 경제적으로 힘든 유학생활이었지만 우리는 그 아이로 참 행복했고, 기뻤다. 그렇게 행복해하고 있던 어느 날 미국령 사모아에 있는 사모아 신학대학(Samoa Bible College)에 학생처장으로 있었던 친구 테리(Terry)로부터 편지 한 통을 받게 되었다. Terry는 필리핀 선교 당시 내가 결혼하기 전, APTS에서 공부할 때 함께 기숙사 생활을 하며 아주 가깝게 지냈던 친한 사모아인 친구였다. 서로 헤어진 후에도 함께 연락하며 지내온 그는 나에게 미국령 사모아에 있는 신학대학에 선교사로 와 달라는 간절한 요청의 편지를 보내왔다. 나는 그 편지를 무시했다. 2달이 지나 또 한 번의 편지가 왔다. 나는 또 그 편지를 무시했다. 테리의 편지를 무시한 것은 나에게 다른 꿈이 있었기 때문이었다. 나에게는 선교학 박사 학위를 받은 후 한국으로 돌아가 멋

버밍햄의 추운 겨울이 지나고 봄이 왔다. 학교 기숙사에 만발한 벚꽃을 즐기며 아름다운 꽃을 피우기 위해 추운 겨울의 고난을 잘 견뎌낸 벚꽃 나무처럼 아내와 나는 내일을 위해 지금의 고난을 기쁨으로 인내하였다.

진 선교적 목회를 할 것이라는 꿈이 있었다.

그러던 어느 날 아내는 배에 통증을 느끼고 하혈을 하게 되어 병원으로 갔다. 의사는 4개월 된 태아가 유산(miscarriage)되었다는 안타까운 말을 전해 주었다. 우리 부부에게는 너무나 큰 충격이었다. 아직 세상에 태어나지는 않았지만 그 아이와 4개월 동안 함께 얘기했고, 함께 웃었고, 함께 즐거워했었다. 그 아이는 우리의 가난한 유학생활을 잊게 만들어 주었던 아이였다. 배 속에 있던 아이가 갑자기 죽었다는 말을 듣고 우리 부부는 한없이 울며 슬퍼했다. 그때 하나님은 우리 부부에게 이런 말씀을 주셨다.

"얼굴 한번 보지 못한 생명이 죽었다고 그렇게 눈물을 흘리느냐? 지금 사모에서는 더 많은 영혼이 죽어가고 있다. 그 영혼들을 위해 내가 너를 불렀는데, 너는 그 부름을 무시했다. 이제 그만 눈물을 거두고 사모아로 가라."

우리 부부는 이 하나님의 부르심 앞에 더 이상 영국에 머물러 있을 수 없었다. 그때가 선교학 석사를 마치고 선교학 박사과정에 들어가려는 무렵이었다. 나는 박사 학위를 위한 계획을 포기하고 남태평양 미국령 사모아로 갈 준비를 했다. 그때 친구, 테리에게서 3번째 편지가 왔다.

"나의 친구 박 형제여, 여기 사모아 신학대학으로 와서 우리를 도와 달라…"

우리 부부는 그 편지를 붙들고 감사의 눈물을 한없이 흘렸다. 그때 하나님은 다양한 지식을 얻고, 박사 학위를 받아야 하나님께 더 큰 종으로 쓰임 받을 수 있다는 착각에서 나를 벗어나게 하셨고, 바로 이 순간 나를 영혼 구원의 도구로 사용하시길 원하시는 하나님의 뜻을 더 분명히 깨닫게 하셨다.

"… 너희 눈을 들어 밭을 보라 희어져 추수하게 되었도다."

(요한복음 4:35)

"… 추수할 것은 많은데 일꾼들이 적구나."

(마태복음 9:37)

하나님의 뜻에 순종하여 아메리칸 사모아로 가기를 결심했던 우리 부부에게 하나님께서는 한없는 기쁨과 감사가 넘치게 하셨다. 유산이 되어 슬픔에 젖어 있었던 우리 부부의 마음은 순간 그 슬픔에서 벗어나 기쁨으로 새로운 선교지 남태평양 미국령 사모아를 향해 준비했다.

# 미국령 사모아

아메리칸 사모아 중심 도시 팡오팡오(PagoPago)

1996년 봄 아내와 나는 영국을 떠나 하와이를 경유해서 남태평양 미국령 사모아(American Samoa)에 도착했다. 비행기에서 내린 순간 남태평양의 덥고 습한 공기가 앞으로 사모아에서의 생활이 쉽지만은 않을 것이라는 인상을 주었다. 공항에 마중 나온 친구 Terry와 신학대학교 학생들은 학교 내 Guest House(손님을 위한 숙소)로 우리를 인도했다. 그리고 며칠 후 아내와 나는 학교 측의 도움으로 미국령 사모아에서 선교 사역을 할 수 있도록 선교사 비자를 발급받았다.

미국령 사모아는 미국 하와이에서 비행기로 5시간 떨어진 아주 조그만 섬이다. 전 인구가 5만 명 정도 되는 작은 섬이지만 미국 영토라는 조건 때문에 그 섬은 US 달러를 쓰는 나라이고, 같은 민족이었지만 현재 독립국으로 존재하고 있는 서 사모아(Western Samoa)와는 경제 수준이 급격히 차이가 나는 아주 잘 사는 나라이

사모아 신학대학에서 사도행전을 가르치며 복음 전도의 중요성과 성령의 역사는 지금도 복음을 전하는 자들에게서 나타나고 있음을 가르쳤다.

다. 사면이 바다이며 공해가 없는 아름다운 곳이다. 우리 부부가 미국령 사모에 도착할 당시 그곳에는 한국 교민들이 약 150명 정도 살고 있었다.

미국령 사모아에서의 선교 사역은 사모아 신학 대학(Samoa Bible College)을 중심으로 교수 사역을 통한 목회자 양육이었다. 나는 사모아의 복음화를 위해 후학들을 양성하는 데 힘을 다하였다. 학생들은 모두가 세계에 흩어져 있는 사모아인들로 구성되어 있었다. 오스트레일리아 사모아인, 뉴질랜드 사모아인, 서 사모아인, 미국령 사모아인, 하와이 사모아인, LA 사모아인 등에서 모인 전교생이 약 50명 정도 되는 작은 학교였다. 그곳은 나에게 참으로 보람 있는 선교 현장이었다. 모든 강의가 영어로 이루어졌는데, 학교의 존재 목적은 훌륭한 사모아인 목회자들을 키워내는 데 있었다.

시간이 지나면 지날수록 교수 선교사역이 힘들게 느껴졌다. 사모아 신학 대학에서 선교사역을 시작할 때 내 나이는 만 29세였는데, 학생들은 모두가 나보다 나이가 많은 30대에서 50대 학생들이었다. 그들은 게을렀고 잠이 많았다. 수업시간에 절반 이상의 학생들이 잠을 이기지 못하고 꾸벅꾸벅 졸았다.

"왜 여러분들은 이렇게 늘 수업시간에 잠을 잡니까? 일찍 주무세요."

학생들을 다그치면 학생들은 언제나 같은 대답을 했다.

"우리가 수업시간에 잠을 자는 것은 지난밤에 잠을 못 자서가 아니라 코코넛 오일을 많이 먹어서 그렇습니다. 코코넛 오일이 잠을 오게 하거든요."

그리고 또 잠을 잔다. 나는 저들을 향해 꿈을 잃지 않았다. 여기서 저 학생들이 제대로 훈련받고, 바른 목회를 하는 목사들이 된다면 세계에 흩어져 있는 폴리네시안 족들에게 참 복음이 전파될 수 있다고 믿었기 때문이었다. 그래서 나는 매일같이 최선을 다하여 강의를 준비했고 최소한 저들을 가르치기 위해 매일 6시간 이상을 투자하여 강의준비를 했다. 내가 가르쳐야 할 과목이었던 사도행전, 선교학, 신약 신학을 열심히 준비하여 정말 학생들과 하나님께 부끄럽지 않게 최선을 다했다.

어느 날 3학년 과대표가 말했다.

"선교사님, 한국 음식 한 번만 해 주시면 안 돼요? 그것을 먹으면 수업시간에 잠이 안 올 것 같은데요."

나는 아내에게 30명분 음식을 준비하도록 했다. 어려운 살림살이였지만 아내는 정성껏 음식을 준비했고 그들은 감사하며 맛있게 한국 음식을 먹었다. 그러나 그들은 여전히 수업시간에 잠을 잤다. 그들에게는 꿈이 없었다. 배움에 대한 열정이 없었다. 하루는 수업을 시작하기 전에 한 학생에게 대표기도를 시켰는데,

"사모아 말로 기도해도 돼요?"

사모아 신학대학에 교수 선교사로 나를 오라고 간절히 간청했던 친구, 테리(Terry)와 함께 사모아 해변에서…

그 학생이 묻길래 그렇게 하라고 했다. 그런데 20분 동안 기도를 하는 것이었다. 그는 정말 하나님께 기도한 것이 아니고 나를 놀릴 작정으로 기도한 것이었다. 갑자기 스트레스가 몰려오기 시작했다. 나보다 나이도 훨씬 많고 자녀들도 여럿 있는 사람들이 어찌 저렇게 철없는 행동을 하는지 이해하기가 힘들었다.

"당신들보다 젊은 내가 여기 남태평양까지 와서 복음을 전하고 있는데, 당신들이 하나님의 종이 되기 위해 하나님 말씀 배우는 일에 이렇게 게을리해서야 되겠습니까?"

나는 눈물을 흘리며 학생들에게 호소했다. 그 후, 시간이 흐르면서 그들은 조금씩 변하기 시작했다. 우리 집에 와서 청소해 주고 사모아 얘기도 들려줬다.

"서 사모에 한번 놀러 오세요. 뉴질랜드에 한번 놀러 오세요. 여기 먼 남태평양까지 선교사로와 주셔서 감사합니다."

그들은 열심히 배우기 시작했다. 수업시간에 잠도 자지 않았다. 그들에게 새로운 꿈이 생기기 시작한 것이다. 더운 남태평양 섬사람들의 게으름이 조금씩 바뀌고 있는 것 같았다.

2년간 교수 선교사로 사역했던 사모아 신학대학(Samoa Bible Collage) 전경.

# 사모아 영적 대각성

1997년 초, 미국령 사모아에서 사모아 하나님의 성회 교단에 속한 전 교회들의 '영적 대 각성 집회'가 있었다. 나는 사모아에 온 한국인 최초의 선교사라는 이름 때문에 그 집회의 주 강사로 설교하게 되었다. 약 1,000명 이상이 모인 대집회였다. 많은 사모아 목사들이 한자리에 모였고, 사모아 하나님의 성회 총회장과 수많은 사모아인이 모여 1년에 한 번씩 여는 집회 현장이었다.

1997년 4월. 미국령 사모아 하나님의 성회 '영적 대각성 집회(Spiritual Emphasis Meeting)'에 주 강사(main speaker)로 청빙 되어 성령의 인도하심으로 하나님 말씀을 선포했다. 통역, 아이포 목사.

나는 그 집회의 말씀 강사로 초대받은 후, 하나님께 어떤 메시지를 전해야 할 것인지 간절히 기도했다. 하나님은 그때 나에게 사모아인들의 성적 타락에 대한 모습을 보여 주셨다. 이혼을 밥 먹듯이 하고, 부인과 이혼한 남편이 처제와 동거해 살고, 그러면서 그것이 죄인 줄 모르고 교회 안에서 이혼하여 옆집에 사는 부인 친구와 재혼하여 사는 것을 교회에서 간증하며 자랑하는 성적으로 아주 문란한 섬나라가 바로 사모아였다. 그래서 나는 이혼의 죄와 성적 문란이 하나님 앞에서 얼마나 무서운 죄인 지, 그리고 그러한 죄에 대한 하나님의 심판, 게다가 하나님 앞에서의 진정한 회개를 촉구하는 메시지를 기도하며 준비했고, 하나님이 주신대로 그 말씀을 담대히 영적 각성 집회 때 전했다.

말씀을 전하는 동안 말씀을 듣고 있던 목회자들과 성도들이 얼굴을 찌푸리고 있는 모습을 보았다. 약 40분의 설교가 끝나고 강단에서 내려왔을 때, 몇 명의 목사들이 나에게 다가왔다. 그리고 나를 그 집회장 사무실로 따라오라고 했다. 분위기가 심상치 않았다. 목사들은 뭔가에 화가 잔뜩 나 있는 것 같았다. 나를 사무실로 부른 목회자들은 나에게 아주 심각한 어투로 말했다.

"교회 성도 중 이혼자들이 약 90% 정도 됩니다. 그중에서 목회자들도 여럿 있습니다. 그래서 우리는 교회에서 이혼에 대한 얘기는 가능한 하지 않기를 권유하고 있습니다. 왜 우리도 교회에서 하지 않는 이혼과 문란한 성적생활 대헤 선교사님이 설교합니까? 지금 큰 실수를 한 것입니다. 이런 얘기 하라고 당신을 이 집회 강사로 세운 줄 압니까? 만약 이 일로 우리 교단의 성도들이 교회를 떠나게 된다면 당신에게 모든 책임을 지게 할 것입니다."

거인 같은 몸집을 가진 사모아인 목사들이 나를 둘러서서 이렇게 말할 때 정말 섬뜩했다. 나는 그때 뭐가 잘못되었는지 이해가 되지 않았다. 그리고 정말 이들이 하나님의 부르심을 받은 하나님의 종들인지 의심스러웠다. 그런데 잠시 후 밖에서 시끄러운 소리가 들렸다. 나는 순간 이 목사님들 말대로 메시지에 대한 원망의 소리가 터지고 있다는 생각이 들어 순간 두려웠다. 급히 사무실에서 집회장으로 달려 나왔다. 정말 집회장에서 놀라운 일이 일어나고 있었다. 성도들이 회개기도를 하고 있었다. 통성으로 울며 자신들이 행한 이혼과 성적 문란의 죄에 대해 회개운동이 일어난 것이었다. 정말 영적 대각성 운동이 일어났다.

하나님의 말씀은 살아 있고 활동하고 있음이 드러난 놀라운 부흥의 현장이었다. 목회자들은 성도들이 듣기 싫어하는 설교를 통

사모아 영적 대 각성 집회 후, 하나님은 코너스톤 교회와 팡오팡오 제일교회, 사모아교회 등 여러 교회에서 부흥회를 인도할 수 있도록 하셨고 영적 부흥이 일어나게 하셨다.

해 교회를 다 떠날 것으로 생각했지만, 하나님은 하나님의 말씀이 바로 선포될 때 저들의 마음을 어루만지셨다.

이 일로, 나는 '코너스톤 영어 교회 / Corner Stone English Church'에 부흥회와 팡오팡오 제일교회 등 여러 교회에 부흥회 강사로 초대를 받아 설교하게 되었다. 계속되는 부흥회에 하나님은 성령의 불을 떨어뜨리셨다. 하나님의 임재 하심이 그 교회들에 임하였고 하나님의 백성들이 주께 돌아오는 회개의 역사가 일어났다. 매일 집회 때마다 하나님은 부족한 나를 사용하여 놀라운 복음의 메시지가 선포되게 하셨다. 그리스도의 십자가 은혜의 복음이 전해질 때, 그리스도 안에서 죽고 다시 그리스도의 생명으로 살아나는 부활의 은혜를 그 집회에서 경험케 했다.

나는 왜 하나님이 미국령 사모아 땅에 나를 부르셨는지 다시금 깨닫게 되었다. 하나님의 인도하심은 놀라웠다. 남태평양 한복판의 작은 섬나라에 우리 부부를 옮기시고 사용하고 계시는 하나님의 은혜가 놀라웠고 감사했다.

어느 날 아내는 사모아 교회들의 어린이 학교 교사들에게 교사 강습회를 열어 저들에게 다음 세대를 위한 사명과 열정을 심어 줄 필요가 있다고 말했다. 나는 아내가 말한 교사 강습회가 미국령 사모아 땅에 너무나 귀하고 필요한 사역이라고 생각이 들었다. 그래서 교회 강습회 프로젝트를 세워 나와 함께 신학교 교수로 있었던 요나 교수 그리고 친구 테리와 함께 이 일을 추진했다. 대성공이었다. 이 강습회를 통해 교회학교 어린이 사역이 활성화되었고 교회학교 교사들의 사명이 더욱 불타는 역사가 일어났다. 하나님은 우리 부부를 남태평양 사모아 섬에서 이렇게 사용하고 계셨다. 우리는 기뻤다. 하나님께서 우리 부부를 사용하고 계심에 정말 감사했다.

아내, 박(이)은미는 사모아 교회들의 어린이 주일학교 교사들에게 교사의 중요성과 사명감 그리고 율동을 가르치기 위해 교사 강습회를 열었다.

# 자비량 선교

미국령 사모아 선교 사역을 시작한 지 3개월이 지났을 때, 한국에서 물질 후원을 하겠다고 약속한 교회가 선교헌금을 보내지 못하겠다고 연락이 왔다. 한국에 IMF가 와서 교회들의 경제 사정이 극도로 심각한 상황이라며, 힘들면 그냥 한국으로 들어오라는 것이었다. 앞이 캄캄했다. 그러나 우리 부부는 하나님의 뜻이 있을 거라는 믿음을 가지고 기도했다. 일주일이 지났을까! 어떤 한국인 부부가 우리 집을 방문을 했다. 그분들은 한국 선교사가 왔다는 소식을 듣고 인사를 하러 온 사모아 한인교회 담임 목사님인 최광욱 목사님과 사모님이셨다. 함께 이런저런 얘기를 나누다가 사모님이 대뜸 영어를 가르쳐 달라는 부탁을 하셨다.

"사모님 혼자 영어를 배우는 것보다 여러 사람이 함께 배우면 더 재미있고, 효과적이니 사람들을 한번 모아보세요."

사모님은 이런 나의 말을 듣고, 일주일 후, 영어를 배우고 싶어하는 주부들 9명을 모집해 오셨다. 나는 주부 영어 회화 교실을 집에서 시작했다. 신학 대학 강의가 없는 날을 피해 영어를 오전에 가르쳤다. 영어를 배우는 주부들은 모두 그 시간을 즐거워했다.

"사모아에 와서 이렇게 보람 있고, 즐거운 날을 보낸 것은 처음이에요."

"남태평양 한복판에 있는 이 작은 섬에서 지루한 시간을 보내었는데 목사님께서 영어를 이렇게 재미있게 가르쳐 주시고 단어 암기 숙제도 주셔서 요즘은 영어 공부에 푹 빠져 살아요. 목사님, 오래오래 여기 사모아에서 우리랑 같이 있었으면 좋겠어요."

지루하고 따분한 미국령 사모아 섬 생활에서 그들은 영어 배우는 것을 아주 큰 위로와 즐거움으로 삼았다. 나는 그들에게 영어를 가르치면서 예수님 믿기 전의 나의 생활, 그리고 예수 믿은 후의 간증 등을 통해 복음을 전했고, 예수님 믿으면 얼마나 행복한지 그리스도 안에서 사는 삶에 대하여 말씀을 전했다. 영어를 배우는 주부 중에 예수님을 믿지 않는 분들이 여럿이 있었는데 그들은 영어 공부를 통해 자연스럽게 복음을 듣게 되었다. 영어를 배웠던 주부들은 나에게 감사의 표시로 싱싱한 바닷고기와 해산물, 그리고 오징어 등을 갖다 주셨고 뿐만 아니라 돈을 모아 주었다. 우리 부부는 그들이 모아 준 감사의 돈으로 겨우 생계를 유지하며 신학교 선교 사역을 계속했다. 훗날 사모아에서 영어를 가르친 경험으로 미국 한인사회에서 개척하여 한인 목회를 할 때 '세계로 영어학교'를 시작할 수 있었고, 그 영어학교는 전도하기 힘든 이민 사회에서 사람들을 만나 복음을 전할 수 있는 통로가 되었으며, 하나님의 사역에 필요한 물질을 공급받을 수 있던 물질 통로가 되었다. 무엇보다도 이민자들에게 이민 생활을 위해 가장 필요한 언어를 극복할 수 있도록 도와주는 이민 생활의 원동력 역할을 했다.

하나님은 이렇게 나를 훈련 시키셨다. 선교 후원금 단절은 하나님의 예비 하심이었다. 사도바울의 자비량 선교가 오히려 교회에 득이 되었던 것처럼, 나의 자비량 선교가 오히려 사모아 선교 사역의 폭을 더 넓혀갔다. 사모아인뿐만 아니라 한국인들에게까지 복음을 전하게 하였고, 장래에 있을 미국에서의 사역을 위해 하나님께서 미리 나를 준비시키셨던 것이다. 정말 다윗이 시편 119:71에서 "고난 당하는 것이 내게 유익이라 이로 말미암아 내가 주의 율례들을 배우게 되었나이다."라고 고백한 것이 나의 고백이 되었다.

# 받아들일 수 없었던 힘든 순간

미국령 사모아에서 선교사역을 시작하던 해 우리 부부는 자녀를 달라고 하나님께 기도했다. 기도의 응답으로 임신을 했다. 아내는 입덧을 심하게 했다. 약 5개월 동안 계속된 입덧으로 음식을 먹지 못했고 아내는 침대에 그냥 누워있어야만 했다. 입덧으로 아무것도 먹지 못하는 아내가 갑자기 먹고 싶다고 한 것이 있었다.

"사달라고 하는 말이 아니라 그냥 먹고 싶어서 말하는 거니까 부담 갖지 마세요. 한국 참외가 너무 먹고 싶어요."

사모아에는 참외가 없었다. 만약 있다고 해도 참외를 살 돈이 없었다. 참 마음이 아팠다.

"그라믄 잠깐만 기다리라. 참외 사가꼬 오께."

나는 사실 참외를 사러 나간 것이 아니라 참외를 사러 가는 흉내를 내었던 것이다. 나는 그냥 사러 가는 척이라도 하고 싶었다. 그리고 한국인이 운영하는 '정스토아' 슈퍼마켓에 갔다. 슈퍼마켓 안에서 이리저리 둘러보고 있는데, 그 슈퍼마켓 여주인이 나를 보더니 기다렸다는 듯이 반겨주었다.

"선교사님 어서 오세요. 그렇지 않아도 선교사님 왜 안 오나 하고 기다렸어요."

그러더니 나에게 주려고 담아놓은 노란 한국 참외 한 봉지를 주셨다.

"이거 꿀 참외에요. 얼마나 단지 몰라요. 오늘 처음 들어왔어요. 사모님하고 같이 드세요.

그분은 예수님을 믿지 않는 사람이었다. 나와 그렇게 친한 분도 아니었다. 몇 번 야채를 사러 슈퍼마켓에 가서 만난 적밖에는 없는 사람이었다. 그런 분이 나에게 한국 참외를 주려고 기다리고 있었다는 것이 이해가 되지 않았다.

"아이구, 이거 비쌀 것 같은데, 이거 얼맙니까?"

"그냥 드리는 거니까 가져가세요. 무슨 돈을 받습니까? 그냥 선교사님 드리고 싶어서 좀 빼놓았어요."

얼마나 놀라운 일인가! 과연 하나님이 살아계시지 않는다면 이런 일이 일어날 수 있을까! 아내는 그 참외를 보고는 깜짝 놀랐다. 내가 한국 참외를 사 온다고 했을 때, 그냥 사 가지고 오는 척하는 거겠지 생각했다고 했다. 나는 슈퍼마켓에서 있었던 일을 아내에게 말했다.

"하나님이 당신 이것 먹고 일어나라고 주신 거니까 이거 다 먹고 힘내라."

아내는 그 한국 참외를 먹고, 그때부터 식욕이 돌아오고 정상적으로 활동할 수 있었다. 아내는 9개월 동안 몸을 조심스럽게 움직였다. 그리고 3주 일찍 태어났지만 예쁜 딸 아기가 태어났다. 몸무게는 정상이었다. 남태평양 조그만 섬나라에서 태어난 보석이라 하여 이름을 해림이라고 지었다.

해림이가 태어난 날은 비바람이 몹시 부는 날이었다. 사모아의 병원은 너무나 형편이 없었다. 병실 창문은 유리가 아닌 비닐로 가려져 있어서 바람이 불면 창문 사이로 바람이 들어오는 열악한 환경이었다. 그러나 한 생명을 우리 가정에 보내주신 하나님께 참으로 감사했다.

아내가 병원에서 퇴원할 무렵 나는 피지(Fiji) 섬나라에 일주일의 선교여행을 떠나야 했다. 이미 예정된 선교여행이라 취소를 할 수가 없었다. 예정일보다 3주 일찍 아이가 태어나서 한국에서 산후조리를 해주시기로 한 부모님이 오는 날짜도 아직 2주나 기다려야만 했다. 그때 산후조리를 해 주시겠다고 사모아 한인 침례교회 사모님이 교회 사택에 아내와 해림이를 머물도록 했다. 가족도 없는 머나먼 타국에서 기쁨으로 아내의 산후조리를 해주신 사모님의 사랑을 아직도 잊을 수가 없다. 훗날 미국 애틀랜타에서 한인 목회를 할 때, 아내는 그때를 기억하며 성도 중 산후조리를 해 줄 가족이 없는 이들을 정성스레 보살피고 섬겼다.

사모아 한인교회 사택에서 산후조리를 하면서 머문 지 며칠이 지났는데 해림이는 엄마 젖을 빨지 못해 아무것도 먹지를 못했다. 게다가 얼굴에 황달이 심했다. 나는 선교여행을 마치고 돌아온 즉시 아이를 데리고 병원에 갔다. 혹시나 다른 이상이 없는지 확인을 하기 위해 혈액 검사를 시작했다. 태어난 지 며칠밖에 되지 않은 신생아의 혈관을 찾는 것이 얼마나 힘이 들었는지 몇 시간 동안 양팔, 양다리에 주삿바늘을 꽂았다 뺐다 하더니 결국 머리 정수리에 주삿바늘을 꽂았다. 결국은 혈관을 찾아 혈액 검사를 했는데 황달이 너무 심해 병원에 입원해야 한다고 했다. 병원에서는 아이가 병원에 입원해 있는 동안 엄마가 함께 아이와 있어야 한다고 해서 누워있을 침대도 없는 병실에서 이제 아이를 갓 낳은 산모인 아내는 아이와 함께 병실에서 있어야만 했다. 왜 이렇게 불편한 병실에 산모를 있게 하는지 이해가 되질 않았지만, 아내는 병원의 지시에 따라 병실에 아기와 함께 있었다. 시간이 지나 황달 증세가 사라지고 해림이는 일주일 만에 퇴원할 수 있게 되었다.

해림이는 태어나면서부터 엄마 젖을 빨지 못해 어쩔 수 없이 분유를 먹였다. 빠는 힘이 부족해서 아내는 종일 분유 수유하는 데 시간을 보내야 했다. 우유를 잘 먹지 못하고 계속 잠만 자는 아이를 이상하게 생각했지만, 출생 당시 모든 것이 정상이라는 의사의 진단을 의심하지는 않았었다.

해림이가 생후 3개월이 되었을 때 의사로부터 아이가 '다운증후군(Down Syndrome)'이라는 장애 판정을 받았다. 동양 아이를 처음 본 의사는 시간을 두고 해림이의 상태를 지켜보았다고 했다.

1997년, 해림이가 다운증후군 장애판정을 받은 후, 사모아 팡오팡오 교회 어린이들은 해림이를 더욱 큰 사랑으로 대해 주었다.

아내와 나에게 있어서 이 소식은 너무나도 큰 충격이었다. 어떻게 나에게 이런 일이 일어날 수 있을까? 젊음을 드려 하나님께 헌신한 나의 삶에 어떻게 이런 아이를 우리 가정에 주실 수 있을까! 나는 이해할 수가 없었다. 자녀에 대한 큰 꿈을 가지고 정말 멋진 하나님의 딸로 키우겠다는 꿈이 한순간 무너져 버렸다. 우리 부부는 완전한 절망에 빠졌다. 하나님을 향하여 원망했다. 불평했다. 예수님을 믿지 않는 불신자들도, 나보다 더 못한 사람들도 건강한 자녀들을 낳아 저렇게 훌륭하게 키우는데 어떻게 나에게 이런 아이를 주실 수 있단 말인가! 내 상식으로는 이해가 되지 않았다. 예수님을 믿고 오직 주님만 바라보며 달려온 나에게 왜? 영국에서는 아내 배 속에 있는 4개월 된 아이를 데려가시더니, 이제는 이 미국령 사모아, 남태평양 한복판에서 주님의 영광을 위해 힘든 생활들을 믿음으로 견디며 헌신하고 있는 나에게 장애 아이를 주신 하나님은 정말 나를 사랑하시는 하나님이신가? 나는 온통 하나님에 대한 불신의 생각으로 가득 차 버렸다. 아내도 울고 나도 울고 우리는 함께 울었다. 그때 나는 한 달을 울면서 해림이에게 저주스러운 말을 하며 하나님께 원망의 기도를 드렸다. 선교할 마음도 복음을 전할 마음도 사라졌다. 주님을 위한 모든 열정이 사라져 버리는 것 같았다.

절망 가운데서 하나님을 원망하며 기도하고 있던 어느 날 밤 하나님의 음성이 들려왔다.

"이 아이는 나의 아이이며, 내가 나의 영광을 위해 너에게 잠시 맡겨 놓은 것이지 너의 소유가 아니다. 내가 해림이를 사용할 것이고 해림이를 통해 내 일을 이룰 것이다."

그 순간 해림이에 대한 절망과 하나님을 향한 분노가 한순간에 사라졌다. 그때부터 나는 해림이에 대한 하나님의 일을 기대했다. 내 육신의 생각으로, 내 이성과 내 감정에 치우치는 순간 지금까지의 열정이 순식간에 사라지는 것을 보고 나는 놀랐다. 하나님의 음성을 들었을 때, 사라진 열정이 다시 솟아남을 경험했다.

해림이는 태어나면서부터 눈물을 많이 흘렸다. 그래서 항상 눈이 퉁퉁 부어있었고, 몸에는 항상 땀이 흐르고 있었다.

나는 '바닷바람 때문에 눈물이 나는 거겠지. 날씨가 더워 땀이 흐르는 거겠지.' 하고 이렇게 생각하며 해림이에게 나타난 현상들을 큰 문제로 생각하지 않았다. 그런데 한 달이 지나고, 두 달이 지나도 계속 눈물이 흘렸고, 모든 근육에 힘이 없었다. 5개월이 되었을 때, 병원 의사가 그 원인을 설명하며 미국으로 빨리 가야 한다고 말했다.

"해림이는 눈에 눈물샘이 막힌 상태로 태어났습니다. 눈물샘이 막혀 그것이 제 역할을 제대로 하지 못하기 때문에 눈물샘에서 흐르는 눈물이 눈 밖으로 흐르는 것입니다. 눈 수술을 하지 않으면 실명될 수 있습니다. 그뿐만 아니라 심한 심장병을 가지고 있어 고열이 폐 쪽으로 올라가고 있으니 빨리 수술을 하지 않으면 곧 죽을지도 모릅니다."

나는 의사의 이 말을 듣고 하늘이 무너지는 것 같았다. 다운증후군 장애로 태어난 우리 해림이가 눈물샘 없이 태어난 데다 심장병까지 가지고 태어났다는 소식은 참으로 견디기 힘든 시련이었

다. 그러나 나는 해림이를 쓰시겠다는 하나님의 말씀을 확신하고
붙들었다.

하루는 의사가 우리 부부를 불렀다.

"미국령 사모아는 의료시설이 좋지 않아 눈 수술과 심장 수술을
할 수 없기 때문에 해림이를 살리려면 미국 본토로 빨리 가서 수
술을 받아야 합니다."

그런데 한 번도 가보지 않은 미국, 아는 사람이 아무도 없는 미
국을 어떻게 어디로 가야 하는지 앞이 캄캄했다. 6개월 된 해림이
의 눈은 흐르는 눈물로 언제나 퉁퉁 부어 있고, 심장병으로 혀를
내밀며 식은땀을 흘리며 누워있는 모습에 하나님께 기도밖에 드릴
방법이 없었다.

# 사모아 풍토병

해림이가 태어나던 그해, 미국령 사모아에 열병이 돌기 시작했다. 남태평양 섬에 가끔 찾아오는 섬사람들의 생명을 빼앗아가는 풍토병이 사모아에 들어온 것이다. 우리 부부가 그 풍토병에 걸리고 말았다. 병원에 가니 아스피린을 처방해 주었다. 이 풍토병에는 약이 없었기 때문이다. 이 열병에 걸리면 죽든지 살든지 둘 중 하나였다. 많은 사모아 사람들이 이 열병으로 죽어 나가기 시작했다. 아내와 나의 몸은 열이 불덩어리처럼 오르고 있었다. 심지어 허리에 난 종기가 그 열에 시꺼멓게 타버릴 정도였다. 머리부터 발끝까지 바늘로 쑤시는 것처럼 몸이 아팠고, 옆에 누워있는 아내는 너무 고통스러워 눈물을 흘리고 있었다. 소리칠 힘도 없었다. 열병의 고통보다 더 가슴이 아팠던 것은 보행기에 앉혀놓은 딸 해림이 때문이었다. 친척들이나 친구들이 옆에 있으면 해림이를 돌봐 줄 수 있을 텐데… 당시 우리가 주일마다 출석하며 돕고 있었던 사모아 코너스톤교회 성도들과 사역자들도 열병에 전염될까 봐 우리 집 근처에도 오지 않았기 때문에 해림이를 돌봐 줄 손길이 없었다. 눈물과 땀을 흘리고 있는 해림이를 바라보며

"해림이는 살아야 할 텐데. 해림이는 이 풍토병에 걸리면 안 되는

데. 해림이에게 이 열병이 옮기면 안 되는데…"

아내와 나는 이렇게 생각하며 마음으로 정말 죽을 준비를 했다. 우리 부부는 침대에 그대로 누운 채 눈을 감고 기도 외에 그 어떤 것도 할 수 없었다. 침대에 누워있는 이틀 동안 해림이는 아기 침대에서 울고 있었다. 악을 쓰며 울던 해림이는 울다 지쳐 잠이 들고 잠에서 깨면 또 울기를 반복했다. 우리 부부는 그런 해림이를 보고도 일어날 수가 없었다. 기저귀도 갈아줄 수 없었고 우유를 먹일 수도 없었다.

풍토병에 걸린 지 삼 일째 되던 날, 한국 교민 한 분이 집을 방문했다. 사모아 한인 침례교회의 김혜숙 집사였다. 그 집사님은 차를 타고 가는데 갑자기 박정수 선교사님 집에 들러봐야겠다는 마음이 들어 우리 집을 방문했다고 했다.

"세상에 이 일을 어째. 이 일을 어째. 오, 주여."

침대에 누워있는 우리 부부의 모습을 본 집사님은 어쩔 줄을 몰라 했다. 해림이는 울고 있고, 우리 두 부부는 침대에 누워 죽은 사람처럼 하고 있었기 때문이었다. 집사님은 해림이가 여기 있으면 큰일 난다고 하면서 해림이를 자기 집으로 데리고 가겠다고 했다. 우리 부부는 그렇게 해 달라고 고개를 끄덕였다.

그 다음 날 이 소식을 들은 중앙일보 이현휘 지국장 부인되는 집사님이 잣죽과 고기 죽을 끓여 왔다.

"선교사님, 이것 먹고 일어나셔요."

그 죽을 부엌에다 놓고 가셨다. 그날 저녁 나는 겨우 일어나 그 죽을 아내에게 가지고 가 함께 힘들게 먹었다. 그 다음 날 놀랍게도 열이 조금씩 조금씩 떨어지면서 온몸의 고통이 가라앉기 시작했다. 일주일이 지나 온몸이 완전히 회복되었다. 사모아 풍토병에서 하나님은 우리 부부를 살려 주셨고, 질병으로부터 해림이를 보호해 주셨다.

나는 미국령 사모아에서 풍토병으로 죽어갈 때, 사도 바울이 고린도교회를 향해 알렸던 그의 고난과 그 고난 속에서 만난 모든 위로의 하나님을 나도 경험할 수 있었다.

> "형제들아 우리가 아시아에서 당한 환난을 너희가 모르기를 원하지 아니하노니 힘에 겹도록 심한 고난을 당하여 살 소망까지 끊어지고 우리는 우리 자신이 사형 선고를 받은 줄 알았으니 이는 우리로 자기를 의지하지 말고 오직 죽은 자를 다시 살리시는 하나님만 의지하게 하심이라. 그가 이같이 큰 사망에서 우리를 건지셨고 또 건지실 것이며 이후에도 건지시기를 바라노라."
>
> (고린도후서 1:8-10)

미국령 사모에서 풍토병(남태평양 열병)을 겪고, 우리 부부는 다시 기도하기 시작했다. 해림이 눈 수술과 심장병 수술을 위해 어떻게 미국 본토로 갈 수 있는지 그 해결을 위해 기도했다. 미국 어디로 가야 하는지 그 지역을 놓고 기도했다. 이것은 단지 해림이 수술뿐만 아니라 미국에 살면서 장애인 복지 혜택을 누려야 한다는 의사 말에 우리가 미국에서 정착할 수 있도록 삶의 터전을 마련해 줄 손길을 놓고 기도했다. 사모아 의사는 더 지체하면 해림이가 죽을지 모른다고 하며 빨리 심장병 수술을 받아야 한다고 말했다. 나는 의사에게 말했다.

"우리는 미국에 아는 사람이 없습니다. 미국보다 한국으로 가서 수술을 받는 것은 어떻습니까?"

의사는 고개를 저으면서 왜 우리가 한국이 아닌 미국으로 가야 하는지 설명해 주었다.

"미국령 사모아는 미국 영토입니다. 미국인으로 태어난 해림이가 다운증후군 장애로 판정받았기 때문에 해림이가 미국으로 가면 미국 장애 복지 혜택을 모두 무료로 받을 수 있습니다. 심장 수술비도 무료, 눈 수술비도 무료, 그리고 장애인들을 위한 장애인 특수 교육도 무료, 병원 모든 진료, 눈, 이, 모든 신체의 의료비가 다 무료입니다."

나는 그 말을 듣고 집으로 돌아오는 길에 남태평양 바다의 맑은 하늘을 바라보았다.

"하나님 보내주세요. 해림이 살려 주세요. 하나님, 하나님."

소리치며 바다 백사장에서 하늘을 보며 기도했다. 백사장에 앉아 멍하니 바다를 보고 있는데 바닷가에 미국 백인 한 사람이 왔다. 그냥 쉬려고 온 사람이었다. 나는 그 사람에게 말을 걸었다.

"저는 한국인입니다. 어디서 오셨죠?"

"미국 사우스캐롤라이나에서 온 미국 선교사입니다."

"저는 박이라고 합니다. 저도 선교사로 여기 왔어요."

손을 내밀어 악수를 청하였다.

"저는 로이(Roy)라고 합니다. 남태평양 선교를 위해 하나님이 저를 이곳으로 보냈습니다."

우리는 함께 이런저런 얘기를 나누었다. 남태평양 복음화에 관해 얘기를 나누었다. 서로 얘기를 하면서 놀라운 사실 하나를 발견했다. 로이 선교사와 내가 같은 교단 선교사라는 사실이었다. 로이 선교사는 미국 하나님의 성회 소속 선교사였고, 그를 파송한 교회도 미국 하나님의 성회 소속이었지만 우리는 같은 교단 선교사였다. 주님 안에서 교단이 그렇게 중요한 것은 아니지만 같은 교단이라고 할 때 그저 반가웠다. 로이 선교사는 내가 자신의 첫 한국 친구라고 하면서 기뻐했다. 우리는 그날 서로 친구가 되었다.

나는 로이 선교사를 집으로 초대해 한국 음식으로 식사 대접을 했다. 식사하면서 그는 해림이에 관해 물었다. 나는 현재 해림이에 대한 건강 상태를 그에게 말하며 기도를 부탁했다.

"해림이를 위해서는 미국에 가면 더 좋을 텐데…."

하면서 미국 갈 계획은 없느냐고 물었다. 그때 나는 나의 기도내용을 말했고, 미국에 아는 사람이 없어 기도하고 있다고 말했다. 그때 로이 선교사는 자기를 파송한 교회 목사님도 젊은 시절 인도 선교사로 있었기 때문에 선교사들을 참 좋아한다고 했다. 그래서 교회 이름도 'Christian Outreach Center(COC) / 기독교 선교 중심 교회'라는 이름으로 개척을 해 지금은 성도들이 약 600명 정도 모이는 선교하는 교회라고 했다.

"내가 우리 담임 목사님을 소개해 줄 테니 그 목사님과 연락해서 미국으로 가세요. 미국으로 가면 아마 그분이 모든 것을 다 도와줄 거예요."

로이 선교사는 바로 그 자리에서 미국으로 전화를 걸어 그 담임 목사님을 소개해 주었다. 그는 그 목사님께 나에 대한 상황을 간단히 설명하고 나를 바꿔 주었다. 나는 전화로 스티브 엘런(Steve Allen) 담임 목사님과 인사를 나눴다. 엘런 목사님은 미국으로 오기만 하면 필요한 모든 것을 도와주겠다고 말씀하셨다. 로이 선교사로부터 스티브 엘런 목사님의 교회와 주소를 받고 미국으로 떠날 준비를 했다. 얼마나 놀라운 하나님의 인도하심이었는지! 하나님의 인도하심은 너무나 세미했다. 약 한 달 후, 우리 부부는 두 개의 짐 가방을 들고 아픈 해림이를 데리고 미국 사우스캐롤라이나로 떠났다.

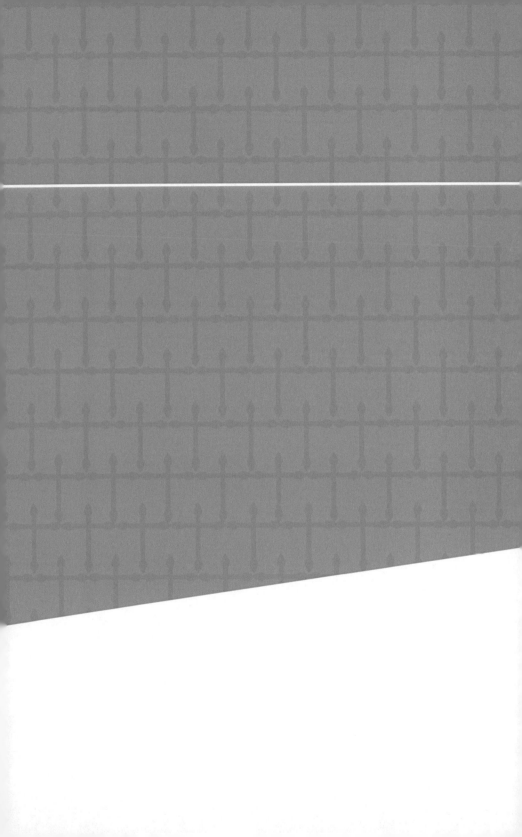

TRU **M** PET

# Maturity
## 성숙

하나님께서는 고난 속에서, 절망 속에서 그리고 해결되지 않을
것 같은 환경 속에서 오직 주님을 바라보는 믿음의 성숙을 주셨
다. 영적 성숙을 통해 더욱 예수 그리스도의 형상을 닮게 하셨고
살아계신 하나님을 더욱 가까이 만날 수 있도록 하셨다.

# 미국

## 기독교 선교 중심 교회(COC)

    1998년 5월, 우리 가족은 미국 사우스캐롤라이나 주 수도, 콜롬비아 공항에 도착했다. 공항에 도착하니 키가 큰 백인 한 사람이 'Pastor Park(박 목사)'라고 쓰인 종이를 들고 기다리고 있었다. 스티브 엘런 목사님이 보낸 기독교 선교 중심 교회(Christian Outreach Center) 사역자였다. 그는 우리를 반갑게 맞아 주었다. 당분간 호텔에서 머물라고 하면서 우리 가족을 호텔로 데려다주었다. 엘런 목사님은 우리가 호텔에 머무는 동안 아파트를 준비하고 있었고 그 아파트가 준비되는 동안 우리는 호텔에 머물러 있어야만 했다. 우리에게는 돈이 2천 달러밖에 없었기 때문에 호텔비를 내야 하는 부담감이 밀려왔다. 호텔에 머문 지 15일째 되던 날 나는 대충 호텔비를 계산해 보았다. 약 1,400달러를 호텔비로 지불해야만 했다. 나는 걱정이 되었다. 그때, Bob Erdies(밥 얼디스)라는 COC 성도가 부인 Sindy(씬디)와 함께 호텔을 찾아왔다. 호텔은 불편하니 자기 집으로 옮겨 아파트가 준비될 때까지 함께 머물자고 했다. 나는 그들이 너무 고마웠다. 짐을 챙긴 후 호텔비를 계산하려고(check out) 하니, 호텔직원은 "이미 교회에서 당신의 호텔비를 모두 계산했습니다."라고 했다. 하나님께서 이미 우리의 사정을 아시고 호텔비를 다 내주셨는데 하나님의 공급하심을 알지 못해 호텔비로 걱정하고 있었던 나 자신이 부끄러웠다.

우리는 밥(Bob) 형제네 집으로 짐을 옮겼다. 밥과 씬디가 우리 짐을 자기 안방(Master Bed Room)으로 옮겨놓았다.

"왜 우리 짐을 안방으로 옮깁니까? 그냥 여기 거실에 두셔도 됩니다."

"우리는 거실에서 잠을 잘 테니 목사님께서는 아내와 아이를 데리고 편하게 안방을 사용하세요."

나는 밥 형제의 친절한 말에 깜짝 놀랐다. 밥 형제의 집은 방이 4개가 있었지만, 자녀가 3명이다 보니 우리 식구들이 머물 방이 없기 때문에 자신들의 안방을 사용하라는 것이었다. 우리는 단호히 거절했다. 그러나 밥은 자기 뜻을 굽히지 않았다.

"이것은 우리의 사랑이고 하나님이 기뻐하시는 일에 우리가 순종하는 겁니다."

밥 형제는 자신의 안방을 쓰라고 간곡히 요청을 했다. 그들은 우리에게 한없는 사랑을 베풀어주었다. 정성스럽게 하루 세끼를 준비해주었다. 가끔 밥은 한국 마켓에 가서 한국 식품을 사 와

미국에서 새벽기도 부흥 운동을 일으킨 첫 사역의 장, Chritian Outreach Center(COC)

서는 한국 음식 요리법을 가르쳐 달라고 했다. 밥과 씬디 그리고 우리 부부는 함께 한국 음식을 요리했는데 그날은 한국 음식을 먹는 날이었다. 밥과 씬디는 한국 음식을 우리에게 먹도록 하려고 이런 시간을 계획적으로 만든 것이다.

밥 얼디스 형제 집에 머무는 동안 COC(기독교 선교 중심교회)의 디아나(Diana) 성도는 해림이가 병원 치료를 받을 수 있도록 콜롬비아에서 가장 시설이 잘되어 있는 아동 병원을 찾아 우리에게 소개해 주었고, 해림이와 관련된 모든 서류를 작성하여 해림이에게 필요한 의사들을 만날 수 있도록 모든 조처를 해 주었다. 해림이의 진료를 받기 위해 병원을 가는 날이면 온종일 우리 가족 곁에서 미소를 잃지 않고 기쁨으로 섬기는 디아나 자매의 모습을 통해 진정한 섬김의 모습을 배우게 되었다.

밥 형제 집에 머문 지 약 보름 정도 지났을 때, 우리는 교회에서 준비해 준 아파트에 입주했다. 그 아파트는 우리가 생각한 그 이상으로 훌륭한 아파트였고, 너무나 깨끗하고 아늑한 생활 환경이었다.

우리는 이런 아파트에 살 경제적 능력이 전혀 없었다. 그런 우리에게 엘런 목사는 "이 아파트는 교회에서 얻어주는 것이니 편하게 생활하세요."라고 말씀하시며 격려를 아끼지 않았다.

우리 가정은 하나님께 말할 수 없는 감사를 드렸고, 아는 사람 하나 없이 미국 땅에 왔지만 모든 것을 예비하신 하나님을 찬양했다. 아픈 해림이를 데리고 두 개의 짐 가방을 들고 미국인 목사님의 이름과 교회 주소만 가지고 믿음으로 온 미국이라는 땅에서 하나님은 엘런 목사님을 통해 아파트를 준비해 살게 해 주셨고 COC

에서 사역할 수 있도록 길을 열어 주셨다. 우리 가족은 아파트에 입주한 그 날 감사 예배를 눈물로 드렸다.

아파트로 이사한 다음 날, COC(기독교 선교 중심교회)의 한 성도 부부가 픽업트럭에 침대와 화장대, 장식장, 식탁, 화장실 커튼을 싣고 왔다. 나는 그분을 본 적도 없고, COC 성도인 줄도 몰랐다.

"누구십니까?"

"목사님은 저희를 잘 모르실 거예요. 저희는 COC 성도들입니다. 지난 주일에 교회에서 목사님이 아파트로 이사한다는 소식 들었습니다. 그 소식을 듣고 기도를 하는데 2주 전에 우리 집 Guest Room(손님 접대용 방)을 꾸미려고 침대와 화장대와 이런 장식품들을 다 사놓았는데, 하나님이 Guest Room을 위해 준비한 이 모든 것을 박 목사님 집으로 갖다 주라고 해서 바로 순종했습니다. 그러니 걱정하지 마세요. 우리가 침대와 화장대, 식탁, 장식장들을 다 정리해 드리겠습니다."

참 놀라운 하나님의 은혜였다. 그리고 며칠이 지나 어떤 성도가 우리에게 전화했다. 화장실 벽지 색깔이 뭐냐고 묻길래 녹색 줄무

아무도 도와주는 이 없었던 미국땅에서 오직 예수님 이름 하나로 우리 가정을 정성껏 도와줬던 COC 식구들은 해림이의 첫 돌을 맞아 우리 아파트에서 잊을 수 없는 사랑의 해림이 생일 파티를 열어 주었다.

뇌라고 아내가 대답했다. 왜 화장실 벽지색깔을 묻는 것인지 미국인들은 참 특이하구나 생각했다. 그 다음 날 그 성도는 우리 아파트 화장실 색깔에 맞춰서 타월, 샤워커튼, 칫솔 홀더, 비누케이스, 컵 등 화장실 용품 등을 들고 찾아왔다. 색깔까지도 세미하게 신경 써 주시는 하나님의 공급하심이 그저 놀랍기만 했다. 매일 성도들이 우리 집을 찾아왔다. 소파, 그릇, 이불. 등을 선물해 주었다. 미국 콜롬비아 공항에 도착했을 때 옷 가방 두 개를 들고 왔는데 하나님께서 순식간에 우리의 필요를 아시고 채워주셨다.

미국에서의 삶이 시작되면서 우리 가족이 먼저 해결해야 할 것이 있었는데, 미국에서 합법적으로 살아갈 수 있도록 비자 문제를 해결해야 했다. 담임목사님께 의논을 드렸더니 교회에서 비자 문제를 도와주겠다고 하셨다. 3개월 후, 우리 부부가 미국에서 영주권을 받을 수 있도록 COC 교회에서 나의 후원교회가 되어주었다. 그런데 영주권을 받으려면 먼저 변호사를 선임하고 종교 비자 신청을 해야 하는데, 종교 비자 신청비는 변호사비까지 해서 1,500 달러였다. 나와 아내는 종교 비자에 들어갈 서류를 다 준비했지만, 돈이 없어서 서류를 신청하지 못하고 며칠째 기도만 하고 있었다. 어느 날 나는 COC에서의 나의 주요 사역이었던 새벽기도 예배 때, 여느 때와 마찬가지로 열정적으로 믿음에 대한 말씀을 전했다. 그리고 개인기도 시간에 비자 문제를 놓고 하나님께 간절히 기도드렸다. 기도가 끝나고 나오니 한 흑인 성도가 기다리고 있었다.

"박 목사님, 오늘 새벽예배 시간에 기도하는데, 하나님께서 나에게 목사님을 도우라는 마음을 주셨어요."

그 자매는 내 앞에서 수표를 썼다. 그녀가 나에게 써준 개인 수표를 보고 깜짝 놀랐다. 정확히 1,500달러였다. 난 전혀 이 자매에게 내 사정을 얘기한 적도 없고 돈에 대하여 말한 적도 없는데 어떻게 알았을까! 하나님께서 이 자매에게 감동을 주신 것이었다.

우리는 그 돈으로 종교 비자 신청을 할 수 있었다. 종교 비자 신청 후 1달 반 만에 5년 동안 거주할 수 있는 종교 비자가 발급되었고, 종교 비자를 받은 지 3개월 후, 영주권(Green Card) 신청에 들어갔는데, 영주권 신청 1년 6개월 만에 미국 영주권을 취득하게 되었다. 이렇게 하나님은 우리 가정을 세밀하게 보살펴 주셨고 미국에서 마음껏 하나님의 사역을 할 수 있도록 미국 영주권 문제를 급속도로 해결해 주셨다. 하나님은 하나부터 열까지 빈틈없이 우리의 필요를 채워주셨고 오직 하나님만을 의지할 수 있도록 하나님의 역사하심을 보여주셨다.

기독교 선교 중심 교회(Christian Outreach Center)에서 모든 사역자가 엘런 목사님을 중심으로 하나가 되어 함께 충심으로 사역했다. (1999년)

"그는 너희보다 먼저 그 길을 가시며 장막 칠 곳을 찾으시고 밤에는 불로, 낮에는 구름으로 너희가 갈 길을 지시하신 자이시니라."

(신명기 1:33)

하나님은 철저히 당신의 영광을 위해 나를 사용하고 계셨다. 그는 나의 걸음을 그의 뜻대로 인도해 가셨다. 이스라엘 백성들을 하나님께서 그들의 광야 길을 인도하셨던 것처럼 그는 지금도 변함없이 그리스도 안에서 하나님 자녀들의 걸음을 철저히 인도해 가신다. 그뿐만 아니라 그들의 필요를 채우시고, 있어야 할 것들을 미리 예비해 두시며 그들이 하나님의 말씀에 믿음으로 순종할 때 그것들을 공급해 주신다. 하나님은 계속해서 나에게 공급해 주시는 하나님을 경험하게 하셨고 배워 알게 하셨다.

나는 비록 딸 해림이의 심장 수술과 눈 수술을 위해 미국으로 올 수밖에 없는 상황에서 미국령 사모아를 떠나 미국 본토로 와야 했지만, 이 모든 것이 하나님의 계획 속에 있었음을 절실히 깨닫게 되었다. 나는 예수님을 만났던 고등학교 2학년 때, 미국 목회에 대한 비전을 하나님으로부터 받았었다. 시간이 지나며 그 비전이 내 마음에서 희미해져 갔지만, 하나님은 나에게 보여주신 당신의 비전을 하나하나 당신의 뜻대로 이루어 가셨다.

사실 나는 어릴 적부터 미국에 대한 동경심을 가지고 있었다.

내가 복싱 챔피언의 꿈을 갖기 전, 초등학교 4학년 때, 한 번도 먹어보지 못한 통닭을 친구 집에 놀러 가서 맛본 후 그 맛을 잊을 수가 없어서 나중에 꼭 어른이 되면 통닭집을 차려야겠다고 마음을 먹었었다. 그리고 복싱을 하면서, 내가 세계 복싱 챔피언이 되어 돈을 많이 벌면 복싱을 그만두고 세계의 나라 미국으로 가서 통닭집을 하며 살겠다는 생각을 가졌었다. 그랬던 나에게 예수님을 만난 후, 미국에 대한 비전이 주님 안에서 다시 새롭게 생기게 되었다.

하나님의 부르심을 받았을 때, 하나님은 세계적인 비전과 함께 미국에 대한 비전을 주셨고, 신학교 2학년 때 군대를 면제시킴과 동시에 나에게 영어를 공부할 수 있는 뜨거운 열정을 주셨다. 그 열정으로 영어 극복을 향해 달려가게 하셨다. 졸업 후, 미국에 앞서 필리핀을 먼저 가게 하셨다. 영어를 제2 외국어로 사용하고 있는 산 부족들에게 복음을 전하며 영어 성경을 읽을 수 있도록 내마음에 불타게 하셨다. 필리핀 선교를 하는 동안 나는 미국에서 온 훌륭한 선교사들이 교수로 사역하고 계셨던 APTS(Asia Pacific Theological Seminary)에서 신학을 더 깊게 배우게 하셨고 그곳에서 나는 아시아와 남태평양 16개국에서 온 기독교 지도자 학생들과 함께 공부하며 동남아를 경험하게 하셨다.

영국에서는 하나님께서 나에게 유럽국가들을 보게 하셨는데, 무엇보다도 버밍햄 대학(The University of Birmigham)에 입학하여 선교학을 공부할 때, 90개국에서 온 유학생들을 만나 더 넓은 세계를 기독교 복음의 놀라운 능력과 살아계신 하나님의 말씀이 여전히 살아 움직이는 모습을 타 문화권 학생들을 통하여 경험하게 하셨다. 특히 나는 영국에 있는 동안 스페인 바르셀로나에서 일주일 동안 열리는 세계 선교 대회에 참석할 기회가 있었는데, 비행기 표와 숙소, 그리고 음식 등을 한국 세계 선교회에서 모두 후원히였다. 나와 아내는 그 기회로 스페인을 방문하여 스페인의 역사를 듣게 되었고, 기독교 초기 스페인에서 얼마나 많은 그리스도인이 박해를 받게 되었는지를 알게 되었다. 그때 나는 그 역사적인 사건들을 들으면서 왜 사도바울이 그토록 복음을 들고 스페인(서바나 / Spain)을 가고자 했는지를 느끼도록 하셨다(롬 15:24, 28).

그 후 하나님은 나를 영국을 떠나 남태평양 미국령 사모아(American Samoa)로 옮기셨고, 그곳에서 선교사로 있을 때, 하나님은 서 사모아(Western Samoa)와 피지(Fiji)의 선교지 방문을 할 수 있는 기회를 주셨다. 그리고 태평양에 대한 복음 전파의 꿈을 갖게 하셨다.

미국령 사모아로 인도하셨던 하나님은 다운증후군이라는 장애와 함께 눈병과 심장병을 가지고 태어난 해림이를 통해 미국령 사모아를 떠나 미국 본토로 가도록 하셨다. 그리고 미국 사우스캐롤라이나 주 콜롬비아에 있는 기독교 선교 중심 교회(Christian Outreach Center)의 스티브 엘런 목사님을 만나게 하신 것이다.

# COC 새벽기도 부흥운동

미국에 도착하여 정착한 지 3달 후, 엘런 목사님은 나에게 기도 목사로 사역해 달라고 부탁했다. 나는 깜짝 놀랐다. 미국으로 오기 전, 미국에서 내가 해야 할 주님의 사역을 놓고 기도할 때 하나님께서 나에게 말씀하셨던 사역이 바로 새벽기도 사역이었기 때문이었다.

나는 목사님께 기도 사역을 맡겠다고 대답을 하고 새벽기도회를 시작하고 싶다는 말씀을 드렸다.

"엘런 목사님 COC에서의 사역을 놓고 하나님께 기도했을 때, 하나님이 나에게 보여주셨던 사역의 비전은 새벽기도 운동이었습니다. COC에서 새벽기도를 시작하고 싶습니다."

처음에 목사님은 반대하셨다.

"전에 토요일마다 새벽기도회를 했었어요. 그때 한두 명의 성도들이 참석했지만 결국 그만뒀죠. 미국에서는 새벽기도가 안 된다는 사실을 알았기 때문이었어요. 새벽기도 사역은 미국에서는 맞질 않아요."

"그럼 목사님이 말씀하시는 기도 목사는 무슨 사역을 하는 목사입니까? 제가 기도 목사로서 해야 할 사역이 무엇입니까?"

나는 엘런 목사님께 여쭈어 보았다.

"화요일 오전 10시에 있는 기도회를 인도해 주시고, 성도들 기도 교육을 해주기만 하면 됩니다. 그리고 병원 심방과 셀(Cell)의 한 지역을 맡아서 사역을 좀 해 주세요."

하나님께서 나에게 주신 COC에서의 사역의 비전이 새벽기도 운동이었기 때문에, 목사님의 이 말씀에도 나는 끝까지 새벽기도회의 중요성을 강조하며 한번 기회를 달라고 요구했다.

"그렇다면 한 달만 해보고 사람들이 모이지 않으면 그만두는 거로 합시다."

엘런 목사님은 나의 간청에 마지못해 새벽기도회허락을 한 후, 다시 물으셨다.

"그럼 새벽기도회는 무슨 요일에 할겁니까?"

"월요일에서 토요일까지, 시간은 새벽 5시 30분에 할 겁니다."

새벽기도회를 일주일에 한 번 하는 것으로 생각했던 엘런 목사님은 나의 말을 듣고 깜짝 놀라셨다.

"그것이 가능하겠어요? 여기는 한국이 아닙니다."

"엘런 목사님, 저도 압니다. 그러나 하나님께서 하실 겁니다."

나는 오른손 주먹을 불끈 쥐고 확신에 찬 목소리로 말했다.

새벽기도회를 시작하기 전, 아내와 나는 아직 첫 돌도 안 된 아픈 해림이를 데리고 성전에서 일주일간 철야기도를 했다. 마치 골리앗과 싸움을 앞둔 다윗의 간절한 심정으로 미국이라는 거대한 나라의 새벽을 깨우기 위해 철저히 기도로 무장해야만 했다. 다른 미국인 사역자처럼 영어가 완벽한 것도 아니고, 아직 미국문화와 생활에 적응도 못 한 채 모든 면에서 부족한 것 투성이였기에 나는 오직 여호와 하나님만 의지하고 바라보았다.

드디어 주일날이 되었다. 이번 주 월요일부터 미국교회에서 새벽기도회를 시작하게 된다는 기대감에 내 마음은 들떠 있었다. 주일예배 광고시간에 목사님은 새벽기도회 소식을 교회에 알렸다.

"내일부터 우리 교회가 박 목사의 인도로 새벽 5시 30분에 새벽기도회(early morning prayer)를 시작합니다. 월요일에서 토요일까지 매일 있으니 나오셔서 박 목사의 사역을 격려해 주시기 바랍니다."

그 소식을 들은 600여 명의 성도는 일제히 폭소를 터뜨렸다. 그것은 불신앙의 폭소, 비웃음의 폭소였다. 성도들의 비웃음 속에서도 나는 분명 하나님께서 이곳에 새벽기도를 통하여 놀라운 일을 행하실 것을 조금도 의심하지 않았다. 하나님이 이루실 엄청난 일들을 더욱 기대했다.

1998년 8월 3일 월요일 새벽, 전투에 임하는 전사의 심정으로 우리 부부는 해림이를 데리고 교회로 향했다. 마음 한편으로는 아무도 안 오면 어떡하나 하는 두려움도 있었지만, 하나님께서 하실 일들에 대한 기대로 나의 마음은 들떠 있었다. 우리 가족은 30분 전에 도착하여 기도로 준비했다. 새벽기도 시간이 가까이 오자 한 사람, 한 사람 예배당으로 들어오기 시작했다. 정확히 5시 30분, 첫 새벽기도회에 15명의 성도가 참석했다. 나는 그때 왜 우리가 새벽기도를 해야 하는지에 대해 짧고 중요한 메시지를 전하였다. 하나님은 그날 새벽기도에 참여한 사람들에게 놀라운 은혜와 성령의 기름을 부으셨다. 거기서 우리는 함께 통성기도를 하고 함께 뛰면서 찬양을 했다. 미국과 온 세계의 복음화를 위해 기도했고 십자가 복음이 모든 교회의 강단에서 흘러넘칠 수 있도록 기도했다. 첫 기도회는 뜨거웠다. 성도들은 성령의 감동에 사로잡혀 그 자리를 떠날 줄 몰랐다. 둘째 날은 30명의 사람이 새벽기도에 참석했다. 어제보다 더 강한 은혜가 위로부터 쏟아져 내렸다. 그 다음 날은 35명, 매일같이 새벽기도 참석 수가 늘어났다.

금요일 새벽예배를 마치고 새벽예배의 놀라운 현장을 아직 보지 못한 엘런 목사님께 토요일 새벽 설교를 부탁했다. 엘런 목사님은 청바지를 입고 운동화를 신고 모자를 쓰고 새벽기도회에 나오셨다. 전혀 예상치 못한 새벽기도 현장을 눈으로 직접 본 목사님은 이른 새벽에 기도회로 모여있는 많은 성도를 보고 놀라워하셨다. 목사님은 설교 대신 격려의 말씀을 해 주셨다. 목사님의 말씀이 끝났을 때, 나는 엘런 목사님과 성도들에게 이렇게 말했다.

"저는 하나님께 일주일 안에 50명의 새벽기도 멤버를 보내달라고 기도했습니다. 만일 오늘 하나님이 나의 기도를 들으시고 50명의 새벽기도 멤버를 보내셨다면 새벽기도회를 계속하라는 싸인 인 줄 알고 계속하겠습니다. 그러니 같이 한번 오늘 새벽기도회에 참석한 인원을 세어보는 것이 어떻겠습니까?"

목사님은 나의 말을 듣고 앞에서부터 카운트를 시작했다. One, Two, Three…. 마지막 성도까지 센 숫자는 49명이었다. 그 순간 한 성도가 큰소리로 외쳤다.

"Here Haerim is. / 여기 해림이도 있어요."

그리고는 보행기에 앉아 있던 해림이를 위로 들어 올리며

"Fifty(50)!" 소리쳤다. 그곳에 모인 모든 성도는 그 숫자의 소리를 듣자마자 하나님의 놀라운 역사하심 앞에 일제히 함성을 질렀다.

"Praise the Lord! / 주님을 찬양합니다."

엘런 목사님은 그 자리에서 무릎을 꿇고 엉엉 우셨다.

"Thank you, Lord. Thank you, Lord. / 주님, 감사합니다."

두 손을 번쩍 들고 얼굴을 하늘로 들고 이 말씀만 계속 반복하셨다. 새벽기도의 은혜는 더 강하게 일어났고, 엘런 목사님은 자리에서 일어나 마이크를 들고 이렇게 말씀하셨다.

"God has anointed Pastor Park for early morning prayer. / 하나님은 새벽기도를 위해 박 목사님께 기름을 부으셨습니다."

성도들은 이 말에 소리쳤다.

"Praise the Lord. / 주님을 찬양합니다."

그때부터 COC에 더 강한 새벽기도 부흥의 바람이 불기 시작했다. 나는 매일 새벽, 교회에 주시는 하나님의 말씀을 선포했다. 나는 시편 57:8 말씀을 매일 새벽마다 붙들고 기도했다.

"내 영혼아, 깰 지어다! 비파와 수금아 잠에서 깰지어다! 내가 새벽을 깨우리로다."

(시 57:8)

1998년 9월부터 1999년 말, 하나님은 미국 사우스캐롤라이나 콜롬비아 기독교 선교 중심 교회(Christian Outreach Center)에서 새벽기도를 통해 미국의 새벽을 깨웠다. 매일 새벽 130명 이상의 미국인들이 새벽기도에 참석하여 세계 복음화를 위해 기도했으며 성령의 뜨거운 불길을 체험하였다.

이 말씀은 하나님께서 우리 가족이 COC 교회에 올 때 주신 말씀이었다. 하나님은 말씀대로 나를 통해 미국의 새벽을 깨우고 있었다. 새벽마다 하나님은 은혜를 물 붇듯이 부으셨다. 참석 인원이 매일 늘어났다. 10분의 짧은 메시지는 새벽 기도회에 참석한 성도들의 마음에 불을 질렀고, 그들을 더욱 뜨겁게 기도하도록 역사하셨다. 결국, COC에 새벽기도회로 모이는 멤버들은 130명으로 늘어났다. 매일 새벽마다 부르짖고 기도하는 성도들에게 성령님의 기름 부으심이 나타났다.

새벽기도를 통해 하나님은 많은 기적을 일으키셨다. 마약에 빠진 흑인 James(제임스)가 성령의 능력으로 마약을 끊고 하나님께 돌아왔다. 도박에 빠진 사람들이 그리스도의 십자가 능력으로 구원을 받고 도박을 멈추었다. 콜롬비아 메디컬 센터의 의사가 이 신비로움에 하나님을 찬양했다. 이 소문이 사우스캐롤라이나 주에 퍼지면서 많은 미국 목사들이 새벽기도를 참석했다. 중국인 교회 청년들이 새벽기도를 참석하여 뜨거운 성령체험을 했다. 그리고

타 교단의 미국 목사들과 성도들이 참석하여 새벽기도에 대한 큰 비전을 보았다. 심지어 하나님의 성회 사우스캐롤라이나 총회 회장도 참석하여 새벽기도를 통한 하나님의 역사하심을 경험했다.

하나님은 COC 새벽기도를 통해 여러 미국 교회들과 중국 교회에 초청을 받아 기도에 대한 설교와 간증을 할 수 있게 하셨고, 미 하나님의 성회 사우스캐롤라이나 지방회 목회자 교육 세미나에서 기도에 대해 강의를 하게 하셨다. 부족한 나를 하나님은 놀랍게 사용하셨다.

새벽 기도 운동과 함께 COC는 교회 성장을 가져왔다. 몇 년 동안 600명의 성도에서 멈춰있던 교회가 새벽기도회 부흥 운동이 일어나면서 1년 사이에 800명의 성도가 모이는 교회가 되었다. 새벽기도로 교회는 뜨거워졌고 많은 사람이 주님께 돌아왔다.

새벽기도와 함께 나에게 맡겨진 Cell 구역사역도 번창하여 6명의 수에서 30명으로 늘어 2구역으로 다시 나누게 되는 성장을 가져왔으며, COC는 시편 46:5의 말씀을 체험하는 교회가 되었다.

"하나님이 그 성 중에 계시매 성이 흔들리지 아니할 것이라 새벽에 하나님이 도우시리로다"

# 희망찬 떠남

교회의 사역이 이렇게 번성해 갈 때 나의 마음 가운데 COC를 떠나야 한다는 생각이 들었다. 나는 과연 이 마음이 하나님께서 주신 마음인지 분명히 알고 싶었다. 왜 콜롬비아를 떠나야 하는지, 그리고 어디로 가야 하는지, 이제 막 COC 성도들과 정이 들게 되었고 우리 가정이 안정적으로 정착 되었고 해림이의 의료 보험 복지와 심장 수술이 성공적으로 잘 이루어져 눈 수술 하나만 남겨 둔 이 시점에서 이곳을 떠나야 하는 것이 하나님이 원하신 뜻인지 정말 궁금했다. 그래서 이 문제를 놓고 다시 진지하게 기도하여 하나님의 뜻을 발견하겠다는 마음을 갖고 1999년 여름, 교회에서 나에게 준 여름 휴가 기간을 이용해 콜롬비아에서 차로 약 4시간 30분 정도 떨어진 조지아 주, 애틀랜타에 있는 다니엘 기도원으로 아내와 해림이를 데리고 일주일 금식기도를 하러 갔다. 그곳에서 기도원 원장님이신, 은호기 장로님을 만나 애틀랜타가 어떤 곳인지를 듣게 되었다. 그리고 기도하러 오신 여러 목사님을 만나 애틀랜타의 영적 상태가 어떤지에 대해 들었다. 모두가 하나같이 똑같은 말을 했다.

"아마 미국에서 목회하기가 가장 힘든 곳이 애틀랜타일 겁니다.

다른 주에서 열심히 주님을 섬기던 사람들도 애틀랜타에만 오면 신앙이 식어 버립니다.”

애틀랜타는 미국 동남부의 십자로다. 모든 길이 애틀랜타를 중심으로 연결되어 있다. 애틀랜타는 미국 동남부에서 가장 큰 도시이며 현재 한인들이 약 6만~7만 명 정도 살고 있다. 한인이 운영하는 초대형 마켓이 많이 있으며 미 전국에서 가장 큰 한인 마켓들이 애틀랜타에 다 모여있다. 1996년 애틀랜타 올림픽이 열리기 전만 하더라도 한인들이 2만 명 정도밖에 되지 않던 도시가 올림픽 후 한국과 미국 한인들에게 알려지면서 급부상한 도시이다.

하나님은 다니엘 기도원에서 금식기도를 하고 있던 나에게 응답을 주셨다. 애틀랜타에 있는 한인 교민들에게 복음을 증거하라는 강한 마음을 주셨다. 나를 콜롬비아에서 애틀랜타로 옮기시려는 하나님의 뜻을 분명히 보여주셨다. 왜 내가 콜롬비아를 떠나야 하는지 그 이유가 분명해졌다.

그때까지만 하더라도 나는 미국에서 한인 목회를 해야겠다는 생각을 한 번도 생각해 본 적이 없었다. 한국인이지만 하나님이 허락하신다면 오히려 미국인 목회를 하고 싶은 마음을 가지고 있었다. 그러나 애틀랜타 다니엘 기도원에서 하나님은 한인 목회에 대한 비전을 주셨고, 그 장소가 애틀랜타임을 분명히 하셨다. 그 응답을 받고 콜롬비아로 올라와 엘런 목사님께 말씀을 드렸다. 반대하실 줄 알았던 목사님은 내 생각과 다르게 기쁨으로 허락하셨다. 그리고 많은 격려의 말로 용기를 주셨다.

“박 목사님은 어디를 가든지 하나님으로부터 크게 쓰임 받으실 겁니다. 기도 중에 하나님이 그런 마음을 주셨을 때는 분명히 하나님의 계획이 있을 겁니다. 우리 COC에서 함께 더 많은 사역을 하고 싶었는데 하나님이 말씀하셨다니 내가 하나님의 뜻을 거스를 수가 없지요. 그리고 박 목사님으로부터 나는 많은 것을 배웠습니다. 나는 당신으로부터 하나님의 기름 부으심을 보았습니다. 여기 미국에 짐 가방 두게 들고 믿음으로 온 박 목사님이 이렇게 하나님의 인도를 받아 하나님이 원하시는 곳으로 또 가신다니 정말 자랑스럽습니다…"

나는 정말 엘런 목사님을 통해 멋진 목회자의 모습을 보았다. 보통 한국 목사들은 자신의 교회에 큰 유익이 되는 부목사가 사임하겠다고 하면 어떤 이유와 조건을 걸어서라도 붙잡아 두려고 하는데 엘런 목사님은 달랐다. 내가 받은 하나님의 뜻을 인정해 주셨고, 그 뜻에 순종할 수 있도록 나를 격려해 주셨다.

나와 우리 가족은 기쁜 마음으로 미국에서의 첫 정착지였던 정든 교회와 성도들을 떠나 하나님의 말씀과 뜻에 순종하여 하나님이 원하시는 곳으로 갈 수 있었다.

TRUM**P**ET

# Planting
## 씨 뿌림

나는 믿음으로 그리스도의 터 위에 **주님의 교회** 애틀랜타 세계로
**교회**(Atlanta World Outreach Church)를 플랜팅(planting)
하였다. 황무지에서 생명의 씨를 뿌린다는 것이 쉬운 일은 아니었
지만, 하나님께서 힘을 주시고 믿음을 주시고, 능력을 주셔서 말
씀의 씨뿌리는 일에 최선을 다할 수 있었다.

**주님의 교회**는 하나님이 주시는 온전한 믿음으로 하나님의 밭에
서 하나님의 생명 말씀의 씨를 뿌릴 때 탄생함을 깨닫게 하셨다.

# 애틀랜타
## 성막교회

2000년 1월 우리 가족은 콜롬비아의 기독교 선교 중심교회(COC)의 성도들과 목사님의 사랑과 도움으로 애틀랜타 한인 타운에 아파트를 얻어 이주했다. 하나님의 말씀에 따라 한인 목회를 위해 기도하며 준비하던 중 하나님의 인도하심으로 당시 하나님의 성회, 성막교회(Assembly of God, the Tabernacle)를 담임하고 계셨던 브람블로(Brumblaw) 목사님을 만날 기회가 생겼다. 그 교회는 1,500명의 성도가 모인 대형 교회였다. 성도 중 미국 백인들이 70%인 교회였지만, 38개국의 다양한 인종들이 모인 국제적인 교회였다.

하나님의 성회, 성막교회
(Assembly of God, the Tabernacle)

브람블로 목사님을 만나 인사를 드리고 나를 소개했더니, 목사님은 국제인 담당 목사로 동양인 목사를 보내 달라고 한 달 동안 기도하고 있었다는 말씀을 하면서 함께 일해보지 않겠느냐고 말씀하셨다. 나는 그 제안을 하나님의 뜻으로 믿고 한인 목회를 시작하기 전에 애틀랜타를 배우기 위한 좋은 기회를 하나님이 주셨다고 생각했다. 1년의 계약 기간으로 나는 사역을 시작했다. 왜냐하면, 하나님이 나를 애틀랜타로 보낸 주목적은 성막교회가 아니었기 때문이었다. 약 300명 정도 되는 국제인들을 담당하여 그들에게 복음을 전할 수 있는 좋은 기회를 주신 하나님께 감사하며 열심히 성막교회를 섬겼다.

국제인들과 함께 새벽기도를 시작하였고, 매주 목요일 저녁 말씀 공부를 통해 그들에게 하나님의 말씀을 가르치며 전하였다. 매주 토요일은 젊은 유학생들을 내가 사는 아파트로 초대하여 식사를 대접하며 말씀을 가르쳤다.

아내는 정성껏 저녁 식사를 준비해 남미, 아프리카, 일본 등, 유학을 온 학생들을 섬겼고 나는 영의 양식을 준비해 생명의 떡을 먹였다.

그 모임을 통하여 변화된 일본에서 온 한 청년 자매는 당시 에머리대학(Emery University)에서 화학을 연구하는 대학원생이었는데, 일본으로 돌아가면 이 십자가 복음의 능력을 꼭 일본인들에게 전하겠다고 하면서 자신의 신앙을 간증했다. 한국에서 온 한 형제는 영어 연수 목적으로 온 당시 한국 고려대학 4학년이었는데, 자신이 미국에 와서 자신의 일생에서 가장 귀한 분을 만났는데, 그분이 바로 박 목사님을 통해

하나님의 성회 성막교회에서 우리 부부는 세계인들을 향해 열정적으로 복음을 전했다. 2000년, 가을 페루(Peru)에서 온 마리아 자매의 집에서.

만난 하나님이시라고 간증했다.

하나님은 성막교회에서 많은 경험과 다양한 사람들을 만나게 했다. 성막교회에서 헌신을 다 하며 섬기는 동안 1년이 지나고, 애틀랜타가 어느 정도 적응이 되고 있을 때, 하나님이 나에게 한인교회 개척에 대한 마음을 주셨다. 하지만 국제인 사역을 좀 더 폭넓게 하길 원해 성막교회에 좀 더 머물고 싶어 브람블로 목사님이 1년을 더 있기를 제안했을 때 거절하지 않았다. 그렇게 2년째 사역을 하는 동안 하나님께서는 나의 마음 가운데 계속해서 성막교회에서 사임할 것을 말씀하고 계심을 느꼈다.

결국, 나는 함께 교회를 개척할 성도도, 개척할 돈도, 예배당도 없었지만, 하나님의 음성에 믿음으로 순종하여 2001년 9월에 교회를 사임했다. 인간적인 생각으로는 성막교회에서 4~5년 정도 사역을 더 하고 싶었다. 그 당시 내 나이가 34살이었기 때문에 개척하기는 아직 젊은 나이라는 생각이 들었기 때문이었다. 또한, 성막교회에서 국제인 사역을 통해 좀 더 경험하고, 좀 더 이루어 놓고 싶은 계획들이 있었기 때문이었다. 그러나 하나님의 계획은 달랐다. 잠언서의 있는 말씀처럼 아무리 내가 모든 계획을 세운다 해도 결정은 하나님이 하심을 나는 실감했다.

"사람이 그의 마음에 그의 행로를 계획하지만, 여호와께서 그의 발걸음을 결정하신다."

(잠언서 16:9 NIV-JSPT)

# 세계로교회 플랜팅

2001년 9월, 성막교회를 사임한 후, 살고 있었던 아파트에서 가족끼리 개척예배를 드렸다. 나는 미국의 한인 사회를 잘 몰랐고, 한인들을 몰랐으며, 미국에 이민 온 한국인들의 성향에 대하여 잘 몰랐다. 하지만 전에 다니엘 기도원에서 하나님께서 금식 기도 중 말씀하신 한인 목회에 대한 비전에 순종했다.

나는 다시 하나님께 기도하기 시작했다. 3가지 기도 제목을 놓고 기도했다. 첫째, 물질의 통로를 주십시오. 둘째, 복음의 문을 열어주십시오. 셋째, 성도들이 함께 모여 예배드릴 수 있는 예배당을 주십시오. 나는 며칠 동안 밤을 새워가며 기도를 했다. 그러던 어느 날 새벽 하나님은 나에게 말씀하셨다.

"내가 너에게 준 것으로 목회하라."

하나님이 나에게 준 것이 무엇인지 생각했다. 그것은 '영어'였다. 미국령 사모아에서 선교사로 있을 때, 자비량 선교를 위해 했던 영어학교였다. 그때 나는 왜 하나님이 미국령 사모아에서 선교 후원금을 단절시켰는지 깨닫게 되었다. 바로 이때를 위함이었다. 미국에 사는 미국인들의 가장 힘든 부분 중의 하나를 해결해 주는 것이었다. 그것은 바로 영어를 가르쳐 미국 사회에서 살아가는 데 문제가 없도록 하는 것이었다. 영어를 통해 한인들을 만날 수 있고, 영어를 통해 물질 문제를 해결할 수 있고, 영어를 통해 복음을 전할 수 있음을 하나님은 깨닫게 해 주셨다.

당시 애틀랜타에 사는 교민들이 영어를 배우기 위해서는 무료로 애틀랜타 시에서 운영하는 Community College(커뮤니티 칼리지), Adult School(어덜트 스쿨)에 다니는 것이 일반적이었다. 그렇지 않으면 비싼 돈을 주고 영어학교에 들어가 영어를 배워야만 했다. 그때만 하더라도 애틀랜타에는 한국인이 한국인들에게 영어를 가르치는 곳이 없었다. 영어를 배우려면 미국 선생에게 배워야 제대로 배운다고 생각하고 있었기 때문이었다. 그러나 그것은 한국인들의 착각임을 나는 알고 있었다. 아무리 훌륭한 미국인 영어 선생에게 영어를 배운다 해도 미국인 선생이 설명하는 말을 알아듣지 못하면 무슨 소용이 있겠는가? 그렇다고 미국인 영어선생에게 궁금한 점을 질문할 수 있는 영어 실력도 안 되는데, 질문이 있을 때 그 궁금증을 어떻게 해결할 것인가? 미국인 선생에게서 배워야 할 단계가 있다. 기초가 많이 부족한 학생들은 한국인 선생에게 기초를 배운 뒤 미국인 학교에 가는 것이 효과적이다. 나는 이미 미국령 사모아에서 20~30년 영어권에서 산 한인들이 여전히 영어로 힘들어하고, 스트레스와 원주민들에게 불이익을 당하는 것을 목격했다. 그들에게 영어를 가르쳐 그 문제를 해결해 준 경험을 했기 때문에 애틀랜타에도 한인 사회 안에서 영어 교육의 바람을 일으켜야 한다는 생각을 하게 되었다.

나는 하나님의 말씀에 확신하고 영어교실 전단지를 만들었다. 2

주 동안 한국 마켓에 그 전단지를 두고 전화 오기를 기다렸다. 의외로 많은 사람이 전화를 걸어 영어 고민 상담을 했다. 그러나 그들은 아파트에서 영어를 가르친다는 말에 등록하기를 꺼렸다. 약한 달 동안 광고한 결과로 13명의 성인이 등록했다. 겨우 13명이었지만, 그 13명의 사람이 '세계로 영어학교'의 시작의 발판이 되었다.

영어학교에서 들어오는 수입으로는 우리 가정이 생활하기에 충분하지 못했다. 그래서 아내가 다른 일을 해야 했다. 아내는 세탁소에서 일하고, 샌드위치 가게에서 그리고 핸드폰 가게에서도 일했다. 허약한 몸을 가진 아내가 그런 일을 하는 것을 보고 참 마음이 아팠다. 아픈 해림이를 집에 두고 아내는 새벽부터 돈을 벌러 다녀야 했고, 나는 해림이를 보며 영어를 가르쳐야 했다. 해림이는 내가 영어를 가르치는 동안 울거나 찡얼거리지도 않고 영어 수업이 끝날 때까지 보행기에 앉아 혼자서 놀았다. 모든 것이 하나님의 은혜였다.

어느 날 애틀랜타에서 기독교 백화점을 운영하고 있었던(할렐루야 복음센터) 집사가 영어를 배우겠다고 왔다. 며칠 동안 영어를 배운 그 집사는 이런 말을 했다.

"목사님 영어 강의를 들으니 정말 영어가 되네요. 목사님 아파트에서 말고 넓은 장소로 옮기셔서 가르치면 사람들이 많이 오겠는데요."

나는 그 말을 듣고 집사님께 물었다.

"집사님 가게는 한 달에 렌트비를 얼마씩 냅니까?"

"2,500달러 냅니다."

그러면서 이렇게 말하는 것이었다.

"목사님이 저희 서점건물을 쓰실래요? 계약 기간이 5년인데 이제 1년 정도 사용했습니다. '서브리스'로 들어오세요(sub lease: 첫 번째 세입자가 똑같은 조건으로 제2의 사람에게 그 임대 건물을 사용하도록 하고 모든 책임을 자신의 계약 기간 동안 책임을 지는 것 / 전대). 목사님께서 쓰시겠다고 하면 건물주에게 말해서 목사님이 사용할 수 있도록 하겠습니다. 그리고 저는 다른 장소를 찾아보겠습니다."

그 기독교 백화점이 위치한 자리는 당시 한인들이 중심을 이루었던 상업지역이었다. 많은 사람이 오고 가는 위치에 있어서 교통이 아주 좋은 지역이었다. 건물 크기도 약 120평 정도 되었는데 그런 위치에 그 면적이면 그렇게 비싼 가격도 아니었다. 그리고 이미 기독교 서점으로 실내 설비가 다 되어 있어서 크게 공사할 것도 없었다. 단상과 설교단 그리고 의자만 준비되면 당장에라도 예배를 드릴 수 있는 건물이었다. 나는 그때부터 하나님께 그 문제를 놓고 기도했다. 그 건물에 들어가기 위해서는 우선 5,000달러가 필요했다. 건물 계약금 2,500달러와 첫 달 월세 선불 2,500달러를 놓고 기도했다. 그때 나에게는 5,000달러가 아니라 5달러의 여윳돈도 없는 상태였기 때문에 기도 외에는 다른 방법이 없었다. 기도한 지 일주일 만에 하나님은 나의 기도를 응답하셨다. 영어를 배우던 학생 중 박○○ 씨라는 사람이 있었는데, 그분이 하루는 나에게 할 말이 있다고 했다.

"목사님 저에게 현금 5,000달러가 있는데, 이 돈은 내가 아는 사람에게 빌려줬다가 겨우 받은 돈입니다. 이 현금을 은행에 넣어두면 안 되는 상황에 있습니다. 지금 하숙을 하고 있는데 같은 집에 하숙하는 사람들이 놀음하는 질이 좋지 못한 사람들이라 집에다 이 돈을 두기가 안심되지 않아 그러니 이 돈을 목사님께 좀 맡겨 놓아도 되겠습니까?"

"왜 하필 저에게 그 돈을 맡기려고 하십니까? 저를 안지도 얼마 안 됐는데…."

"목사님이라면 믿고 맡길 수 있을 거 같아서요. 다른 사람들은 믿을 수가 없습니다."

그때 나는 그분께 물었다.

"그러면 그 돈을 제가 좀 써도 되겠습니까? 제가 지금 돈이 필요 해서요."

"그렇게 하세요. 그 돈을 목사님 필요한데 먼저 쓰시고 내가 필 요할 때 다시 돌려주십시오."

이렇게 해서 돈 5,000달러가 준비되었다.

그러나 더 큰 문제는 서점으로 사용했던 건물을 교회로 사용할 수 있는 허가를 시청에서 받는 일이었다. 한국과는 달리 일반 상업 용 건물 안에 교회 허가를 받는 조건이 무척이나 까다로웠다. 하나 님의 도움의 손길로 그것까지도 무사히 해결될 수 있었다. 시청에 서 교회로 사용할 수 있도록 허가를 내준 증서를 건물주에게 보여 주자 믿기지 않는다는 듯이 놀라워했다.

2001년 12월 초, 박○○ 씨가 임시로 맡겨 둔 5,000달러를 가지 고 기독교 백화점으로 사용 중이었던 건물을 얻어 거기서 '애틀랜 타 세계로교회'(Atlanta World Outreach Church)를 시작했다. 교회 이름

속에 세계 열방에 복음을 전하리라는 간절한 소망이 들어있었다.

120평 정도 되는 넓은 성전 안에는 아무것도 없었다. 텅 빈 성전을 바라보면서도 나는 전혀 염려되지 않았다. 그저 하나님이 하실 일들이 기대되었다. 본당에 들어갈 의자와 설교 단상과 설교단을 준비하기 위해서는 약 만 달러(천만 원)가 필요했고, 음향 시설비도 만만치 않았다. 나는 하나님께 기도했다. 하나님이 어떻게 주실지 정말 궁금했다. 정말 하나님은 놀랍게 응답했다. 국제인 담당 목사로 봉사했던 성막교회 브람블로 목사님이 교회 설립 소식을 듣고 본당 의자 80개를 기증해 주셨다. 그 의자는 연결 식 의자로 개당 90달러 이상 되는 고급 의자였다.

"목사님, 본당 의자가 필요했는데 어떻게 아셨습니까?"

"하나님이 나에게 그런 마음을 주셨어요."

기가 막힌 명답이었다. 나는 하나님께 기도했고, 하나님은 브람블로 목사님께 말씀하셨다. 하나님께서는 성막교회에서 국제인 담

2001년 12월에 할렐루야 복음센터(기독교 서점)를 서브 리스로 입당하여 2002년 9월, 애틀랜타 세계로교회 개척 1주년 기념 부흥성회를 가졌다.
강사: 최성운 목사(이천 순복음예광교회)

당 목사로 나를 있게 하신 이유가 다 있었다.

내가 애틀랜타로 올 때, COC 교회의 엘런 목사님이 애틀랜타를 가면 꼭 만나보라고 하시면서 그분 이름 앞으로 추천서를 써 주신 애틀랜타 갈보리 교회의 Dennis B Lacy (데니스 레이시) 목사님이 계신다. 그분은 엘런 목사님의 친구분이셨는데 엘런 목사님이 써주신 추천서 때문에 가깝게 지냈던 같은 교단 목사님이시다. 레이시 목사님이 교회 개척 소식을 듣고 설교 단상을 헌납해 주셨다. 갈보리 교회에는 목수 선교팀이 있었다. 성도 중 목수일에 관심이 있고 목수일을 잘하는 사람들이 모인 팀으로, 그들은 토목 공사가 필요한 선교지에 가서 목수일을 하며 복음을 전하는 목수 선교팀이었다. 데니스 목사는 그 팀을 우리 교회로 보내어 설교 단상을 교회 크기에 맞게 만들어 주셨다. 그 모든 재정적 부담은 갈보리 교회가 지원해 주었다.

하나님의 역사는 그뿐 아니었다. 미국 콜롬비아에서 만난 한 한국인 집사님이 유리 강대상을 위해 2,500달러를 헌금해 주셨고, 성막교회의 방송 담당으로 있었던 조이(Joey) 형제가 스피커와 마이크, 음향 시스템 일체를 헌물했다. 정말 살아계신 하나님께서는 믿음으로 순종하는 그곳에 언제나 계셨다. 하나님은 텅 빈 공간을 순식간에 채워주셨고 우리 부부에게 더 큰 믿음을 더해 주셨다.

예배당 건물이 있어 좋기는 했지만, 앞으로 들어가게 될 교회 유지비와 생활비가 문제였다. 성도 한 사람 없는 상황에서 영어를 배우는 학생 13명이 내는 전체 수강료 1,560달러와 아내가 샌드위치 가게에서 번 1,500달러로는 매달 들어가는 약 7,000달러 이상의 돈을 감당할 수가 없었다. 나는 순간 두려움이 생겼지만, 그 두려움은 하나님의 영광을 위해 일하고자 하는 나를 지배하지 못했다. 오히려 더 큰 믿음을 가지고 하나님의 일을 감당하기 위해 나는 아내에게 현재 일하고 있는 샌드위치 가게 일을 그만두고 목회에만 전념하자고 말했다

"우리의 현실을 보지 말고 눈을 들어 하나님을 바라보자. 시편 121편에 기록된 말씀처럼 우리의 도움은 천지를 지으신 여호와로부터 만 주어진다."

아내는 그 말에 순종했다. 우리는 믿음으로 목회를 시작했다. 시편 123편 1절과 2절에 기록된 말씀처럼 오직 주님만 바라보며 하나님을 기쁘시게 하는 믿음의 목회를 시작하였다.

> "하늘에 계시는 주여 내가 눈을 들어 주께 향하나이다. 상전의 손을 바라보는 종들의 눈같이, 여주인의 손을 바라보는 여종의 눈같이 우리의 눈이 여호와 우리 하나님을 바라보며 우리에게 은혜 베풀어 주시기를 기다리나이다."
>
> (시 123:1-2)

그 후, 하나님은 아내가 영어 기초반을 가르칠 수 있도록 그 길을 열어 주셨다. 어떤 한인 여성이 아내에게 '왕초보 영어교실'을 열어 달라고 부탁을 했다.

"저는 영어를 가르칠 만한 자격이 안 돼요."

처음에 아내는 그분의 부탁을 거절했다.

그때 그분은 아내에게 솔직한 자신의 마음을 털어놓았다.

"제가 영어 때문에 너무나 힘들고 속상해서 하나님께 기도했는데 우연히 세계로 영어학교 영어 강좌 오픈 전단지를 보았어요. 하나님의 응답이라고 생각했지요. 그런데 박 목사님의 수업을 참석해 보니 제가 너무 기초가 없어 목사님의 수업을 따라갈 수 없겠더라고요. 그러던 중 나처럼 A, B, C, D도 모르는 완전 왕초보들을 위한 클래스를 사모님께 열어달라고 부탁하고 싶은 마음이 생겼어요. 만일 사모님이 왕초보 클래스를 열어주시지 않으면 정말 우리 같은 사람은 영어 배울 곳이 없어요. 사모님, 부탁합니다."

그녀는 아내에게 간절히 애원했다. 아내는 그분의 간절한 부탁에 도저히 거절할 수가 없어서 기초반을 시작하기로 했다. 4명의 학생이 아내가 가르치는 기초반에 등록했는데, 학생 수에 상관없이 아내는 정성을 다하여 영어를 배우러 온 사람들을 긍휼한 마음으로 가르쳤다. 이렇게 우리는 새로 얻은 건물에서 목회와 영어학교를 시작하게 되었고, 한 사람 한 사람 이민자들을 만나기 시작했다.

아내와 내가 가르치는 영어 수강생들을 통한 수입은 2,040달러. 한 달 지출비 7,000달러를 감당하기에는 턱없이 부족했다. 그런데 놀랍게도 교회 건물세와 우리가 사는 아파트 세를 밀려 본 적이 없었다. 먹을 게 없어 굶주린 적도 없었다. 하나님께서는 우리가 알고 지낸 미국 사람들을 통해 그때마다 정확하게 우리가 필요한 만큼 채워주셨다. 내가 부탁한 것도 아니고 도와달라고 사정한 것도 아닌데 그냥 와서는 헌금을 하고 가셨다. 이런 기적들이 3개월 동안 계속되었다. 마치 지어낸 얘기처럼 하나님의 공급하심은 참으로 놀라웠다. 3개월 후부터는 영어 수강생들이 몰려들기 시작했는데, 영어 수강생들에게서 들어온 수입만으로도 한 달 지출비가 가능해졌다. 그런데 그때부터 정말 거짓말처럼 외부의 도움의 손길이 딱 멈추었다.

그리스도인의 문제는 물질의 문제가 아니다. 신앙의 문제이고 믿음에 대한 순종의 문제이다. 하나님의 나라를 위해 하나님이 원하시는 방법대로 순종하며 일을 할 때, 하나님은 우리들의 믿음의 순종에 반드시 응답하신다. 세계로교회 개척 초기 하나님께서 나에게 말씀하신 고린도후서 5:7은 결과를 보고 순종하는 믿음이 아니라, 믿음으로 순종할 때 그 믿음의 결과가 눈앞에 나타난다는 사실을 깨닫게 해 주셨다. 마치 흐르는 요단강에 믿음의 발을 먼저 내디딜 때 요단 강이 갈라진 것처럼….


"We live by faith, not by sight." (NIV) "우리는 믿음으로 살고, 보는 것으로 살지 않는다."

(고린도후서 5:7 NIV-JSPT)

# 세계로 영어학교

세계로교회 개척과 함께 시작한 영어학교에 하나님은 영어 수강생들을 많이 보내 주셨다. 기초, 중급, 고급반으로 나누어진 오전반 저녁반의 총 등록 학생 수가 60명 이상이 넘었다. 학생들은 가정주부들부터 시작해서 각 계층의 사람들이 영어를 배우겠다고 모여들었다. 청소업자, 세탁소, 식당 웨이터, 웨이트리스, 미용사, 간호사, 부동산 중개업자들, 보험, 융자, 라디오 방송인들…. 그리고 조지아주 한국 영사 부인뿐만 아니라 미 주류사회에서 자리 잡은 사업가 부인들까지 많은 사람이 영어문제를 해결하고자 찾아왔다. 그들은 아내와 내가 가르치는 세계로 영어학교를 통해 미국생활에서 부딪치는 언어 문제를 조금씩 해결해 나가기 시작했다. 정말 많은 분이 영어로 인해 스트레스를 받고 있었다. 영어 때문에 불이익을 당하는 사람들이 많았다. 영어 때문에 미국인들에게 무시당하고, 심지어 자녀들에게까지 영어 못한다고 무시당하는 사람들이 많았다. 이런 일로 인해 자녀들과의 사이가 멀어지면서 스트레스로 우울증에 시달리고 있는 사람들도 많았다. 아내와 나는 진심으로 그들이 영어를 극복할 수 있도록 도와주고 싶었다.

그들은 우리 부부에게서 영어를 배우면서부터 영어에 자신감을 얻게 되었고, 미국에서의 삶이 즐거워졌다고 했다. 영어 울렁증 극복과 함께 우울증도 치료된 사람들이 많았다. 어떤 한국인은 우리 부부의 영어 가르침 덕택으로 사업체를 열고, 청소 일을 하던 사람이 미국 미용학교에 들어가 영어로 자격증을 취득하여 이발소를 직접 경영하는 경영자가 되었고, 많은 교민이 미국이라는 낯선 땅에서 더 나은 직장을 얻으며 더 나은 일들을 할 수 있는 기회를 얻게 되었다.

아내에게는 영어에 대한 기초가 전혀 없는 사람들에게 영어의 기초를 든든히 세워 영어를 잘할 수 있도록 하게 하는 가르침의 은사가 있다. 하나님께서 주신 특별한 지혜로 영어를 가르쳤다. 아주 재미나고 독특한 그녀만의 강의 법으로 기초가 없어서 영어를 배우는 것조차 완전히 포기한 사람들이 희망을 품고 공부를 다시 시작할 수 있도록 하는 특별한 재능이 있다. 아내와 나는 어떻게 하면 애틀랜타에 사는 한인들이 더 쉽고, 더 재미있게, 그리고 더 빠르게 영어를 극복할 수 있도록 할 것인가에 대해 고민하며 함께 기도했다. 그리고 그 문제 방법을 찾았다.

- 1단계: 영어회화에 필요한 기본문법을 필수적으로 공부한다.
- 2단계: 영어회화에 자주 나오는 규칙적인 패턴들을 수학공식처럼 대입시키는 훈련을 한다.
- 3단계: 동사구, 숙어, 단어를 많이 암기한 후, 스스로 회화를 영작할 수 있게 한다.
- 4단계: 회화문장을 통째로 암기하고 실생활에서 반복훈련을 한다. 미

국에 살면서 필수적으로 해야 할 기본 회화를 발음과 붙여 읽기, 그리고 미국인 발음 따라 하기 등으로 실생활 회화를 좀 더 다양한 표현으로 표현할 수 있는 훈련을 한다.

**왼쪽 사진:** 세계로 영어학교 초창기 우리 부부는 미국 이민자들의 수준과 생활에 맞는 맞춤식 영어책을 집필하여 저들이 영어 극복을 할 수 있도록 큰 도움을 주었다.
**오른쪽 사진:** 11년째 진행되고 있었던 세계로 영어학교는 애틀랜타 교민들 사이에 성인들을 위한 영어 교육의 바람을 불게 했다. 박(이)은미 사모의 영어강의 교실.

이 네 단계의 수업을 할 수 있도록 아내와 나는 직접 영어책을 쓰기 시작했다. '영어 초보 탈출', '고속기차 영어', '그림 영어 회화', '영어 회화 패턴 100', '살기 위한 회화', '필수단어 800' 등 여러 권의 교재를 만들어냈다. 세계로 영어학교는 애틀랜타 교민들 사이에서 소문이 나기 시작했다. 우리에겐 어떻게 해서든 애틀랜타 교민들을 영어 잘하는 교민들로 만들고자 하는 꿈이 있었다. 거기에는 중요한 목적이 있었다. 그것은 우리가 저들을 그렇게 섬김으로써 복음 전도를 더욱 효과적으로 전할 수 있다는 믿음 때문이었다. 우리 부부가 애틀랜타 교민들에게 영어를 열정적으로 가르치고, 연구하고, 준비한 것은 오직 한가지, 복음을 전하기 위함이었다. 돈을 많이 벌기 위함도 아니었고, 유명한 영어 인기 강사가 되기 위한 것도 아니었다. 그들은 영어를 배우기 위해 왔지만, 영어를 가르치는 시간은 그들에게 복음을 듣게 하는 시간이기도 했다. 나는 영어를 가르치며 예수님을 만난 나의 간증부터 시작해서 성경에 나오는 귀한 말씀들을 영어와 함께 전했다.

어느 날 한 변호사가 찾아와 나에게 말했다.

"세계로 영어학교가 애틀랜타에서 인기가 참 좋은데, 이 영어학교를 I-20(SEVIS 이민국 학생기록시스템에 등록된 미국학교에서 발급해주는 입학허가서)를 발급해 주는 정식 영어학교로 성장시켜보는 것이 어떻겠습니까? 그러면 더 많은 학생이 와서 영어를 배울 수 있고, 돈을 많이 벌 수 있을 텐데요. 목사님이 원하시면 제가 도와 드리겠습니다."

나는 그분의 제안을 단호히 거절했다. 왜냐하면, I-20를 발급해 주는 정식 학교가 되려면, 영어 선생들이 더 필요하고, 학교 건물 규모도 더 넓혀야 했다. 무엇보다도 수강료를 비싸게 받아야만 한다. 이렇게 준비하여 I-20를 발급해 줄 수 있는 정식 영어학교를 설립하면 돈은 많이 벌 수 있을지 몰라도 하나님이 원하시는 복음사역의 관심보다 자칫 영어학교가 비즈니스의 장으로 변질할 수 있다는 점이 우려되었기 때문이었다. 그렇게 되면 세계로 영어학교의 설립 목적이 무너지고, 복음을 전하는 영어학교가 아니라 돈을 버는 상업적인 영어학교가 될 수밖에 없다는 것을 나는 알고 있었기 때문에 그 변호사의 제안을 거절했던 것이다.

세계로 영어학교는 입소문과 함께 애틀랜타 한인 사회에서 교회가 참 좋은 일 한다는 평을 얻고 있었다. 세계로 영어학교에서 박

정수 목사와 박은미 사모를 만나면 영어가 해결된다는 소문이 났다. 세계로 영어학교는 갈수록 인기가 좋아졌고 등록을 하려면 미리 대기자 명단에 이름을 올려놓고 자리가 날 때까지 기다려야 할 정도가 되었다. 그래서 우리는 주일 무료 영어 교실을 열게 되었다. 이 기회를 통해 교민들에게 전도할 목적과 주 중에 영어를 배우러 올 수 없는 사람들에게 영어를 배울 수 있는 기회를 주고 싶었기 때문이었다. 그런데 내가 생각했던 것보다 더 많은 사람이 관심을 보였고 매주 주일 오후 영어를 배우기 위해 100명 이상의 사람들이 교회로 찾아 왔다. 하나님은 이렇게 영어학교를 당신의 복음 전파를 위한 통로로 사용하셨다.

세계로 영어학교의 존재는 세계로교회를 세우기 위한 하나의 수단이었다. 이것이 바로 하나님께서 나에게 세계로 영어학교를 시작할 수 있도록 하신 이유였다. 영어학교를 통해 교회에 불신자들이 많이 전도되었다.

# 오해한 이민 목회

세계로 영어학교를 통해 나는 많은 사람을 만나게 되었고 그들에게 복음을 전할 수 있는 기회를 가질 수 있었다. 그들 중 많은 불신자들이 교회에 나와 하나님의 말씀을 들었고 시간이 지나면서 저들은 예수님을 영접하여 그리스도인들이 되었다.

애틀랜타에 거주하는 한인들을 처음 만났을 때, 나는 이민 생활에 지쳐 힘들어하는 모습을 보았다. 그들에게는 단지 자녀들에 대한 꿈 외에는 다른 소망이 없는 것처럼 보였다. 그래서 목회를 시작하면서 그들을 위해 나의 마음에 가진 한가지 꿈은 그리스도 안에서 저들이 하늘의 기쁨을 경험하고 천국의 삶을 누리다가 영원한 하나님의 나라에 갈 수 있도록 하는 것이었다.

그러나 시간이 지나면서 그 순수한 열정이 사라졌고 교인 수 늘리는 데 초점을 맞추기 시작했다. 나 자신을 들어내고 싶었고, 애틀랜타에서 성공적인 목회를 하는 목사로 소문나고 싶었다. 입술로는 '하나님의 영광을 위해, 세계 복음화를 위해' 하면서도 내 마음 중심에는 내가 높아지고 싶어하는 마음이 자리 잡고 있었다.

나의 기도는 사람들을 많이 보내달라는 것에 몸부림을 치게 되었다. 설교의 포인트는 예수 그리스도가 아닌 가정의 행복과 삶의 평안과 그리고 위로와 격려, 미국 생활의 희망적 메시지에 무게가 실렸다. 이러한 메시지를 전하기 위해 나는 하나님의 말씀을 묵상하고 성령님의 영감을 받기보다는 인터넷에서 좋은 예화, 간증, 세상 정보, 유머 찾는 일에 많은 시간을 보냈다.

사람들은 이런 설교 듣기를 좋아했고 내가 전하는 설교에 위로를 받고 희망을 품고 또한 변화되는 것 같았다. 많은 사람이 세계로교회를 방문했고 교회 등록을 했다.

이민 생활에 자신들이 필요로 하는 영어 도움을 받고, 법적인 문제의 해결책을 얻는 데 필요한 도움을 받고, 재미난 설교를 듣기 위해 교회를 방문하여 등록했다. 그때까지만 하더라도 나는 나 자신이 목회를 참 잘하고 있다고 생각했다.

나는 우리 세계로교회에 등록한 사람들이 그 누구보다도 즐겁고 행복은 이민 생활을 할 수 있도록 하기 위해 '행복 프로그램'을 만들어 야외 소풍, 관광 가이드, 가족 캠프 등 저들을 기쁘게 할 수 있는 일이라면 몸을 아끼지 않고 일했다. 나는 이것이 하나님의 영광을 위한 이민 목회인 줄 알았다. 그러나 나는 하나님이 아닌 사람을 기쁘게 하는 목회를 하고 있었음을 뒤늦게 알게 되었다.

세계로교회를 개척한 지 만 3년이 되었을 때, 교회에 등록한 성도 중의 많은 사람이 교회를 떠나기 시작했다. 나와 아내로부터 이민 생활에 필요한 도움을 받고 더 이상 도움받을 것이 없다고 생각이 들면 매정하게 떠나버렸다. 떠날 때는 우리에 대한 악담과 거짓 유언비어를 퍼뜨리면서 교회를 떠났다. 도움받은 후 떠나는 자신들에 대한 타당한 이유를 갖기 위해서였다.

어떤 부부는 내가 그들에게 돈을 요구했는데 그 돈을 주지 않으니 내가 그들을 쫓아냈다고 거짓말을 퍼뜨리며 사기꾼 목사로 악담하며 떠났다. 아내는 이 유언비어를 듣고 졸도를 했다. 우리의 시간과 돈을 써가며 그 사람들을 교회에 정착시키려고 최선을 다해 도와준 결과가 이런 결과로 돌아오니 큰 충격이었다.

목사로서 내가 그들에게 어떤 신앙적 충고를 하면 그들은 자기들을 무시했다고 하며 교회를 떠나겠다고 큰소리쳤다.

교인 중에 한국에서 이민 온 부부가 있었다. 집을 구할 때까지 우리 집에서 2주 동안 머물게 했다. 아파트를 얻어주고 아이들이 학교에 입학할 수 있도록 도와주었다. 그들이 미국에서 잘 정착할 수 있도록 정성껏 도와줬다. 하루는 부인 자매가 나에게 와서는 부탁을 했다.

"목사님, 한국에서 제가 키웠던 강아지가 내일 애틀랜타 공항에 도착하는데, 공항에서 데리고 와 주실 수 있어요?"

나는 고민을 했다.

"남편은 못 가세요?"

"아빠는 직장에 가야 해서요. 목사님밖에 부탁할 사람이 없어요."

'공항에 강아지를 마중 나가 데려오는 것도 이민 교회 목회구나.'라는 생각을 하고 알겠다고 대답을 했다. 그 다음 날 그 자매와 함께 공항에 강아지를 데리러 갔다. 공항을 가면서 생각했다.

'공항에 사람을 마중 나가 본 적은 많이 있어도, 개 마중은 처음이네. 꼭 이런 목회를 해야 하나? 하나님, 꼭 이런 목회를 해야 합니까?'

다음 주, 주일예배에 그 자매는 교회에 오지 않았다. 그래서 전화를 했다.

"자매님, 왜 오늘 교회에 오지 않았습니까?"

"지난주에 목사님하고 우리 강아지 데리러 공항에 가느라 학교(합법적 체류 신분을 유지하기 위해 다닌 한국 신학교)를 결석해서 그 수업을 보충하기 위해 오늘 학교에 가느라 교회에 못 갔어요."

그리고 몇 주 후에 교회에 또 빠졌길래 전화를 걸었더니 다음 날 있을 신학교 시험공부 때문에 주일예배에 못 나왔다는 것이다.

"주일날은 교회에 나오셔서 예배를 드리셔야죠. 저는 자매님이 철저히 주일성수 하시는 믿음이 있는 분으로 알고 있었습니다."

내 이야기를 듣던 그 자매는 갑자기 음성을 높여 나에게 말했다.

"목사님이라면 성도의 사정을 이해해 주실 줄 알아야지 어떻게 이해도 못 해주세요. 주일 한번 빠졌다고 목사님께 이런 질책까지 들으며 신앙생활 하기 싫습니다."

그리고는 그 가족들은 교회를 떠나버렸다.

4년간 이런 목회를 했다. 아내도 지쳤고 나도 지쳤다. 하나님을 기쁘시게 하는 목회를 해야 하나님이 주시는 힘으로 즐겁게 목회할 수 있을 텐데… 사람들 비위를 맞추는 목회, 사람을 기쁘게 하려는 목회, 사람을 즐겁게 해주는 목회를 하면서 내 감정과 내 재능과 내 생각으로 인간의 정을 쌓아 그 정으로 그들을 교회에 정착시키려고 하니 참으로 힘들었다.

도움을 주는 것이 끝이 없었다. 그들을 위로하는 것도 끝이 없었다. 웃기는 설교를 하는 것도 끝이 없었다. 도움을 받다가 도움이 필요 없으면 온갖 유언비어로 우리 부부의 마음을 아프게 하고 떠났다.

어느 날 교회의 남자아이 한 명이 나의 3살 된 딸 해림이를 구석에 밀어 넣고 구타를 했다. 나는 그것을 보고 아무런 말도 하지 못했다. 이 일로 그 아이에게 야단을 치면 그 부모가 교회를 떠날까봐 염려되어서였다.

"박 목사님은 해림이가 장애가 있어 해림이를 싫어해요. 자기 딸이 장애가 있다고 싫어하는 분이 어떻게 목사가 되었는지…"

한 성도가 이런 이야기를 하며 교회를 떠났다. 나는 이민 목회에 점점 지쳐가고 있었다. 도움만 받고 온갖 유언비어를 만들고 떠나는 사람들 앞에 목사라는 이유로 그저 묵묵히 당하고만 있어야 하기에 끓어오르는 분노를 참을 수가 없었다.

교회 근처에 있는 LA Fitness(미국에서 인기 있는 스포츠 센터) 체육관에 등록했다. 복싱 글러브를 끼고 샌드백을 정신없이 두들겼다. 내 마음을 아프게 하고 나에게 상처를 준 교인들의 얼굴을 떠올리며 주먹을 휘둘렀다. 땀을 뻘뻘 흘리며 얼마나 세게 주먹을 휘둘렀던지 오른팔 어깨가 빠져버렸다. 순간 나는 샌드백 앞에 주저앉았다. 어깨의 고통을 호소하며 틀어진 팔을 다시 맞추고 교회로 돌아와 강대상에 무릎을 꿇고 엉엉 울면서 기도를 했다. 한참을 엎드려 통곡하며 기도하던 중 마음속 깊은 곳에서 하나님의 음성이 들렸다.

"정수야, 분노는 샌드백을 치며 푸는 것이 아니야. 그리스도의 십자가 복음 앞으로 다시 나오너라."

하나님께서는 이민 교회 목회를 통해 나의 모난 성격과 교만의 벽을 깨뜨리고 계셨던 것이다. 사람들의 비위를 맞추고 인간적인 방법과 수단으로 사람들을 예배당 건물로 많이 모이게 하는 목회자가 아니라 예수님의 살과 피인 하나님의 말씀을 하나님의 양들에게 먹이는 참된 목회자로 오직 예수 그리스도만 드러내는 하나님을 기쁘게 하는 목회를 할 수 있도록 나를 더 겸손하게 만들고 계셨던 것이다.

> "수고하고 무거운 짐 진 자들아 다 내게로 오라 내가 너희를 쉬게 하리라."
>
> (마태복음 11:28)

나는 다시 그리스도 예수 안에서 평안을 얻었다. 예수 그리스도께 돌아왔을 때 내 마음에 참 쉼을 주님은 위로부터 내려 주셨다. 분노에 사로잡힌 나의 마음을 하나님은 위로하셨고 그 분노를 주님 안에서 감사로 바꾸어 주셨다.

# 없음의 은혜

2004년 초, 4년 계약인 교회건물 서브리스(sub lease)계약이 끝날 무렵, 나는 하나님께 본격적으로 예배당을 지을 수 있는 땅을 달라고 기도했다. 하나님은 그 기도를 들으시고 Lawrenceville, Sunny Hill Road 주택가에 위치한 6에이커(약 7,500평)의 땅에 방 4개, 거실 2개, 화장실 4개가 있는 2층짜리 주택을 보여 주셨다. 7,500평 중 약 1,500평 정도는 길 가 쪽으로 잔디가 깔린 아주 멋진 땅이었고, 그 땅 위에 주택이 지어져 있었다. 그리고 나머지 6,000평은 큰 소나무들이 울창하게 우거져 있는 높은 언덕 같은 땅 이었는데, 거기에는 어마어마하게 큰 고목나무들과 소나무들이 숲을 이루고 있었다. 이 땅을 소개한 부동산 업자는 Tim(팀)이라는 백인이었는데, 아내와 나는 그 땅을 본 후, 분명히 하나님이 주신 땅이라는 것을 확신하게 되었다. 숲이 우거진 언덕부지 6,000평과 잔디가 깔린 주택부지 1,500평 그리고 주택 건물을 포함한 매매가격이 325,000달러(약 3억2천5백만 원 정도)였다. 그 지역은 도시 중심지에서 좀 떨어진 외곽 지대였기 때문에 매물 가격이 그렇게 비싸지 않았다. 그 땅과 건물은 주택지 부동산이었기 때문에 만일 교회로 사용하고 교회를 지으려면 '종교 부지'로 토지 변경을 해야만 하는 땅이었다. 나는 부동산 업자인 팀에게 종교부지로 바꾸려면 어떻게 해야 하는지를 물었다.

"3차까지 공청회(hearing)를 해야 합니다. 1차 공청회는 이 땅이 종교부지로 적합한지에 대한 검토를 합니다. 2차 공청회는 법정에서 마을 주민들을 초대하여 교회가 이 마을에 들어오는 것을 찬성하는지 반대하는지 그 가부를 묻는 공청회로 여기서 한 사람이라도 반대하면 교회를 세울 수 없습니다. 그리고 3차는 최종 결정 및 통보입니다."

나는 그 땅을 매입하기로 했다. 하나님이 허락하신 땅이라는 확신 때문에 하나님이 이 땅을 주실 것이라고 믿었다.

그러나 부동산을 매입하기 전에 그 주택을 예배당으로 사용하고 나중에 6,000평 땅에 예배당 건축을 할 수 있도록 종교부지로 바꾸는 일을 먼저 하기로 했다. 그 땅을 산 후 종교부지로 토지변경을 할 수 없게 되면 그 건물 매입이 무의미해질 수밖에 없기 때문이었다. 그래서 부동산 업자, 팀에게 종교부지 변경 신청을 먼저 한 후, 허가가 나면 부동산 계약을 할 것이라는 나의 뜻을 밝혔다. 팀은 부동산 주인에게 나의 뜻을 전했고, 땅 주인은 나의 요구를 받아들였다. 곧이어 팀은 나에게 말했다.

"공청회를 위해 필요한 돈이 8천 달러인데, 만일 공청회에 실패해서 토지 변경 허가를 받지 못하면 8천 달러를 모두 잃게 됩니다. 그래도 하시겠습니까?"

나는 하겠다고 대답한 후 다시 질문했다.

"그 공청회에서 종교부지로 변경될 수 있는 확률이 몇 퍼센트 됩니까?"

"5%입니다."

팀은 다시 한 번 더 나에게 확인시켰다.

"마을 주민 중의 한 사람이라도 교회가 들어서는 것을 'No'라고 하면 그 8천 달라는 다 잃는 것입니다. 괜찮겠습니까?"

그때 나는 그에게 말했다.

"믿음으로 하나님께 투자한 것은 잃는 것이 아니라 하나님께 크레딧(credit)을 쌓는 것이니 혹시나 8천 달러를 손해 봐도 전혀 상관없습니다. 그리고 그 돈은 내 돈이 아니라 하나님이 주실 돈이기 때문에 내가 잃는 것은 아무것도 없습니다."

그는 빙긋이 웃었다. 그리고 나에게 물었다.

"3주 안에 8천 달러를 준비해야 합니다. 돈은 있습니까?"

당시 교회은행 통장에는 정확히 100달러(약 10만 원)가 있었다. 교회헌금과 영어학교에서 나오는 수입은 매달 건물 유지비와 교회 활동비, 선교비, 생활비 등으로 나갔기 때문에 여윳돈이 전혀 없었다. 하지만 그 땅은 하나님이 허락하신 땅이기 때문에 돈도 하나님이 준비해 주실 것이라는 확신이 있었다.

"3주 안에 8,000달러를 준비할 테니 돈 걱정은 하지 말고 토지변경 공청회 일을 바로 진행하세요."

나는 이렇게 팀에게 당당히 말했지만, 현실적으로는 돈이 없었다. 함께 이 문제를 의논하고, 함께 기도하고, 함께 준비해 나갈 사람이 없었다. 그저 하나님만 바라보고 하나님이 하시는 일을 지켜볼 수밖에 없는 형편에 있었다. 하나님은 나에게 그것을 원하고 계신다는 것을 나는 알고 있었다. 하나님이 주신 비전을 위해 하나님께서 어떤 방법으로 해결해 주실지 기대하며 8천 달러를 놓고 우리 부부는 간절히 기도했다. 아무리 생각해도 돈이 나올만한 구멍이 없었다. 돈을 빌릴만한 데도 없었다. 그렇게 2주가 지났다. 그러던 중 영어를 배우는 학생 한 분이 교회 사무실로 들어왔다.

"1년 치 수강료를 한꺼번에 낼게요. 요즘에 갑자기 영어 공부가 하기 싫어져서 안 되겠어요. 아예 1년 치 수강료를 내놓으면, 그 돈 때문에라도 영어학교를 그만두지 못할 것 아니에요. 그래서 일단 1년 치 돈을 한꺼번에 내놓으려고요."

나는 깜짝 놀랐다. 영어를 4년간 가르치고 있었지만 한꺼번에 1년 치 수강료를 한꺼번에 낸 사람은 한 번도 없었기 때문이었다.

그런데 더 놀라운 것은 이 한 사람뿐만 아니라 또 다른 몇 명의 수강생들이 1년 치 수강료를 한꺼번에 내겠다고 나를 찾아온 것이었다. 이렇게 해서 그들이 낸 수강료가 9,000달러였다. 지금까지 한 번도 수강료를 한꺼번에 내고 영어를 배운 학생들이 없었는데, 한두 달도 아니고 1년 치를 내겠다니! 이것은 하나님이 그들에게 이런 마음을 주시지 않았다면 절대 불가능한 일이었다. 이렇게 하나님은 토지변경을 위한 돈을 마련해 주셨다.

공청회가 시작된 지 약 한 달이 지나 1차 공청회가 통과되었다고 부동산 업자, 팀이 소식을 전해 주었다. 그리고 난 다음, 두 달 후에 2차 공청회가 있었는데 가장 중요한 공청회였다. 마을 주민들이 법원에서 교회가 자신들의 마을에 들어오는 것을 찬성할지 반대할지에 대한 그들의 가부를 결정짓는 것으로, 마을 주민 중 한 사람이라도 반대의 손을 들면 부동산 부지 변경이 불가능해지는 공청회였다.

"이 마을은 백인 우월주의 사람들이 많이 사는 동네라 아마 동양인 교회가 들어온다고 하면 싫어할 사람들이 많이 있을 수 있으니 기도를 많이 하세요."

이렇게 말을 하고 2차 공청회를 참석했던 팀이 공청회 후 전화를 했다. 목소리가 벌써 달랐다.

"오늘 공청회에서 교회가 들어오는 것을 반대하는 사람이 아무도 없었어요."

정말 기적 같은 일이 일어난 것이다. 모든 것이 불가능하게 보였던 상황이었지만 하나님은 하나님의 능력으로 이 일을 되게 하셨다. 그 당시의 감격은 이루 말할 수가 없었다. 주위의 많은 분은 절대 그 주택 지역에서는 종교 부지로 토지변경이 불가능할 것이라고 말했지만, 하나님은 당신의 뜻을 이루어 가셨다.

2차 공청회가 통과된 후 바로 3차 서류심사와 땅 넓이 등을 조사하는 3차 공청회가 진행되었는데, 모든 것이 완벽하게 구비되어 주택부지를 종교부지로 변경하는 승인 도장(seal)을 받았다.

"내가 산들을 향하여 나의 눈을 들리라 - 나의 도움이 어디서 올까? 나의 도움은 하늘과 땅의 창조자, 여호와로부터 오는도다."

(시편 121:1-2)

그 후 나는 부동산 매입하는 일을 진행하기 시작했다. 그 부동산을 매입하기 위해 은행 융자를 받으려면 기본으로 그 부동산값에 대한 5%의 첫 지급액이 있어야만 했는데, 2만 달러(2천만 원)가 있어야 했다. 과연 하나님이 2만 달러를 주실까! 분명히 주실 것이라고 믿었다. 하나님이 허락한 땅 이였기 때문이었다.

영어를 배우던 학생 중에 믿음이 좋은 K 집사님이란 분이 계셨다. 우리 교회 성도는 아니었지만, 주님을 위한 우리의 헌신적인 모습에 우리 부부를 참으로 좋아하는 집사였다. 딸 해림이를 아주 귀여워해 주셨고, 우리 가정을 위해 기도를 많이 해 주셨던 집사였다. 그 집사님이 우리의 사정을 알고 이렇게 말했다.

"제가 돈이 있으면 세계로교회에 헌금을 하고 싶은데, 그렇게 할 수는 없을 것 같고, 그래도 제가 제 주위 사람들에게 신용(Credit)이 좋아서 돈을 무이자로 빌릴 수 있을 것 같아요. 그들에게 돈을 빌려서 목사님께 드릴 테니 돈은 나중에 형편이 되실 때 갚으시면 됩니다. 가능하겠어요?"

나는 너무 기뻤다.

"당연히 갚아야죠. 돈을 융통해 주시는 것만 해도 감사한데, 이자도 없이…."

"그럼 그 돈이 언제 필요하세요?"

"2주 안에 2만 불이 다 준비되어야 합니다."

K 집사는 알겠다고 하면서 정확히 2주 안에 그 돈을 가져 왔는데 수표가 아닌 현금(cash)으로 가져왔다. 적은 돈도 아닌데 현금으로 그 많은 돈을 빌려준다는 것은 그 돈을 우리에게 그냥 준거나

마찬가지였다. 이민 사회에서는 가까운 친척이나 식구끼리도 현금으로 돈을 빌려주지 않는다. 법정 문제가 생길 때, 현금 거래는 빌려준 증거를 제시하지 못하기 때문이다.

하나님은 애틀랜타 써니 힐 거리에 위치한 1,500평의 잔디 위 주택과, 주택 뒤로 6,000평의 울창한 나무숲이 있는 땅을 세계로교회를 위해 주셨다.

드디어 교회 계약이 완료되었고, 우리 가정은 2005년 2월, 교회 2층 사택에 먼저 입주를 하였다. 그 후, 차고(승용차 두 대가 들어갈 수 있는 크기의 차고)를 개조하여 예배당으로 만들고, 거실과 방, 덱크, 화장실 등이 있는 1층을 교회 교육관과 친교실로 꾸며 성도들이 예배를 드릴 수 있는 공간으로 준비했다. 그리고 그 해, 2005년 5월에 교회를 이전했다.

나는 그때 하나님의 일은 하나님이 하신다고 한 번 더 확신했다. 우리가 하나님의 뜻이라고 하면서 얼마나 인간적인 방법으로 그 뜻을 이루어 보려고 애를 쓰고 있는가! 하나님께 모든 일을 맡긴다 하면서 그 일을 내가 하려고 얼마나 몸부림을 치는가! 우리에게는 100달러밖에 없었지만, 하나님은 3십2만5천 달러(3억3천5백만 원)짜리 6에이커 땅과 이층집을 매입할 수 있도록 불가능을 가능케 하셨다.

이사한 지 6개월이 지나 그 부동산값이 약 2만 달러가 올랐다. 아내와 나는 이 사실을 알고 은행에서 그만큼의 차액을 다시 대출받아 가장 먼저 K 집사가 빌려준 2만 달러를 갚았다.

"목사님, 이 돈은 천천히 갚아도 되는데 왜 이렇게 빨리 갚으세요? 교회에 필요한 곳에 먼저 쓰시죠? 교회를 이전해서 많은 돈이 필요하실 텐데요."

"아닙니다, 집사님. 저희를 믿고 이자도 없이 빌려주신 돈인데, 빨리 갚아야죠. 하나님께서 집사님 돈 빨리 갚으라고, 부동산 가격이 정확히 2만 달러가 뛰게 하신 것 같아요. 이자 없이 빌린 돈만 드려서 오히려 저희가 더 미안합니다."

나는 집사님을 위해 감사의 축복기도를 하나님께 올렸고 하나님께서는 우리의 형제 사랑을 기쁨으로 받으셨다.

> "주는 나의 도움이 되셨음이라 내가 주의 날개 그늘에서 즐겁게 부르리이다."
>
> (시편 63:7)

# 차고 교회

5월에 이전한 우리 교회, 로렌스 빌 지역, 써니 힐(Sunny Hill)은 한인타운에서 좀 거리가 먼 북쪽 지역에 위치하고 있었다. 조용하고 안전한 지역이었지만 한인들이 오기에는 다소 복잡하고 먼 거리였다. 교회를 찾아오려는 사람들에게 위치를 알려줘도 찾아오기가 힘든 지역이었다. 그래서 나는 당시 교회를 알리고 전도를 하기 위해 나의 주일 설교를 CD에 녹음시켜 그것을 컴퓨터로 편집해 오디오 설교 CD로 제작해 매주 250장씩 한인 타운에 있는 여러 마켓에 비치를 해놓고, 마켓에 오는 사람들이 무료로 그 CD를 가져가도록 했다. 미국은 자가용을 많이 타고 다니기 때문에 라디오 방송이나, 아니면 오디오 CD를 들으며 운전하는 것이 보통이다. 이렇게 해서 많은 애틀랜타 교민들이 나의 설교 CD를 가져다 듣고 세계로교회를 알게 되었다. 설교 CD를 듣고 은혜를 받은 사람들로부터 감사전화가 오기 시작했다. 교회를 정하지 못하고 섬길 교회를 찾고 있는 사람들이 주일날 방문하였다. 그런데 한 번 방문하면 차고(garage)에서 예배를 드리는 교회라 실망하여 다시는 오지 않았다.

"설교 CD를 통해 설교만 들을 때는 대형교회인 줄 알았어요. 그래서 방문을 했는데 이렇게 좁은 차고에서 예배드리는 줄은 몰랐어요."

그들은 예배당 건물 때문에 실망했다. 예배당 건물이 너무 초라해 나와 세계로교회 성도들을 불쌍한 눈으로 바라보았다.

"예배당 건축하면 다시 올게요…."

교회를 처음 방문한 사람들이 예배가 끝나고 돌아갈 때 하나같이 이런 말을 하고 교회를 떠났다.

어떤 사람들은 설교 CD를 듣고 우리 교회에 등록하기로 마음을 정했다면서 위치도 알아둘 겸 미리 방문해 보겠다고 토요일 날 왔다. 그런데 교회 문 앞에까지 왔다가 그냥 차를 돌려 가버렸다. 그뿐 아니라 주일 아침에 예배를 드리러 왔다가 차고에서 예배드리는 교회인 것을 알고 교회 입구에서 차를 돌리는 사람들도 많았다.

차고(garage)를 개조해 예배당으로 사용하며 5년간 이 좁은 공간에서 열정을 다해 말씀을 전했다. 예배당 건물에 상관없이 하나님을 예배하는 자리에서 하나님 말씀이 선포될 때마다 성령의 역사가 뜨겁게 일어났다. 많은 성도가 주님 안에서 힘을 얻고 하나님의 은혜를 풍성히 체험했다.

우리 교회는 애틀랜타 세계로교회가 아닌 '차고 교회'로 불렸다. 기존의 성도 중에서도 차고에서 예배를 드린다는 이유와 집에서 교회 오는 거리가 멀다는 이유로 교회를 떠나기 시작했다. 게다가 영어 수강생도 3분의 2가 줄어버렸다. 모든 것이 절망스런 상태였다.

그때 나는 하나님의 말씀을 더 연구하고 더 가까이하며 말씀 준비에 모든 시간을 쏟았다. 이러한 시간을 통하여 하나님은 나를 말씀으로 무장시키셨고 말씀 안에서 나의 영성을 더 강하게 만들어 주셨다. 그리고 영적으로 성숙하게 하셨다.

나는 세계로 영어학교 사역을 모두 아내에게 전담시키고 오직 기도와 말씀준비에만 집중했다. 살아있는 하나님의 말씀을 전하면 반드시 그 말씀을 찾아 살아있는 물고기 떼들이 몰려들 것이라는 믿음을 가지고 철저히 설교 준비에만 몰두했다. 사람 수에 상관없이 열정을 다해 성령님이 공급해 주시는 힘으로 말씀을 전했다. 그런데 그런 나의 모습을 보며 설교를 듣고 있는 성도들은 말씀에 은혜를 받기 보다 나를 너무 불쌍한 눈빛으로 쳐다보고 있었다.

"목사님, 사람이 없어 힘드시죠."

설교를 마치고 땀을 흘리며 강단에서 내려오는 나를 성도들은 안타까운 눈으로 바라보며 말했다. 나 자신은 그렇지 않은데 성도들이 자꾸 그런 눈으로 나를 보고 있다는 게 나를 더 힘들게 했다. 그럼에도 불구하고 더 강한 열정을 가지고 말씀 전하는 일에 마음을 쏟았다.

시간이 흐르면서 외형적인 예배당 건물이 아닌, 오직 하나님 말씀의 갈급함을 채우기 위해 세계로교회를 찾는 사람들이 오기 시작했다. 교회를 이전하기 전 첫 목회 기간이었던 4년 동안은 육적인 도움을 바라고 찾아온 사람들이 대부분이었지만, 교회를 이전한 후 시간이 지나면서 마켓에 비치해 둔 설교 CD를 듣고 말씀의 현장에서 직접 그 하나님의 말씀을 듣기 위해 온 사람들이 대부분이었다. 예배 가운데 아멘과 찬양과 기도 소리는 점점 뜨거워졌다. 차고(garage)를 개조해 본당으로 꾸며놓은 예배당이었지만, 그곳에서 하나님은 말씀의 역사를 일으키셨고, 성도들의 마음을 치료했으며, 오직 믿음으로 사는 강한 그리스도인들로 만드셨다. 우울증 환자가 치료를 받고, 알코올과 담배 중독자가 술과 담배로부터 자유를 얻었다. 무너진 가정이 회복되었고, 무너져 가는 가정이 든든히 세워졌으며, 불신자가 예수님을 영접하여 강한 그리스도인들이 되었다. 교회의 성도들은 주님 안에서 함께 위로하며 힘과 용기를 얻고 주님의 몸인 사랑의 한 지체가 되었다. 성도들은 예배당의 초라함과 상관없이 주님 안에서 부자였고, 행복해했다.

"목사님, 주일이 너무 기다려져요. 주일날 선포되는 하나님의 말씀을 기대하면서 한 주를 살아요."

성도들은 이렇게 하나님 말씀 듣기를 사모하는 복된 성도들이 되었다.

# 다음 세대를 위해

미국은 5월 말쯤 긴 여름방학이 시작된다. 공립학교들은 보통 5월 말에 방학이 시작되어 8월 초에 개학을 한다. 약 2달 반이 넘는 여름 방학 기간은 맞벌이 부부들에게는 힘든 시간이기도 하다. 미국법에 12살이 안 된 아동들은 혼자 집에 있을 수가 없고 보호자가 반드시 그들과 함께 있어야 한다. 그래서 부모들은 방학 동안 교회나 학원에서 주최하는 여름학교 프로그램에 자녀들을 등록시킨다. 보통 6~7주간의 여름학교 비용은 400달러부터 많게는 1,000달러까지 주최하는 곳에 따라 가격이 다르다. 자녀가 두 명 이상인 가족들에겐 큰 부담이 될 수밖에 없다. 그렇다고 아이들을 집에 두게 할 수도 없기 때문에 여름방학이 시작되기 전부터 부모들의 고민거리가 시작된다.

어느 날 세탁소를 운영하는 우리 교회 김 집사님이 이런 고민을 털어놓았다.

"목사님, 주위에 세탁소가 너무 많이 생겨서 사업이 힘든 상황인데 딸아이 여름학교를 보내자니 그 비용을 낼만한 여유가 전혀 없고, 그렇다고 딸을 혼자 집에 있게 하기는 안심이 안 돼요. 혹시 우리 교회에서는 여름학교를 할 수 없나요?"

집사님의 이야기를 들은 그 날 하나님은 아내와 나에게 우리 세계로교회에서 여름학교를 시작하라는 동일한 마음을 주셨다. 그것도 등록비 50달러만 받고 무료로 지역사회에 어려운 가정을 위해 봉사하라는 마음을 주셨다. 이 소식을 들은 집사님은 기뻐 어쩔 줄을 몰라 했다. 무엇보다 교회에 나오는 것을 꺼리는 딸이 이번 기회를 통해서 예수님을 만났으면 좋겠다는 간절한 기도제목을 내놓았다.

여름학교를 준비하는 아내와 나의 관심은 잃어버린 한 영혼을 향한 관심이었다. 그것은 분명 하나님이 주신 마음이었다. 여름학교 프로그램을 진행하기엔 교회 크기도 작고 모든 것이 열악했다. 무엇보다 등록비 50달러만 받고 여름학교를 진행할 경우 교사 사례금, 학생들 점심 식대 등, 나머지 경비를 교회에서 후원해야 하는데 교회재정도 전혀 없는 상태였다. 그래서 우리 부부는 우리 개인 크레딧 카드에서 5,000달러를 인출해 여름학교를 시작하기로 했다.

우리 교회가 여름학교를 안전하게 효과적으로 이루어 내기 위해서는 받을 수 있는 숫자 한계가 25명이었다. 선착순 25명이었지만 도저히 거절할 수 없는 사람들 때문에 등록을 받은 아이들이 30명이 넘어버렸다. 세계로교회 여름학교에서는 등록비 50달러만 받는다는 소문이 났는지 순식간에 등록이 마감되었다. 처음 시작하는 여름학교이고 시설도 열악하기 때문에 나와 아내는 오직 하나님만 의지하고 여름학교를 기도로 준비했다. 그때 하나님께서는 다른 곳의 여름학교와 비교할 수 없는 최고의 프로그램을 주셨는데 그것은 예배와 기도 프로그램이었다. 총 6주간 월요일에서 금요일까지 아침 9시 반부터 오후 3시까지 진행되는 여름학교 프로그램은 아침 예배로 시작했다. 나는 아침마다 예수 그리스도에 대해서 구원에 대해서 아이들에게 말씀을 전했다. 말씀을 전하고 난 후 아이들 한 명씩을 껴안고 간절히 기도했다. 대다수 아이가 교회를 나가지 않거나 예수님을 모르는 아이들이었다. 이 아이들이 말씀을 통해 예수님을 만날 수 있도록 뜨겁게 기도했다. 프로그램을 진행하는 도중 혹시 말썽을 피우는 아이들이 있다면 야단을 치기보다는 목사인 나에게 안수기도를 받는 것을 규칙으로 만들었다. 말썽을 피우는 아이가 나에게 왔을 때, 그 아이들을 꼭 껴안아 주면서 더 간절히 기도했다. 아이들이 거친 행동들이 조금씩 변하기 시작했다.

아이들의 새 학기 영어와 수학을 가르칠 선생님은 우리 교회 대학에 갓 입학한 청년들이 맡았다. 아내는 6주간 30명의 아이의 점심을 혼자 맡아서 했다. 이뿐만 아니라 아내는 한글을 쓰고 읽지 못하는 아이들에게 한글을 가르쳤다. 선생님들과 학생관리, 학부모 상담, 오후에 아이들이 집에 돌아간 후 다음 날 점심준비까지 아내는 주님이 주시는 힘으로 바쁘게 사역했다.

그리고 아내는 세계로 영어학교를 운영하고 있었기 때문에 저녁에는 영어 강의를 해야만 했다. 저녁 7시부터 밤 10시까지 저녁반 영어학교 수업을 하는 아내에게 있어서 그것은 정말 살인적인 스케줄이었다. 아내 혼자서 이 모든 일을 도저히 감당할 수 없었지만, 하나님께서 감당할 수 있는 힘을 아내에게 주셨기에 가능한 일이었다.

6주간의 여름학교가 무사히 마쳐졌다. 여름학교가 끝난 다음 주 주일날 김 집사님의 딸, 해은이가 혜영이라는 친구와 함께 처음으로 교회에 출석했다. 그 후 김 집사님의 딸은 예수님을 영접하여 부모와 함께 신앙생활을 하게 되었다. 여름학교를 통해 전도된 혜영이가 예수님을 믿게 되었는데 이 아이를 통해 어머니와 할머니가 우리 세계로교회에 등록하여 복음의 말씀을 듣고 믿어 구원받게 되었다. 초등학교 때 세계로 여름학교를 통해 하나님을 만난 이 아이들이 고등학생이 되어 세계로교회 주일학교 선생으로, 여름학교 보조 교사로 열심히 봉사하는 학생들이 되었다.

당시 교회 형편으로는 도저히 감당할 수 없는 일을 하나님은 우리가 믿음으로 순종하기를 원하셨고, 우리의 믿음의 순종을 기뻐하셨다. 한 아이를 사랑하는 마음을 하나님이 주셔서 그 아이를 위해 과감히 5,000달러를 투자할 수 있도록 하나님께서 힘을 주셨고, 하나님은 우리가 힘들 때, 더 큰 헌신을 주님이 주시는 힘으로 순종하기를 원하셨다. 거기에는 이유가 있었다. 하나님의 일은 내가 하는 것이 아니라 나에게 힘을 공급해 주신 하나님이 하신다는 사실을 나타내시기 위함이었다.

"주 여호와는 나의 힘이시라 나의 발을 사슴과 같게 하사 나를 나의 높은 곳으로 다니게 하시리로다…."

(하박국 3:19)

이러한 하나님의 일하심은 훗날 써니 힐 지역을 떠나 둘루스라는 한인 중심지역으로 교회를 이전한 후에도 계속 진행됐다. 더욱 좋은 환경과 조건의 장소에서 세계로교회 여름학교 사역을 할 수 있도록 하나님은 허락하셨고 애틀랜타에 있는 어린이와 청소년들에게 하나님의 사랑과 그리스도에 대한 복음을 듣는 좋은 기회를 얻도록 하셨다.

하나님은 4년간 계속 여름학교를 할 수 있도록 하셨다. 여름학교 교사들도 아주 훌륭하고 실력 있고 신앙이 좋은 사람들로 구성될 수 있도록 은혜를 베풀어 주셨다. 미국인 교사들과 한인 2세들로 구성된 신앙 좋은 교사들과 함께 하나님은 이 일을 계속 진행해 가셨다.

이 일들이 가능할 수 있었던 것은 하나님이 우리에게 그 일을 할 수 있는 믿음을 주셨고, 사랑하는 마음을 주셨고, 그리스도 안에서 주실 하나님의 상급을 바라보며 현실을 극복하는 인내하는 힘을 주셨기 때문에 가능한 일이었다.

"너희의 믿음의 역사와 사랑의 수고와 우리 주 예수 그리스도에 대한 소망의 인내를 우리 하나님 아버지 앞에서 끊임없이 기억하노라."

(데살로니가 전서 1:3)

# 예배당 건축

하나님께서 주신 그 넓고 아름다운 땅에 하나님의 성도들이 마음껏 예배드릴 수 있는 예배당을 세우고 싶었다. 예배당 건축에 대한 꿈을 성도들과 함께 나누고, 하나님께서 주신 이 비전을 함께 이루어 가자고 했다. 예배당을 건축하되 초창기 개척 시절 하나님께 약속했던 대로 나는 은행 융자를 내지 않겠다고 결심했다. 성도들에게도 예배당 건축 헌금에 대한 부담감을 절대 주지 않고 하나님이 그들의 마음에 역사하시는 대로 기쁨과 감사함으로 드리도록 인도할 것이라고 결심했다. 그렇게 하는 것이 하나님의 방법이고 하나님이 기뻐하시는 예배당 건축이라고 믿었기 때문이다. 예배당 건축으로 인해 그 누구 한 사람이라도 시험에 들거나 실족하지 않기를 간절히 바랐다. 모두가 즐거움으로 하나님의 역사하심을 기대하면서 하나님이 주시는 감동으로 자진해서 예배당 건축에 동참하기를 바랐다. 그리고 나는 예배당 건축을 위한 하나님의 공급하심을 철저히 믿었다. 단지 어떻게, 어떤 방법으로 하나님이 예배당 건축을 이루실 것인지 기대했다. 교회로 사용하고 있었던 부지의 부동산값이 또 상승하여, 재융자를 내어 차액을 대출받을 수 있었다. 그 돈으로 먼저 예배당 건축을 위한 설계 도면과 블루 프린트를 준비했다. 1년 뒤 또 부동산값이 올라 그 돈으로 주차장을 만들었다. 어느 한계에 가서는 더 이상 교회 부지의 부동산값이 오르지 않았다.

2006년, 애틀랜타 세계로교회 예배당 건축 조감도.

그래서 2006년 여름, 예배당 건축비를 마련하기 위해 아내의 찬양음반을 제작하여 그 음반의 수익금을 예배당 건축비로 사용하기로 했다. 결혼 전 신학교에서 성악을 전공한 아내는 애틀랜타 지역에서 CCM 가수로 이름이 알려져 있었다. 전도를 위해 주일설교 CD를 만들 때 아내가 매주 예배 때 특송으로 불렀던 찬양을 설교 앞부분에 넣었는데, 많은 사람이 아내의 찬양을 통해 하나님의 은혜와 위로하심을 경험하게 되었다는 소식을 듣게 되었다. 그래서 나는 아내의 찬양 음반을 정식으로 제작하기로 한 것이다. 음반 제작비가 준비되어 있었던 것도 아니었다. 지금껏 그랬듯이 하나님께서 공급해주심을 믿고 아내는 음반 작업을 시작했다.

음반을 제작하기로 마음먹고 그 일을 시작했을 때 나는 깜짝 놀랐다. 이미 하나님께서는 음반 제작에 필요한 부분들을 모두 준비해 두셨다는 사실이었다. 작곡을 전공한 조카 윤희가 곡을 만들어 주었다. 최성운 목사님(순복음예광교회)의 사위인 CCM 가수 김인식 목사가 곡을 써서 주고, 아내가 직접 작곡 작사한 곡들을 4U의 김용호 실장이 편곡하여 순조롭게 음반제작이 진행되었다. 정말 '여호와 이레' 되시는 하나님을 실감케 하는 상황들이었다.

아내는 신학교를 휴학하고 결혼을 하면서 한국땅을 떠날 때 모든 것을 다 주를 위해 포기했었다. 그저 하나님께서 원하시는 일이라면 몸을 사리지 않고 순종하며 지금껏 목회자 아내의 길을 걸어왔는데 그토록 소망했던 자신의 CCM 음반 제작을 예배당 건축을 통해 하나님께서 이루어주신 것이다. 아내는 이것을 하나님이 자신에게 주신 상급이라고 고백했다.

2006년 10월 초 아내는 어린 해림이를 데리고 CCM 음반 녹음작업과 교회순회 찬양 집회를 위해 한국으로 떠났다. 녹음이 시작되기도 전에 찬양집회 일정이 이미 잡힌 상태였기 때문에 녹음할 수 있는 시간이 충분하지 못했다. 아내는 한국에 도착한 다음 날 아직 시차도 적응하지 못한 상태에서 녹음 작업을 시작했다. 한국에 도착한 둘째 날, 총 12곡을 하루 만에 녹음을 끝냈다. 최상의 목소리를 낼 수 있는 컨디션은 아니었지만 빨리 녹음을 끝내야 다음 작업으로 넘어가서 이미 예정된 집회 스케줄을 소화할 수 있었기 때문이었다.

드디어 아내의 첫 번째 CCM 음반인 '소망' CD가 출시되었다. 오직 우리의 소망은 여호와 하나님이심을 찬양하는 아내의 눈물 고백이 CD 안에 담겨 있었다.

성전 건축 헌금을 드릴 수 있도록 하나님은 아내에게 음반을 낼 수 있도록 복을 주셨다. / 박(이)은미 사모 첫 번째 음반 '소망'

많은 교회가 주일 11시 예배시간에도 찬양 집회를 할 수 있도록 초청해 주셨다. 아내는 간증을 통해서 장애를 가진 해림이의 무용과 함께 하나님의 은혜와 사랑을 온 맘으로 찬양했다. 찬양집회를 통해 모인 음반 수익금과 감사헌금으로 세계로교회 예배당 건축을 하려고 했던 우리의 생각과는 달리 하나님은 이 일을 통해 예배당보다 더 귀한 복음 사역을 이루고 계셨다. 다운증후군이라는 장애를 가지고 있는 해림이의 워십 댄스를 통해 살아계신 하나님이 증거되었고, 아내의 찬양을 통해 복음이 증거되는 귀한 사역이 이루어졌던 것이다.

엄마가 부르는 찬양에 맞추어 워십 댄스를 하고 있는 딸 해림이. 하나님이 주신 달란트로 아내와 딸이 하나님을 섬기고 있다.
2006년 CTS '내 영혼에 찬양' 출연 / 2010년, 박은미 사모와 함께하는 소망콘서트.

# 다운증후군 딸, 해림이

딸 해림이가 10개월이 되었을 때 우리 가족은 미국으로 왔다. 다운증후군이라는 선천적 장애를 갖고 태어난 해림이는 세 번의 심장 수술과 네 번의 눈 수술을 받는 힘든 시간을 잘 참고 견뎌 주었다. 해림이가 15개월쯤 되었을 때, 미국 찰스턴 메디컬 센터에서 심장 수술을 받게 되었다. 첫 번째 수술은 심장에 구멍이 너무 크게 열려있어 실패하고, 두 번째 수술은 해림이의 몸 상태가 좋지 않아 실패했다. 마지막 세 번째 수술은 심장을 열어 수술(open heart surgery)하였는데, 그 수술은 성공적이었고 수술 후, 해림이의 심장은 건강하게 회복되었다.

심장 수술과 함께 시작된 해림이의 눈 수술은 눈과 코 쪽으로 호수

다운증후군이라는 선천적 장애와 심장병 그리고 눈물샘 없이 태어난 딸이었지만 하나님은 해림이에게 음악과 댄스를 할 수 있는 달란트를 주셨다.
**사진:** 사우스캐롤라이나 장애인 위원회에서 출간된 브로셔 표지 모델에 실린 해림이 사진

를 집어넣어 인공적으로 눈물샘을 만든 후 6개월 후에 그 호수를 다시 빼내는 수술이었다. 세 번의 수술이 사우스캐롤라이나 메디컬 센터에서 진행되었는데 세 번 다 실패를 했다. 해림이의 콧날이 워낙 낮다 보니 인공적으로 눈물샘을 만드는 것이 힘들었다. 결국, 애틀랜타에 이주했을 때, 미국 전역에서 세 번째 손가락으로 꼽히는 훌륭한 안과 의사에 의해 눈 수술을 받게 되었다. 그 결과 해림이의 눈 수술은 성공하게 되었다.

심장 수술을 할 때도 눈 수술을 할 때도 차가운 수술실 안에 해림이를 들여보내 놓고 우리 부부는 참 많이 울었었다. 눈 수술의 경우는 수술 후, 입원이 되지 않아 피범벅이 되어 수술실을 나온 해림이를 집으로 데려와 간호를 해주어야만 했다.

인공적으로 끼워둔 호수로 인해 해림이는 마지막 수술이 성공한 4살이 되던 해까지 밤에 깊이 잠을 자지 못하고 몸을 뒤척이며 괴로워했다. 어린 해림이를 붙들고 우리 부부는 눈물로 기도했다.

"하나님, 이 연약한 딸을 통하여 영광 받아주세요. 해림이를 통하여 살아계신 하나님이 증거 되어지길 원합니다. 해림이를 사용해 주세요!"

2002년, 해림이가 4살 되던 해, 하나님은 해림이에게 치료 발레(ballet therapy)를 시작할 수 있도록 길을 열어 주셨다.

외동딸 해림이에게 하나님은 특별한 달란트를 주셨다. 갓난아기 때부터 음악을 들으면 그 음악에 맞추어 몸을 움직이고 춤을 추었다. 근육의 힘이 약해서 춤을 추기에는 신체적으로 부적합한 몸이지만 하나님은 해림이에게 댄스를 할 수 있는 달란트를 주셨다.

해림이가 네 살이 되었을 때 '치료 발레 / ballet therapy'를 시작하게 되었다. 1년 정도 치료 발레를 하는 동안 해림에게 춤에 달란트가 있다는 것을 발견하게 되었다. 아내와 함께 해림이를 데리고 정상적인 아이들이 다니는 댄스 학교를 찾아갔다. 혹시나 장애라는 이유로 등록을 거부할 수도 있다는 것을 미리 염두에 두고 무용학원 원장님과 상담을 했다. 100여 명의 학원생 중에 장애 학생은 아무도 없으며, 동양인 학생도 해림이가 처음이라고 했다. 그 무용학원은 단순히 무용 동작을 배우는 곳이 아니라 1년에 한 번씩 극장에서 작품 발표회를 하기 때문에 어느 정도 다른 아이들처럼 동작을 따라 할 수 있어야 하며 친구들과 호흡을 맞출 수 있어야 한다고 했다. 댄스 학원 원장은 해림이가 정상적인 아이들과 함께 호흡을 맞춰 배워나갈 수 있는지 테스트가 필요하다면서 수업 중이던 무용교실로 해림이를 데리고 들어갔다. 45분 정도 시간의 테스트를 받는 동안 아내와 나는 간절히 기도했다.

해림이가 다닌 댄스 학교(North Georgia Academy of Dance)

"해림이가 무용을 통해서 하나님을 찬양할 수 있도록 해림이를 사용해 주세요. 이곳에서 정상 아이들처럼 무용을 배울 수 있는 기회를 주세요!"

잠시 후 테스트를 끝낸 원장님이 해림이가 충분히 무용을 배울 수 있겠다면서 등록을 허락해 주었다. 아내와 나는 너무 기뻤고 하나님께 감사했다. 다운증후군 장애를 가진 해림이가 신체적으로도 전혀 불가능하게 보였던 해림이가 정상인 댄스 학원에서 정상적인 아이들과 함께 댄스를 배우며 그들과 함께 작품 발표회를 할 수 있다는 사실이 믿어지질 않았다.

그때부터 약 10년간 해림이는 그 무용학교에서 발레, 재즈, 탭댄스를 배우기 시작했다. 매해 년마다 열린 무용 작품 발표회도 너

하나님께서 주신 달란트로 해림이는 발레, 재즈, 탭댄스를 정상적인 아이들과 함께 박자와 음악에 맞추어 손색없이 퍼포먼스(performance)를 해 낼 수 있었다.

무나 훌륭하게 잘해냈다.

아내가 CCM 음반을 발매하고 한국에서 전국 찬양 투어를 할 때, 해림이는 무용으로 하나님을 찬양했다. 미국에서도 여러 교회에서 아내와 함께 찬양집회를 인도했다. 해림이는 다운증후군의 장애를 갖고 태어났지만, 정상적인 다른 아이들보다 좋은 정서를 가지고 자기보다 어려운 사람을 보면 언제나 도와주는 것을 실천하는 아이로 성장했다. 유창하지는 않지만, 영어와 한국말 이중 언어를 구사할 수 있고, 마이크를 잡으면 찬양으로 복음을 전하는 딸이 되었다.

정말 하나님은 사모아에서 나에게 약속하신 대로 해림이를 당신의 영광을 위해 사용하셨고, 지금도 사용하고 계시고, 앞으로도 사용하실 것이다.

해림이의 워십 댄스와 찬양을 통해, 그리고 해림이의 좋은 정서와 성품과 사랑을 실천하는 일로 많은 사람이 하나님의 살아계심을 보고 있다.

내가 세계로교회 담임목사 시절 해림이는 주일마다 교회 주보를 접고, 새 신자들이 오면 그들을 환영해 주었고, 집사님들이 울며 기도하면 티슈를 들고가서 눈물을 닦으라고 건네주고 그들의 어깨를 다독여 주며 안아 주었다. 어떤 날은 성도들의 이름을 부르며 눈물을 흘리면서 통성 기도를 하기도 했다. 해림이는 고등학생이 되면서 학교를 마친 후, 오후 2시 반쯤이면 스쿨버스를 타고 교회에 도착했다. 스쿨버스에서 내리면 곧장 본당으로 들어가 마이크를 잡고 찬양을 부르고 춤을 추면서 땀을 뻘뻘 흘리며 2시간 정도

고등학교 졸업 1년을 남겨두고 떠나야 했던 해림이의 정들었던 교실의 친구들과 언제나 사랑으로 해림이를 지도했던 담임선생님 스와젤 선생님께 큰 감사를 드린다. 해림이에게 이 시간을 빼앗아 버린 것 같아 우리 부부는 너무 미안했지만, 하나님의 뜻을 순종하는 것이 먼저였기에 우리는 온전히 순종했다.

하나님께 혼자서 찬양하며 예배를 드렸다.

교회예배가 있는 날은 찬양 팀들이 찬양연습을 할 때 찬양대원들보다 더 열심히 연습했다. 결국, 이런 열정을 본 우리 교회 전도사가 해림이를 특별 발탁하여 찬양 팀들과 함께 찬양 대원으로 봉사하도록 했다.

해림이를 통해 하나님의 살아계심을 믿지 못하는 사람들에게 살아계신 하나님이 증거되고 있음을 볼 때마다 나는 눈물로 감사한다. 나는 지금도 해림이를 바라보며 이 고백을 한다.

"내가 약한 그때에 내가 강함이라."

(고린도후서 12:10)

하나님의 부르심 앞에 순종하여 미국을 떠나 한국으로 귀국하기로 결정을 내리기까지 우리 부부를 가장 마음 아프게 하고 힘들게 했던 것은 고등학교 1년을 남겨둔 해림이를 어떻게 해야 할 것인가였다. 지금 한국에 가면 학교를 떠나야 하는데 학교에 가는 것을 저렇게 행복해하는 해림에게서 그 행복을 뺏는 건 아닌지…. 정상적인 아이였다면 미국에 두고 올 수도 있을 텐데 장애 아이라 그렇게 할 수도 없는 처지였다. 한국어는 자신의 이름 석 자밖에 못 쓰는데 해림이가 한국에서 고등학교에 다닐 수 있을지도 불확실한 상황이었다. 무엇보다 미국의 장애 복지혜택과 비교하면 여러 면에서 열악한 한국에서 해림이가 잘 적응할 수 있을지 염려가 되었다. 장애를 가진 자녀들을 더 나은 환경에서 키우기 위해 이민을 온 여러 부모님을 통해서 한국에서 장애 아동을 키우는 것이 얼마나 힘든 것인 줄을 알고 있었기에 우리 부부의 고민은 더 컸다.

사랑하는 외동딸 해림이를 볼 때 "한국으로 떠나라."는 하나님의 말씀에 순종하기가 솔직히 힘들었다. 그럼에도 불구하고 한국으로 다시 부르시는 하나님의 부르심 앞에 기꺼이 순종할 수 있었던 까닭은 나보다 더 해림이를 사랑하시는 하나님께서 지금까지 그러셨듯이 앞으로의 해림이의 인생을 멋지게 책임져 주시리라는 확실한 믿음이 있었기 때문이었다.

하나님의 말씀에 순종하기 위해 해림이를 보

2015년 6월, 해림의 경기 여자 고등학교 생활이 시작되었다. 하나님께서 주신 은혜 안에서 너무 행복해하는 해림이의 학교생활이 그저 감사할 뿐이다.

지 않고 하나님만을 바라보았다. 해림이가 미국에서 고등학교를 졸업하지 못한다 하더라도 하나님의 말씀에 순종하는 것이 훨씬 더 큰 복임을 나는 알고 있었다.

결국, 우리 가족은 하나님의 말씀에 순종하여 해림이의 가장 큰 행복이었던 고등학교를 중퇴시키고 한국으로 귀국했다.

한국으로 돌아와 해림이 장애 복지에 대하여 여러 정보와 혜택을 알아보았다. 하나님의 인도하심은 놀라웠다. 해림이가 한국에 들어온 나이가 만 17세였기 때문에 한국 국적과 미국 국적을 동시에 가질 수 있는 복수 국적을 취득할 수 있었다. 한국 국적을 취득한 후 해림이는 장애 2급 판단을 받게 되었는데 장애 등급에 따른 여러 혜택을 받게 되었다. 염려하고 생각했던 것 이상으로 한국의 장애 복지가 좋아졌음을 실감할 수 있었다.

한국으로 귀국한 후 경기도 용인에서 1년간 해림이는 엄마랑 홈스쿨링으로 남은 고등학교 과정을 집에서 공부하게 되었다. 일주일에 4번 주민센터에서 운영하는 방송 댄스 클래스에 다니는 것 외에는 해림이가 다닐 만한 학교나 활동할 수 있는 곳을 찾기가 쉽지가 않았다. 어둡고 좁은 반지하 월세방에서 1년을 지내면서 여름에 습한 공기와 곰팡이 때문에 해림이의 겨드랑이에 종기들이 생겨 지금까지도 고생하고 있지만, 해림이는 불평 한마디 하지 않고 집에서 음악을 들으며 댄스를 하며 그림을 그리며 잘 적응했다.

그러던 어느 날 해림이가 교복을 입고 걸어가는 여고생을 보더니 심각한 얼굴로 "아빠 학교 가고 싶어요." 하며 울먹였다. 그때부터 교복을 입은 학생들만 보면 시무룩해지고 우울해졌다. 학교 건물을 지나칠 때면 학교 가고 싶다고 혼잣말로 중얼거리는 것이었다. 그런 모습을 볼 때마다 부모로서 갖게 되는 미안함과 안쓰러움이 더해갔다.

2015년 3월, 잠시 설교 목사로 섬기고 있던 열방 교회에 금요 기도회가 있던 날 해림이는 엄마에게 시무룩한 모습으로 "학교에 가고 싶어요."라고 귀에 속삭였다고 했다. 아내는 해림이의 손을 붙잡고 울면서 기도를 했다. 기도를 마친 후 아내는 해림이에게 "하나님이 학교를 보내 주실 거야. 그러니 이제는 기뻐하고 감사해야 해." 하면서 해림이랑 새끼손가락을 걸고 약속까지 했다.

그때부터 본격적으로 해림이 학교에 필요한 정보들을 알아보기 시작했다. 한국에서 장애 복지가 가장 잘 되어 있는 곳이 서울 강남이며, 강남 수서동에 평생 다닐 수 있는 장애인 직업학교가 있다는 정보를 아는 권사님을 통해 듣게 되었는데 강남으로 이사할 수 있으면 좋겠다는 생각이 들었다. 마침 용인에 살고 있던 집 계약이 끝날 때쯤이어서 새로운 곳으로 이사하려고 기도 중이었다. 아무리 강남이 장애혜택이 최고라 하더라도 거기에 살 집을 구한다는 것이 우리의 형편에선 도저히 불가능한 상황이었다. 계속해서 이사할 집을 놓고 기도할 때마다 하나님께서 강남으로 이사하라는 마음을 주셨다. 우리 손에 가진 돈이라곤 월세 보증금 300만 원이 전부였지만 하나님께서 주신 확신을 하고 강남으로 이사하기로 아내와 결정을 내렸다. 이런 소식을 들은 몇몇 사람들은 내가 돈도 없으면서 아직 한국 실정을 몰라 강남으로 이사할 거라고 말한다면서 수군거리기도 했다. 우리 부부는 반드시 하나님께서 강남에 우리 가족이 살 집을 예비해 두셨을 것을 믿고 확신하며 집을 알아보았다. 놀랍게도 하나님께서 삼성 서울 병원 근처에 아파트를 이미 준비해 놓으셔서 부동산 업자의 마음을 움직여 월세도 저렴하게 계약하게 되었고, 그뿐만 아니라 보증금을 돕는 손길을 보내주셔서 2015년 4월에 강남으로 이사하게 되었다.

미국에서 살던 집에 비해 무척이나 비좁은 15평 월세 아파트이지만 하나님께서 인도하시고 허락한 곳이기에 내 가족은 하나님의 은혜에 감사하며 감격했다.

이사한 후 짐 정리를 대충 마친 다음 해림이 학교를 알아보던 중, 집 근처 개포동에 역사와 전통을 가진 명문고인 경기여자고등학교가 있는데 장애 학생들을 위한 특수학급이 2012년도에 생겼다는 소식을 듣게 되었다. 올해 첫 번째로 졸업한 특수학급 졸업생 어머니로부터 경기여고가 장애 학생들을 위해 얼마나 좋은 학교인지를 알게 되었고, 해림이가 경기여고에 꼭 다닐 수 있으면 좋겠다며 적극 추천을 해줬다. 강남 특수지원센터를 통해 고등학교 입학 신청을 하고 두 달 후 교육청으로부터 경기여자고등학교로 선정 받게 되었다.

2015년 7월 중순 한 학기가 끝나갈 무렵, 해림이가 드디어 경기여고 2학년 학생이 되었다. 해림이를 사랑해주시고 기도해주시는 여러 사람이 자신의 딸처럼 기뻐하며 교복, 책가방, 학교 준비물들을 선물로 사주셨다. 그토록 입고 싶어 하던 교복을 입고 책가방을 등에 메고 좋아서 어쩔 줄 몰라 하는 해림이의 모습을 보며 신실하신 하나님의 사랑에 나는 감사의 눈물을 흘렸다.

누군가에게는 교복을 입는다는 것이 평범한 일상이며 당연할 수 있지만, 또 다른 누군가에게는 간절한 소망이며 간절한 기도의 응답이라는 것을, 그 기도에 응답하신 이가 하나님이시라는 사실에 감사하고 또 감사했다.

사랑으로 세심하게 지도해주시는 두 분의 특수 반 선생님들과 2학년 1반 친구들의 따뜻한 배려와 섬김으로 해림이는 매일매일 행복하게 학교생활을 하고 있다.

아침마다 기쁘고 당당하게 교실로 들어가고 환한 웃음으로 학교 교정문을 나오는 해림이의 모습을 매일 보는 우리 부부는 기가 막힌 하나님의 인도하심으로 감격을 금할 길이 없다.

하나님은 분명 해림이를 복음 전하는 일로 사용하고 계셨고 해림이를 통해 살아계신 하나님을 들어내고 계셨다. 하나님은 당신의 변함없는 사랑을 믿음의 순종의 자리에서 언제나 보여 주신다.

# 『Trumpet English』

2007년 1월, 아내의 음반 판매 전 수입금과 찬양 집회 후 받은 사례금 전액으로 예배당 건축 외부 철골 자재를 사들였다. 이렇게 조금씩 그리고 천천히 예배당 건축을 진행해 나갔다. 교회로 들어오는 앞마당 입구에 건축자재를 쌓아놓고 온전히 하나님의 은혜로 예배당 건축이 이루어질 수 있도록 나는 성도들과 함께 매일같이 기도했다. 그러나 예배당 건축은 계속 지연되었다. 아내의 음반 판매금으로 철골 자재를 사들여 놓은 지가 1년이 지나갔지만 더 이상 예배당 건축 일은 진행되지 않았다.

크레딧 카드빚은 자꾸 늘어나고 건축은 빨리 진행이 안 되고 답답한 마음을 안고 야외용 텐트 하나를 들고 교회 뒷산, 소나무가 울창한 곳으로 들어갔다. 거기에 잔 나무들을 쳐내고 텐트를 쳤다. 거기서 나는 예배당 건축을 위해 기도했다. 말씀과 기도를 통해 나 자신이 영적으로 지치지 않도록 끊임없이 위로부터 힘의 공급을 받았다.

당시 예배당을 건축하려면 100만 달러(약 10억 원)가 필요한 상태였다. 예배당 건축비를 놓고 기도하던 어느 날 밤, 갑자기 번뜩이는 생각이 났다. 2003년도에 애틀랜타에 '애틀랜타 데일리 신문'이

라는 것이 있었다. 그 신문은 다른 여러 신문 중에서 가장 인기 있
는 신문이었는데, 전에 그 신문사에서 나에게 요청을 해서 애틀랜
타 교민들을 위한 영어회화를 매일 연재했었다. 그때 신문을 통해
연재된 영어로 공부하던 많은 사람이 나에게 전화를 걸어 신문에
있는 영어 내용이 책으로 출판된 것은 없는지 문의를 했었다. 신
문에 연재한 내용을 좀 더 보강해서 영어책으로 출판하면 애틀랜
타 교민들뿐만 아니라 전 미국의 한인 사회에서 영어 때문에 눈물
흘리는 사람들에게 큰 도움을 줄 수 있겠다는 생각과 그 책 판매
수입금으로 예배당 건축을 이룰 수 있을 것 같았다. 나는 기도하
던 텐트에서 급히 내려와 영어책을 쓰기 시작했다.

영어책을 쓴다는 것은 쉬운 일이 아니었다. 하나님이 주시는 지
혜가 필요했다. 나는 단지 영어를 공부하는 책이 아니라 영어가 되
게 하는 책을 쓰고 싶었다. 미국 이민자들이 가장 쉽고, 재미있게,
그리고 빨리 배울 수 있는 방법으로 세계로 영어학교에서 가르쳐
왔던 방법 중 가장 인기 있었던 방법을 체계적으로 쓰고 싶었다.
말로 가르치던 것을 한정된 공간 안에서 글로 표현하여 설명하기
가 참 어려웠다. 새로운 아이디어와 미국 이민 생활에서 사용할 수
있는 실제적인 문장들을 만들어 내어야 했기 때문에 하나님이 주
시는 지혜가 없이는 도저히 나의 능력으로서는 출판할 책을 쓸 수
가 없었다. 책을 쓰기 위해 텐트 안에서 하나님께 기도하며 지혜를
구했다. 이 책으로 예배당 건축을 꼭 이루어 하나님께 봉헌하고
싶었다.

하나님께서 힘과 지혜를 주셔서 결국 3개월 만에 영어책이 완성

되었다. 제목에 'Trumpet English'라는 이름을 붙였다. 승리의 나팔, 정복의 나팔, 기드온의 300 용사가 불었던 나팔, 여리고 성을 무너뜨리기 위해 불었던 나팔, 하나님이 자기 백성을 모으기 위해 불었던 나팔, 주님의 다시 오심을 알릴 나팔, 'TRUMPET'이라는 이름의 영어책을 통해 하나님의 자녀들이 모여 예배드릴 예배당을 세우고, 선교하겠다는 마음으로 이 책을 썼다.

책을 다 쓰고 난 후, 평소 나와 친분이 있는 분으로 대학에서 영어를 가르치는 루이스 길크리스트(Lois Gilchrist) 교수님과 미국 친구 목사였던 척 몰리(Chuck Morley) 목사에게 영어 감수를 받았다. 그들은 내가 쓴 영어책을 감수하면서 어떻게 영어를 이렇게 잘 정리할 수 있었느냐며 감탄을 했다.

출판 준비가 완료되었다. 그런데 어떤 방법으로 어떤 출판사에서 출판해야 할지 몰랐다. 출판할 돈도 없었다. 그래서 생각해낸 것이 내가 직접 집에서 제본하는 것이었다. 250쪽 되는 책을 집에서 복사해 책으로 만든다는 것은 무모한 도전이었다. 하지만 다른 방법이 없었다. 컬러 레이저 프린터기 두 대를 사고, 바인딩할 수 있는 코일바인더를 샀다. 종이를 사 직접 집에서 책을 출판했다. 그리고 영어와 한국말을 듣고 영어를 따라 읽으며 공부할 수 있도록 하기 위해 오디오 CD 제작을 하기로 생각했다. 나는 길크리스트 미국인 교수에게 부탁하여 『Trumpet English』에 기록된 영어를 또박또박 읽어 달라고 부탁했고, 우리 교회의 여 전도사에게 한국말을 읽게 하여 교회 본당으로 사용했던 차고에서 녹음했다. 녹음 후, 나는 교회에서 설교 CD를 만드는 방법으로 직접 모든 것을 편집하고 만들었다. 외관상 모든 것이 너무 엉성해 보였고, 아무도 이 책을 사지 않을 것처럼 보이는 질 낮은 책처럼 만들어졌다. 나의 『Trumpet English』 출판은 이렇게 시작되었다. 나는 영어책과 녹음된 CD를 신문에 광고하여 애틀랜타에 있는 에벤에셀 기독 서점에서 판매를 시작했다. 책과 함께 케이스에 담긴 오디오 CD 6장 가격을 50달러로 정했다. 그러던 어느 날 LA에서 애틀랜타를 방문한 신앙이 좋은 한 집사님이 그 신문광고를 보고 교회로 찾아오셨다.

"정말 값이 싸네요. 이 가격이면 차라리 LA로 가서 판매를 해보시죠. 애틀랜타보다는 LA 시장이 더 넓어서 아마 더 많이 팔릴 겁니다."

아내와 나는 그 말을 듣고 한번 시도해 보기로 했다. LA는 애틀랜타와 달리 거리가 복잡하고, 낯선 곳이라 두려움은 있었지만, 예배당 건축비를 마련하기 위해 무조건 그곳에 가기로 결심했다. 어느 곳에서 책을 판매할 것이며, 광고는 어떻게 할 것인지, 아내가 인터넷을 통해 정보를 얻은 후 하나님께 기도하며 움직였다.

그런데 신문 광고비가 너무 비쌌다.

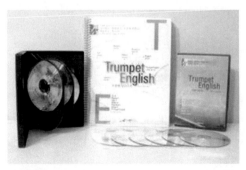

가정에서 처음 수작업으로 만든 『Trumpet English』 책과 원어민 발음 CD

애틀랜타보다 광고비가 약 8배 이상 비쌌지만, 『Trumpet English』를 알리고 판매를 하려면 신문 광고를 내지 않고는 다른 방법이 없었다. 광고비가 비싼 만큼 영어책 시장이 크고 그만큼 효과가 있을 것이라 믿고 일단 모든 일을 진행한 다음 교회 성도들에게 이 소식을 알렸다.

"우리 가족은 영어책을 판매하기 위해 5일간 LA로 떠납니다. 예배당 건축비를 마련하기 위해서요. 무사히 잘 갔다 올 수 있도록 기도 부탁합니다."

나는 300권의 책과 오디오 CD 세트 300개를 교회 사택에서 부지런히 만들어 아내와 해림이를 데리고 비행기를 타고 LA로 떠났다.

LA 6가에 있는 북 카페에서 3일간 영어책 특별 세일을 하기로 되어있었는데, 우리가 그곳에 도착했을 때 북 카페 직원은 서점 안에서 영어책을 팔지 못하게 했다. 할 수 없이 우리는 서점 입구 길거리에 영어책을 진열한 후 판매를 시작했다. 지나가는 사람들은 우리를 이상한 눈으로 쳐다보았다. 어떤 한 사람은 집에서 수작업으로 만든 영어책을 보더니 비웃으며 말했다.

"이게 무슨 영어책입니까? 책 같지도 않은 책을 만들어 와서는…."

지나가는 사람들이 책 내용은 보지 않고 겉모양만 보고는 한마디씩 했다. 영어책 한 권과 CD 6장을 80달러에 판매를 했다. 정말 아무도 사가지 않을 것 같았던 『Trumpet English』는 하루에 평균 60권 이상씩 팔렸다. 중앙일보, 한국일보 신문광고를 보고 찾아온 것이다. 호텔로 돌아와 돈을 계산해보니 하루에 5,000달러씩 벌었다. 3일 만에 약 15,000달러(1,500만 원)를 벌게 되었다. 광고비와 경비에 많은 돈을 써서 실제로 번 돈은 그렇게 많지 않았지만, 수작업으로 집에서 만든 책을 길거리에서 사람들이 그냥 훑어 보고 산다는 것은 상식적으로 이해하기 어려운 일이었다. 정말 하나님이 하신 일이었다.

"역시 하나님께서 쓰게 하신 책이야."

아내와 나는 하나님께서 이루어가시는 일에 기쁨을 감출 수가 없었다.

어떤 사람은 차를 타고 가다 잠시 멈춘 후 차 안에서 큰 소리로 말했다.

"신문광고에서 본 책이 이 책입니까? 차에서 내릴 시간이 없으니까 책 한 권 빨리 주세요."

나는 책을 들고 급히 도로로 뛰어가 책을 건네주며 돈을 받았다. 이 모습을 본 아내가 나에게 웃으며 농담으로 했다.

"꼭 한국에 도로에서 뻥튀기 파는 사람 같네요."

아내와 나는 한참을 웃었다. 『Trumpet English』를 사려고 온 사람들이 길가에 서서 책 내용을 훑어 보다가 책을 팔고 있는 나를 보며 물었다.

"이 책 쓰신 분이 목사님이세요? 목사님이 이 책 직접 쓰시고 직접 책 팔러 나오신 거예요?"

이렇게 묻는 사람들 앞에서 나는 왜 이 책을 썼는지를 설명했다.

"선생님, 이 책 한 권을 사시는 것은 교회 예배당 건축 헌금 하는 것과 같습니다. 이 책 사서 공부하면 영어를 극복할 수 있습니다.

하나님이 주신 지혜로 쓴 영어책이라 이 책으로 공부하면 하나님이 영어를 잘할 수 있도록 지혜를 주실 겁니다."

"목사님 말이니까 믿고 살게요. 정말 목사님 좋은 일 하시네요."

사람들은 나를 격려하며 책을 샀다. 어떤 사람들은 얌전히 앉아 있는 해림이가 너무 예쁘다며 해림이에게 용돈을 주고 가기도 했다. 한국사람들의 정을 느낄 수가 있었다. 나는 길거리에서 내가 쓴 『Trumpet English』를 파는 일이 부끄럽지 않았다. 즐거웠다. 하나님의 일을 하고 있다는 것이 감사했다. 낯선 LA에서 해림이와 아내가 펼쳐놓은 책 앞에 앉아 손님을 기다리는 모습이 안타까워 보이기도 했지만, 하나님께서 우리 가족의 이런 모습을 다 보고 계신다는 생각에 기뻤다. 그리고 이렇게 주님을 위해 한마음으로 함께 일할 수 있는 아내와 딸을 주신 하나님께 감사했고 아내와 해림이에게 한없이 고마웠다. 오직 하나님의 영광을 위해 예배당을 짓겠다는 그 생각뿐이었다. LA까지 다섯 시간 비행기를 타고 몸이 불편한 장애아이 해림이를 데리고 우리 부부는 이렇게 예배당 건축을 위해 헌신했다.

어느 한 목사님이 나의 이런 헌신을 보고 안타까운 마음으로 이런 조언을 했다.

"예배당 건축은 교인들이 하도록 해야지 목사가 혼자서 다 하면 교인들이 교회에 애착을 갖지 않습니다. 그러니 교인들이 예배당을 건축하도록 하세요. 그게 지도력입니다."

틀린 말씀은 아니었다. 그러나 하나님은 나에게 예배당 건축의 열정을 주셨고, 나의 헌신과 땀과 눈물을 요구하셨다. 나에게 그 돈을 드릴 수 있도록 물질과 재능과 헌신의 마음을 주셨다. 하나님께 주시는 마음에 그저 나는 순종했을 따름이었고 누구에 의해 예배당 건축이 이루어진들 그 일을 하시는 분은 하나님이시기 때문에 하나님의 감동을 한 사람이 당연히 하여야 한다고 나는 믿었다. 마치 하나님의 성전 건축을 위해 기름 부음을 받은 총독 스룹바벨을 하나님이 사용하셔서 성전 머릿돌을 놓게 하신 것처럼 하나님이 쓰시는 사람이 예배당 건축을 위해 헌신하는 것이 하나님이 원하시는 것이라고 나는 믿었다.

> "스룹바벨의 손이 이 성전의 기초를 놓았은즉 그의 손이 또한 그 일을 마치리라 하셨나니 만군의 여호와께서 나를 너희에게 보내신 줄을 네가 알리라 하셨느니라."
>
> (스가랴 4:9)

# 『Trumpet English』 출판

　매일같이 집에서 프린터로 영어책을 만드는 일은 시간이 너무 오래 걸렸다. 프린터에 잼(Jam)이 생겨 잘못될 때는 책 한 권을 다 버려야 하는 일들 때문에 너무 많은 스트레스를 받았다. 책값을 너무 저렴하게 정하여 책 만드는 재료비와 광고비를 빼면 적자였다. 『Trumpet English』를 대량 인쇄하려고 하니 미국에서는 인쇄비가 비싸 엄두를 내지 못했다. 그래서 한국에서 이 책을 인쇄하기로 했다. 이 일을 한국에 있는 작은 처남 이재위 전도사(현 뉴에덴교회 담임목사)에게 부탁을 했다. 처남은 『Trumpet English』를 통해 하나님

하나님께서 예배당 건축과 하나님의 사역을 위해 집필 하도록 하신 『Trumpet English』 출판 책. 왼쪽. 초판 디자인 / 오른쪽. 재판 디자인

의 자녀들이 모여 예배드리는 예배당이 세워진다는 생각에 열심히 수고를 아끼지 않았다. 당시 한국의 US 달러 환율이 1달러에 1,500 원으로 오를 때였으므로, 크레딧 카드에서 빚을 내어 만권을 찍었다. 오디오 CD 6장도 새롭게 디자인해서 더 멋진 케이스에 담아 책과 함께 세트로 만들었다. 당시 작은 처남은 총신대 신학생이었다. 나는 책 출판을 정성껏 도와준 처남이 고마워 미국으로 여행 목적으로 올 수 있도록 초대했다.

작은 처남과 함께 큰 처남도 미국을 방문했다. 우리는『Trumpet English』책 판매를 위해 미국의 한인사회가 크게 형성되어있는 5개 주 지역을 선정해 신문사들을 통해 광고하고, 그 지역에 있는 기독교 서점과 일반 서점에 의뢰해서 그곳에서 책 저자 사인회 및 판매를 할 수 있도록 계획을 세워 진행했다.

2008년 겨울, 나는 두 처남과 함께『Trumpet English』책을 차에 싣고 버지니아, 워싱턴 DC, 시카고, 텍사스에서 책 사인회 겸 판매를 했다. LA와 오렌지 카운티는 비행기를 타고 가서 책을 판매했다. 처남들은『Trumpet English』를 통해 미 대륙을 횡단한다며 기뻐했고, 책을 사러 온 사람들에게 책 소개를 하고 나는 손님들이 산『Trumpet English』에 정성껏 사인했다.

영어책을 사러 온 사람 중에 아직도 잊히지 않는 사람들이 있다. 버지니아에 있는 에난데일 기독 서점에서 사인회를 할 때, 한 노인이 할머니의 도움으로 휠체어에 산소통을 매달고 영어책을 사러 오셨다. 그때 그 노인과 동행한 할머니가 이런 말씀을 하셨다.

"내일모레 80이 다 돼가는 노인네가 몸도 성치도 않은데, 죽기 전에 목사님이 쓴 책으로 영어 공부 한번 해보는 것이 소원이라고 해서 책을 사러 같이 왔어요."

또 어떤 분은 영어책값 80달러를 동전으로 가지고 왔다.

"영어책을 사고 싶은데 돈이 없어서 그동안 저금통에 모아둔 동전을 모두 긁어모아 왔어요. 이민자들을 위해 좋은 책을 써 주셔서 감사합니다."

미국에 사는 교민 중에는 이렇게 영어에 한이 맺혀있는 사람들이 많이 있었다.

"열심히 하세요. 하나님께서 꼭 도와주실 거에요."

나는 그들의 손을 잡고 격려해 주었다. 『Trumpet English』를 통해 영어 극복의 나팔을 불며 하나님의 살아계심을 경험할 수 있기를 기대하며 기도했다. 나는 이렇게 하나님의 자녀들이 함께 모여 예배드릴 수 있는 예배당을 짓기 위해 열심히 뛰었다.

버지니아 에난데일 기독서점에서 『Trumpet English』 사인회와 애틀랜타 라디오 코리아에서 영어 극복 성공담에 대해 방송 인터뷰를 했다. 2008년

# 깨어짐의 은혜

이런 우리 가정의 헌신에도 교회 재정은 계속해서 어려웠다. 매달 내야 하는 사역자 사례금과 생활비 그리고 교회 융자 대금과 유지비 등을 모두 감당하기가 힘든 상황이었다. 영어책을 팔고 영어학교를 운영하며 거기서 나오는 수입과 매주 성도들이 드리는 헌금으로 한달 한달 하나님의 은혜로 이 어려운 시기를 넘기고 있었다.

예배당 건축은 그렇게 멈춰진 상태로 계속되었고, 나는 매일같이 산속 텐트에 들어가 기도하며 시간을 보내었다. 그것 외에는 할 일이 없었다. 말씀 읽고 기도하고 한참을 울다가 텐트에서 잠을 자고, 이렇게 생활했다.

그러던 중 어느 날 나는 충격적인 신문기사를 읽게 되었다. 애틀랜타에서 급성장하고 있는 한 교회의 담임목사의 비리에 대한 내용이었다. 약 500명의 성도가 출석하는 교회였는데, 그 목사는 나와 비슷한 시기에 50명을 데리고 교회를 시작한 목사였다. 당시 초대형 예배당 건축을 위해 땅을 사들여 건축을 준비하고 있었는데, 애틀랜타에서 많은 목사가 그 목사를 부러워했다.

그러한 목사가 교회 공금으로 카지노를 하고, 여자 성도와 스캔들(scandal)을 일으켜 교회가 발칵 뒤집혔다. 교인들은 충격에 휩싸

였고 이 부끄러운 일이 언론에 폭로된 것이었다. 그 소식을 신문을 통해 알게 된 나는 하나님께 기도했다. 울면서 기도했다. 그 기도의 눈물은 그 목사에 대한 안타까움과 이 일로 인해 비난을 받을 하나님의 이름과 주님의 교회에 대해 가슴 아파하며 흘린 눈물이 아니었다. 나의 기도는 하나님을 향한 원망의 기도였고 실망의 눈물이었다.

매일같이 나는 하나님께 따지듯이 원망의 기도를 드렸다. 아무리 하나님의 뜻을 이해하려고 해도 이해가 되지 않았다. 어떻게 그런 목사에게는 많은 성도와 대형 교회를 맡기고, 주님만 바라보고 헌신해 온 나에게는 그런 기회를 주시지 않는지 정말 하나님의 뜻을 알고 싶었다. 그래서 나는 하나님의 뜻을 깨닫기 위해 작정 철야기도를 하기로 했다.

2009년 6월, 나는 산속 텐트에서 기도를 시작했다. 밤 10시에 들어가 다음날 새벽 5시까지 기도를 드렸다. 매일 7시간씩 하나님께 능력을 달라고, 응답해 달라고, 예배당 빨리 지어 많은 사람이 올 수 있게 해 달라고 기도했다.

"하나님, 앉은 병자에게 '일어나, 걸어라!' 한마디만 하면 앉은 병자가 벌떡벌떡 일어나고, 죽은 사람에 손을 얹고 기도하면 시체가 살아날 수 있도록 나에게 그런 말씀의 권세를 주십시오. 그래서 수많은 사람이 구름떼처럼 세계로교회로 몰려오게 해 주십시오. 영어책을 팔지 않아도 예배당을 지을 수 있도록 믿음 있고 돈 많은 사람을 보내주십시오. 왜 나에게는 모두 가난한 사람들만 보내 주십니까? 내가 이렇게 작은 차고에서 고작 몇십 명 두고 설교할 그 정도 사람밖에 되지 않습니까? 왜 하나님의 영광을 가리는 저 목사에게는 저렇게 복을 주셔서 많은 사람을 보내주시고, 이렇게 주님만 바라보며 헌신적으로 사는 저에게는 고작 이런 차고 안에서, 이 좁은 공간에서 목회하도록 하십니까?"

날마다 나는 이렇게 기도했다. 그것은 원망의 소리요, 불평의 소리였다. 깊은 산속 텐트 속에서 기도할 때 뱀이 들어 올까 봐 무서웠고, 날짐승들이 텐트 주위로 들어 올까 봐 무서웠다. 그러나 나는 하나님이 내게 능력 주시지 않으면 나는 여기서 죽겠다는 각오로 기도했다. 하나님께 따지며 기도했다.

"하나님, 제가 설교를 못 합니까? 영어를 못합니까? 노래를 못합니까? 악기를 못 다룹니까? 학벌이 없습니까? 누구보다 열정이 부족합니까? 어느 것 하나 빠지지 않는 저 아닙니까? 그런데 왜 제가 이런 곳에서 목회하도록 하십니까? 더 넓은 설교 강단을 주세요. 하나님."

나는 기도하고 또 기도했다. 20일째 되는 날 밤, 비가 억수같이 쏟아졌다. 번개와 천둥이 사정없이 치고 빗소리가 지붕을 뚫는 듯했다. 기도하러 갈 시간이 되었다. 아내는 기도하러 나가려고 하는 나를 만류했다.

"오늘 밤은 천둥 번개가 치니 산속에 들어가는 것은 위험해요. 그러니 오늘은 텐트에 들어가지 말고 그냥 예배당에서 기도하세요."

"무슨 소리고. 나는 죽어도 간다."

아내의 말을 뿌리치고 우산을 쓰고 산속 텐트 속으로 들어갔다. 나는 어느 때와 마찬가지로 기도하기 시작했다. 간절히 기도했다.

시간이 지날수록 비는 더 많이 내렸다. 빗물이 산 밑으로 흘러내려 오면서 텐트 속으로 들어오기 시작했다. 옷이 다 젖고 텐트 속이 물로 가득 찼다. 그래도 나는 그 텐트에서 나오지 않았다. 번개와 천둥소리가 기도하는 나를 방해했지만 나는 더 간절히 하나님께 능력 달라고 기도했다. 그때 갑자기 하늘에서 큰 천둥소리와 함께 번개가 바로 나의 눈앞에 떨어졌다.

"콰광!"

엄청난 소리와 함께 떨어진 그 번개 빛에 놀라 나는 그 자리에 엎드렸다. 나는 잠깐 정신이 나가 멍해졌다. 그리고 그 자리에서 그냥 중얼거렸다.

"주여, 절 용서하옵소서."

그 천둥 번개로 놀라 멈춰 버린 듯했던 심장이 안정될 때까지 일어나지 못하고 조용히 엎드려 있었다. 시간이 지나 마음이 안정될 때, 나의 마음 깊은 곳에서 하나님의 강한 음성이 들렸다.

"너는 더 깨져야 해. 너는 너의 모든 삶을 너의 의로 돌리는구나. 만일 내가 너를 붙들지 않았다면 너는 그 사람보다 더 악한 짓을 했을 거야. 많은 사람을 너에게 보내 주면 뭐 할거냐? 진짜 교회를 세워야지. 예배당 건물 지어서 뭐 할거냐? 내가 거하는 진짜 성전 세워야지. 너는 더 깨져야 해. 더 깨지고 부서져야 해."

하나님은 그날 밤 나를 깨뜨리셨다. 나의 교만하고 아직도 깨어지지 못하고 하나님 앞에서 내 의를 들어내려고 큰소리치고 있는 나를 하나님은 깨뜨리셨다. 모든 것이 하나님의 은혜였다고 고백한 고백이 진실한 나의 고백으로 착각하며 살아온 나를 하나님은 깨뜨리셨다. 눈에 보이는 예배당 건물은 하나님의 관심이 아니었다. 하나님의 관심은 바로 성전인 내가 하나님의 기뻐하시는 성전으로 바로 세워지는 것이었다.

"너는 더 깨져야 해."

이것이 하나님의 응답이었다. 깨지고 부서져야 다시 세울 수 있기 때문이었다. 하나님은 나를 다시 세우고 계셨던 것이다. 그날 나는 날이 밝을 때까지 울면서 교만한 나 자신을 회개하였고 신문기사에 폭로된 그 목사와 나를 비교하며 나는 저 목사보다 얼마나 더 바르게 살았느냐며 내 의를 하나님께 들어낸 부끄러운 내 모습을 회개했다. 텐트 안으로 밀려 들어온 빗물로 옷이 흠뻑 젖어 있었지만, 그것을 알지 못한 채 밤새 울며 기도했다.

비는 그치고 날은 밝았다. 나는 텐트에서 젖은 몸으로 나왔다. 그런데 텐트 밖에서 나는 또 한 번 기절할뻔했다. 20m가 훨씬 넘는 그 큰 소나무가 간밤에 벼락을 맞고 내가 기도하고 있었던 텐트 옆쪽으로 쓰러져 있었기 때문이었다. 텐트 주위로 큰 소나무들이 울창해 있었는데, 그 소나무 중 하나가 새벽에 떨어진 벼락에 맞은 것이다. 그 번개 빛이 기도 중에 내 눈앞에서 번쩍인 것이었고 그 벼락에 맞은 소나무가 쓰러진 것이다. 만약 그 소나무가 내가 기도하던 텐트 쪽으로 쓰러졌으면 나는 그 텐트 속에서 죽었을 것이다. 하나님이 나의 생명을 보호하셨다. 이것을 통해 하나님은 내가 이미 그 새벽에 소나무에 깔려 죽었다는 것을 보여 주신 것이었다. 그 소나무의 죽음은 곧 나의 죽음이었다. 그 소나무의 깨어짐은 나의 깨어짐이었다. 나는 또 한 번 그 소나무 앞에 무릎을 꿇고 감사기도를 드렸다. 한없이 울었다. 십자가에서 주님과 함께 죽고 십자가에서 예수 생명으로 거듭난 내가 아직도 교만과 이성을 쫓아 살았음을 고백했다. 하나님이 기뻐하시는 생명 살리는 살아있는 삶이 아니라 목회를 통해 내 만족을 채우려 했던 부끄러운 나자신의 모습을 그날 아침 하나님은 분명히 들어내 보여주셨다. 나는 그때 벼락에 맞아 쓰러진 소나무를 보고 내가 그리스도와 함께 십자가에 못 박혀 죽었고, 죽은 나에게 부활하신 예수 생명이 임하여 이제 나는 그 생명으로 하나님의 영광을 위해 살아가는 사람임을 다시 한 번 깨달았다.

나를 목회자로 부르신 하나님의 목적은 예배당 건축이 아니었다. 많은 사람을 세계로교회로 오게 하는 것이 아니었다. 하나님은 그리스도 안에서 그리스도와 함께 십자가에 못 박혀 죽고 그리스도 안에서 그와 함께 하나님의 생명으로 다시 산 내가 하나님의 양들에게 말씀이신 예수 그리스도의 생명으로 목양하여 그들을 이 불신과 불순종의 세계에서 하나님의 뜻을 쫓는 승리의 그리스

차고를 예배당으로 사용하며 목회한 5년의 기간은 참으로 행복한 목회가 무엇인지를 알게 하는 시간이었다. 섬기는 목회를 지향하며 주님의 섬김을 몸소 실천하는 앞치마 사역에 대해 기독일보 박현희 기자와 인터뷰를 했다.

도인들로 살 수 있도록 하기를 원하고 계셨음을 뒤늦게 깨닫게 되었다. 이것이 바로 믿음의 목회이며 하나님을 기쁘시게 하는 나의 삶임을 주님은 깨닫게 하셨다.

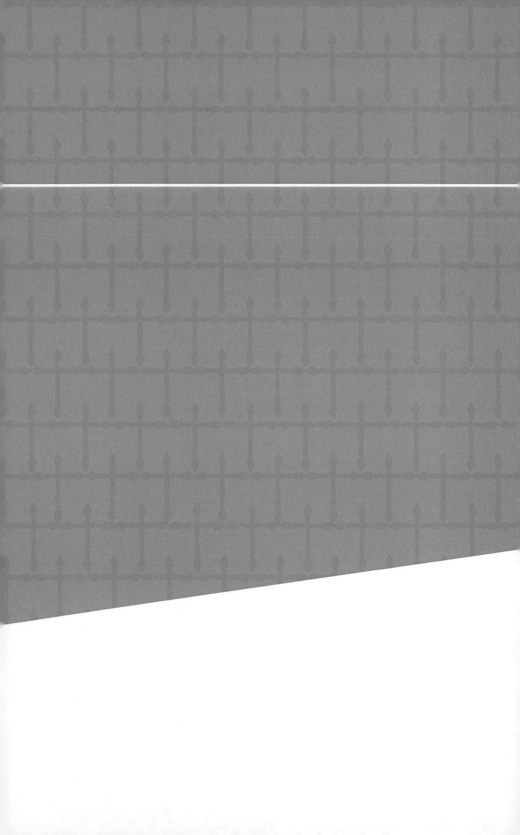

TRUMP**E**T

# Empowerment
## 능력 입히심

믿음의 **순종**은 하나님의 능력이다. 하나님은 나에게 순종의 자리로 끊임없이 이끄셨고 믿음의 능력을 입혀주셨다. 오직 그리스도 예수 안에서 하나님을 바라볼 때 나는 그의 능력을 경험할 수 있었다.

# 순종의 자리까지

2008년, 『Trumpet English』 사인회와 책 판매를 위해 두 처남과 함께 미국 5개 주를 다닌 후, 작은 처남가족이 우리 교회 전도사로 오게 되었다. 하나님께서 함께 세계로교회를 세울 수 있도록 동역자로 보내주신 것이다. 작은 처남은 가진 믿음도 크지만, 한국에서 사업해 본 경험도 있고, 참 부지런하고 성실한 전도사였다. 나는 처남과 함께 세계로 미디어(SGR Media)라는 회사를 세계로교회 부설로 설립하게 되었다.

『Trumpet English』를 산 사람들의 요청으로 처남과 함께 『Trumpet English』'저자 특강' 오디오 CD를 구상하여 녹음했다. 세계로 영어학교에서 2개월간 특별 강의를 하면서 학생들의 목소리까지 함께 녹음시켜 직접 세계로 영어학교 현장에 있는 현장감을 주는 방법으로 녹음했다. 처남은 나의 특강을 녹음시키고 그 녹음된 것으로 나는 직접 편집을 했다. 약 2개월 동안 나는 이 작업에 매달렸다. 『Trumpet English』 오디오 강의 CD는 40장으로 구성이 된 3개월용 강의 내용으로 편집되었다. 공장에서 대량으로 만들 수 있는 재정적 여력이 되지 않아 CD 복사 기계로 처남이 직접 만들었다. CD 케이스 표지 디자인은 우리 교회의 미술을 전공

했던 한 청년이 도와주었다. 책 한 권과 원어민 발음 오디오 CD 6장, 강의 내용 40장으로 구성된 『Trumpet English』 패키지 가격을 200달러로 정하였다. 나는 이것을 가지고 예배당 건축비를 쉽게 만들 수 있을 것이라는 생각을 했다. 창고에 쌓여있는 9천 권의 책을 모두 팔면 180만 달러(약 18억 원)를 벌 수 있다고 생각했다. 나는 모든 것을 정말 단순하고 쉽게 생각했다. 당시 예배당 건축비 예산이 100만 달러였기 때문에 5천 세트만 팔아도 교회를 지을 수 있다고 생각했다. 이것은 실제가 아니라 그저 나의 생각이었다. 이렇게 계산기를 두들기며 참 쉽게 생각했다. 왜냐하면, 하나님 하시는 일이라고 믿었기 때문이었다. 하지만 하나님은 이 책과 오디오 판매로 처남 전도사 가정과 우리 가정이 생활할 수 있는 생활비와 매달 내야 하는 은행 융자 대금을 낼 수 있는 만큼만 주셨다. 그렇게 주신 것도 잠깐이었다.

그렇게 고생하여 만든 『Trumpet English』 오디오 강의 CD가 생각만큼 팔리지 않았다. 부동산 융자 파동으로 미국의 경제상황도 좋지 않았다. 경제적 위기로 우리는 매달 내야 하는 은행 융자대금을 낼 수 없는 형편까지 갔다. 최악이었다. 모든 물질 통로가 막혔다. 은행 융자 대금이 두 달째 밀리고 석 달째가 되었을 때, 은행으로부터 편지가 한 통 왔다. 20일 이내에 밀린 융자금을 내지 않으면 현재 교회로 사용하고 있는 건물과 토지를 경매에 넘기겠다는 편지였다. 5년간 산속에서 기도하며, 예배당을 건축하겠다고 아내의 찬양 앨범을 내고, 『Trumpet English』를 쓰기 위해 산속 텐트 속에서 지혜를 구하며 기도했던 곳, 영어 오디오 CD를 제작했던 곳, 나를 깨뜨리시고, 나를 성숙시키시고, 기다림의 인내를 훈련했던 하나님의 훈련장이었던 이곳을 포기한다는 것이 쉽지 않았다. 무엇보다도 지금까지 예배당 건축을 위해 성도들과 함께 기도하며 하나님의 뜻이라고 선포했던 나 자신이 성도들에게 신뢰를 잃을까 봐 그것이 두려워 포기하기가 힘들었다. 기도해도 하나님이 더 이상 응답해 주시지 않을 것을 알면서도 7,500평의 교회 부지를 붙들고 망설이고 있었다.

나는 다시 철야기도를 했다. 하나님이 주신 이 땅에 대한 하나님의 뜻이 무엇인지 알기 위해 밤새 기도했다. 이틀 밤이 지났을 때, 하나님은 나에게 깨달음을 주셨다. 참믿음이란 하나님께서 보여주신 비전을 붙들고 그 비전을 따라 앞으로 전진해가다가도 하나님께서 그 일을 포기하라고 하시면 당장 포기할 수 있어야 하며, 가던 길을 멈추고 하나님이 원하시는 방향으로 가라 하시면 다시 방향을 돌려 하나님께서 원하시는 방향으로 가는 순종의 삶이 바로 참믿음의 삶이라는 것을 깨닫게 하셨다.

하나님을 신뢰하는 삶은 하나님의 뜻 앞에서의 온전한 포기였다. 나의 체면과 나의 애착과 나에 대한 성도들의 신뢰감 유지가 중요한 것이 아니라 하나님 말씀 앞에서의 나의 순종이 중요한 것이었다.

100세에 약속하신 아들 이삭을 얻은 아브라함이 마을 사람들과 이웃들에게 얼마나 자랑했겠는가! 얼마나 많이 하나님의 뜻과 하나님의 계획과 하나님의 전능하심을 선포했겠는가(창세기 21:1-8)! 그러나 하나님께서 아브라함에게 이삭을 모리아 산에 가서 재물로 드리라는 말씀을 하셨을 때, 이삭에 대한 아브라함의 사랑하는 마음과 자신이 선포한 하나님의 뜻과 마을 사람들과 이웃들로부터의 자신의 체면, 이런 것들을 지키는 것이 중요한 것이 아니라 하나님의 말씀 앞에서 즉각 적인 순종이 이루어지느냐 이루어지지 않느냐가 중요했던 것처럼, 나의 믿음의 순종도 마찬가지였다. 하나님의 말씀에 온전히 순종하면 하나님의 뜻 안에서, 하나님은 수치를 당하지 않도록 나를 높여주신다는 믿음이 생겼다. 마치 십자가의 순종을 통해 그리스도가 높임을 받은 것처럼….

이곳 써니 힐 거리(Sunny Hill Road)에서의 나를 위한 하나님의 훈련은 5년 동안 내가 붙들고 쫓아왔던 예배당 건축의 꿈과 대형교회를 만들겠다는 나의 비전을 그 자리에 내려놓고, 다시 일어서서 하나님이 보여주시는 참 비전을 붙들고 믿음의 순종을 행하는 것으로 끝이 났다. 그리고 새로운 믿음의 길을 걷게 하셨다.

"믿음으로 아브라함은 부르심을 받았을 때에 순종하여 장래의 유업으로 받을 땅에 나아갈새 갈 바를 알지 못하고 나아갔으며"

(히브리서 11:8)

# 믿음으로 열린 문

하나님은 7,500평의 땅을 온전히 포기하는 믿음의 순종이 내 안에서 이루어졌을 때, 믿음으로 나갈 수 있는 새로운 문을 열어주셨다. 하나님은 한인 밀집지역, 한인 상권 중심 지역, 한인들이 차를 타고 15분 내로 올 수 있는 지역으로 나를 인도하셨다. 애틀랜타 한인들의 중심지인 둘루스(Duluth) 지역으로 하나님은 이끄셨다. 아내와 나는 그 지역에 우리 세계로교회 예배당으로 사용할 수 있는 건물을 기도하며 보러 다녔다. 물론 돈은 없었다. 마치 물이 흐르는 요단 강에 언약궤를 맨 제사장들이 하나님 말씀에 대한 순종의 발을 믿음으로 내디뎠던 것처럼 나는 그저 순종의 발걸음을 내디뎠다.

하나님은 우리 부부를 건물주가 한국사람인 한 쇼핑몰 '둘루스 플라자(Duluth Plaza)'로 인도하셨다. 그 몰은 지어진 지 5년 된 건물이었다. 시기적으로 볼 때 이 몰(mall)은 내가 2005년, 써니 힐(Sunny Hill Road) 마을에 교회 땅을 사서 2006년 교회 예배당을 짓겠다고 텐트 속에서 기도할 때, 거의 건축이 끝나 임대를 시작한 단계에 있었던 건물이었다. 그런데 그 몰이 지어진 후, 미국에 부동산 파동이 일어나면서 경기 불황으로 빌딩임대가 힘들어지기 시작했고 5년이 지난 그때까지 세 개의 공간만 임대되고 나머지 공간은 모두 비어있는 상태였다.

아내와 교회로 사용할 장소를 찾아다녔을 때, 하나님은 우리가 생각지도 못한 그곳으로 인도했다. 그 쇼핑몰은 마치 우리를 기다리고 있었다는 듯이 텅 빈 공간으로 준비되어 있었다. 나는 건물주를 만나 교회 예배당으로 공간을 사용하게 해 달라고 말했다. 건물주는 절대 교회에는 임대를 하지 않겠다고 말했다.

2011년, 믿음으로 모든 것을 포기했을 때 하나님은 새로운 일을 시작하셨다. 둘루스 한인 중심지역에서 크리스마스트리로 반짝이고 있는 세계로교회 새 예배당 입구.

"목사님, 조금 전에도 어떤 목사님이 교회 건물을 빌리러 왔다 갔는데, 교회에는 임대할 수가 없습니다. 우리가 교회로 한 공간을 임대하면 다른 빈 공간에 식당이나 술집이 들어올 수 없기 때문에 교회에는 임대할 수 없습니다."

건물주는 이렇게 단호히 임대를 거부했다.

미국 조지아 주 임대법은 식당이 있는 곳에는 교회가 들어갈 수 있지만, 교회가 먼저 들어가 있는 곳에는 100m 안에 식당이 들어올 수 없다. 왜냐하면, 식당에서는 술을 팔기 때문에 교회를 보호하기 위한 법안 때문이다. 그래서 그 건물주는 자기의 몰이 임대자가 없어서 비어 있어도 나중을 생각해서 교회로는 임대하지 않는다고 했다.

"사장님, 사장님 몰에 교회가 들어오면 얼마나 큰 복인 줄 압니까? 우리는 애틀랜타에서 영어학교를 10년을 했는데, 영어학교도 같이 할 겁니다. 그렇게 되면 사장님께도 좋지 않겠습니까?"

내 말을 듣고 있던 건물주는 잠깐 기다리라고 하더니 자기 사무실로 가서 열쇠를 들고 나왔다. 그리고는 그 건물의 가장 중간에 비어 있는 250평 정도 되는 가장 큰 공간을 보여 주며 그곳을 사용하라고 했다. 계약 기간은 5년으로, 임대료는 월 5,000달러(5백만 원)로 흥정했다. 정말 파격적인 가격이었다. 불경기가 아니었으면 월 13,000달러(1,300만 원) 되는 넓은 공간이었다.

그곳은 인테리어가 전혀 되어있지 않는 텅 빈 공간이었기 때문에 인테리어 설계와 교회 허가를 맡아 건축해야 했다. 그 기간이 약 두 달이 필요했기 때문에 나는 마음으로 건물주가 건물 계약 후 공사를 하는 두 달 동안은 임대료를 받지 않는 조건으로 계약해 주면 좋겠다고 생각했다. 그런데 내가 내 생각을 말하기 전에 갑자기 건물주가 먼저 말을 꺼냈다.

"목사님, 건물 계약을 하면, 계약한 날로부터 6개월 동안은 무료로 사용할 수 있도록 해 드리겠습니다. 인테리어 공사를 하고 사용 허가를 받기까지 시간이 오래 걸릴 뿐만 아니라 목사님도 자리 잡는 데 시간이 필요할 테니까 제가 그렇게 편리를 봐 드리겠습니다."

하나님이 건물주의 마음을 움직이신 것이다. 건물주는 예수님을 믿는 분이 아니었다. 그런데 그런 사람이 6개월 동안 임대료를 받지 않겠다고 한 것은 정말 놀라운 일이 아닐 수 없었다. 나중에 그 건물주는 나와 여러 사람이 있는 앞에서 이렇게 말했다.

"목사님하고 계약관계로 얘기할 때, 내가 귀신한테 홀렸나 봐요. 목사님께 너무 싸게 해 드린 것 같아요. 6개월 동안 임대료를 받지 않겠다고 한 것은 저의 큰 실수였습니다."

그때 나는 건물주에게 말했다.

"사장님이 귀신에게 홀린 것이 아니라 하나님이 감동을 주신 거예요. 실수하신 것이 아니라 참 잘 하신 것입니다."

요단강은 갈라졌다. 주일날 나는 교회 제직회를 소집하고 이런 사실을 말했다. 몇몇 집사님들은 걱정스러운 목소리로 반응했다.

"목사님, 월 3,500달러도 힘들어 지금 쫓겨날 형편인데, 월 5,000달러를 어떻게 내려고 하십니까? 거기다가 건물 유지비를 포함하면 건물 유지비로만 적어도 매월 7,000달러가 들어갈 텐데 그 많은 돈을 어떻게 감당을 하시려고요? 저희의 생각은 한 달에 교회 임대료 1,500달러 정도 되는 건물을 알아봤으면 좋겠습니다."

나는 그들에게 하나님이 인도하신 일이니 주님을 믿고 믿음으로 나가보자고 했다. 고맙게도 성도들은 믿음으로 잘 따라와 주었다.

건물주와 계약날짜를 한 달 후인 10월로 정했다. 담당 변호사 앞에서 계약하기로 했는데, 계약에 대한 책임자들로 담임 목사인 나를 포함하여 5명의 교회 대표들의 계약서 서명을 요구했다. 만일 임대료를 교회가 내지 못하면 그들이 책임을 지고 임대료를 내게 하기 위해서였다. 이 요구는 합법적인 요구였다. 그러나 나는 그 건물주 요구를 거절했다.

"그냥 나 혼자 사인하는 거로 합시다. 요즘 경기도 어려운데 교회 성도들에게 이런 부담을 안기고 싶지 않습니다. 저 혼자 책임지겠습니다."

이 말을 듣고, 건물주는 계약을 취소시키겠다는 말 대신 나의 제안을 받아들였다.

"목사님은 목사님 교인들을 참 많이 생각하네요. 목사님만 사인하면 안 되는데…."

건물주는 내 싸인 하나만으로 계약을 할 수 있도록 허락했다. 그러나 문제는 계약금이었다. 계약금으로 10,000달러(천만 원)가 필요했다. 계약이 끝나면 바로 인테리어 설계, 건축허가, 그리고 건축공사를 해야 하는데 이 예산이 약 8만 달러(8천만 원), 거기다 성구 구매까지 총 10만 달러(1억 원)가 필요했다.

2010년 9월, 먼저 계약금 10,000달러를 위해 기도했다. 그때 하나님은 돈을 마련할 수 있도록 『Trumpet English』를 사용하셨다. LA 라디오 코리아에 처남 전도사가 전화했다. 『Trumpet English』를 위한 전화 방송 인터뷰 스케줄을 잡으려고 담당자와 통화를 했는데, 처음에는 담당자가 가능한 프로가 없다고 말하더니 며칠 뒤 처남에게 전화해서는 이렇게 말했다.

"10분 정도 인터뷰를 할 수 있는 공간이 있습니다. 원래는 광고 인터뷰가 1,000달러짜리인데 500달러에 할 수 있도록 해 드릴 테니 해 보시겠습니까?"

처음에 처남으로부터 이 말을 듣고 '고작 10분 가지고 무슨 방송 효과가 있겠는가!' 하면서 거절을 하려고 했는데, 아내가 그래도 한 번 해 보자고 했다. 이렇게 해서 아내가 『Trumpet English』에 대한 라디오 전화 인터뷰를 하기로 했다. 책을 쓴 저자는 나였지만, 목사인 나보다는 현재 세계로 영어학교에서 『Trumpet English』로 강의를 하는 아내가 훨씬 더 적격이라는 생각에 아내가 인터뷰하기로 했다.

『Trumpet English』에 대한 아내의 방송 전화 인터뷰가 시작되었다. 인터뷰하는 동안 나는 간절히 기도했다.

"하나님, 역사하옵소서."

그 짧은 방송 전화 인터뷰에 대박이 터졌다. 이 방송이 생방송으로 나간 후, 방송을 듣고 있던 청취자들이 『Trumpet English』를 주문하기 시작했다. 한동안 그렇게도 팔리지 않던 『Trumpet English』가 날개를 단 것처럼 팔려나갔다. LA 라디오 코리아에서 방송된 이 프로는 하와이에도 방송되어 하와이에서까지 『Trumpet English』 주문전화가 왔다. 그래서 불과 며칠 만에 계약금 만 달러를 벌게 되었다.

2010년 10월 1일, 하나님의 은혜로 교회 건물이 계약되었다. 한인 타운 중심가에 세계로교회가 세워지는 놀라운 날이었다.

건물계약이 끝나자마자 예배당 실내 건축공사를 시작해야만 했다. 예배당 실내 건축을 위해 설계사를 찾던 중 아주 믿음 좋은 집사님 한 분을 만나게 되었다. 그분이 저렴한 가격으로 설계해 주셨고 그분을 통해 건축 업자를 만나게 되었는데, 그 건축업자는 목회하면서 건축업을 하시는 목사님이셨다. 그분이 이렇게 말씀하셨다.

"건축을 시작하려면 착수금으로 건축비 전체의 10%를 먼저 주셔야 건축을 시작합니다. 그리고 일주일마다 건축비를 지급해 주서야 합니다. 오늘 착수금을 지급하면 내일부터 공사 들어가겠습니다."

"돈이 없습니다. 착수금 없이 공사 먼저 시작하시면 안 되겠습니까?"

나의 이 말에 그 목사님이 난감한 표정으로 대답하셨다.

"제가 지금까지 착수금 받지 않고 공사를 시작한 일은 없습니다. 착수금을 받지 않고는 공사를 시작하지 않는데 목사님은 그렇게 해 드리고 싶네요. 공사를 내일부터 시작할 테니 일주일 뒤에 착수금을 지급해 주세요."

하나님의 역사하심이 눈으로 직접 보였다. 공사는 착수금 없이 시작되었다. 매주 금요일 아침이 되면 공사를 담당하는 목사님께 7,500달러씩 정확히 공사비를 지급하기로 약속을 했다. 하나님의 놀라운 역사가 교회 실내공사를 진행하는 2달 동안 끊이지 않고 나타났다. 월요일 아침에 교회 은행 잔고는 늘 바닥이었는데 금요일 아침만 되면 정확히 공사대금 7,500달러가 통장에 쌓여있었다.

이스라엘 백성들에게 만나와 메추라기를 보내주셨던 하나님의 공급하심의 기적이 교회공사가 진행되는 동안 계속 나타났다. 매주 금요일 아침까지 지급해야 할 공사비만큼 영어책이 팔려나가는 것이었다. 2달 후 공사가 끝나기 전까지 중도금과 잔금, 총 70,000달러(7천만 원) 이상을 정확히 그 날짜에 지급할 수 있도록 하나님은 만들어 주셨다.

예배당 건축을 위해 사용되기를 원했던 『Trumpet English』 영어책이 하나님의 때에 사용됐다는 그 기쁨은 이루 말할 수가 없었다. 공사가 시작된 지 두 달 후 교회 사용 허가가 귀넷 도청(Gwinett County)에서 승인되었고, 우리는 2010년 12월, 새 성전에서 감동의 첫 크리스마스 예배를 드리게 되었다.

"너희들이 하는 모든 것을 여호와께 맡기라, 그러면 너희의 계획들이 이루어질 것이다."

(잠 16:3 NIV-JSPT)


하나님은 예배당 건축을 이루도록 『Trumpet English』를 사용하셨고, 주님을 온전히 믿고 순종한 나에게 하나님의 기적을 보여주셨다.

# 오병이어의 기적

예배당 건축이 끝나고 그곳에서 첫 예배를 드리기 전, 예배당 본당에 필요한 의자와 사운드 시스템, 스피커, 마이크 등 여러 성물이 필요했다. 교육관에 필요한 물건들과 친교실, 부엌, 교실, 유아실 등에 들어가야 할 필요한 것들이 준비되지 않은 상태였다. 그런데 어느 날, 성도 한 분이 금가락지를 들고 교회로 왔다.

"새 성전에 하나님께 헌물을 드리고 싶은데 제가 가지고 있는 것이라곤 아이들의 돌 반지뿐이에요. 이것이 하나님께 드릴 수 있는 저의 전 재산입니다. 저는 지금 돈이 무척이나 필요합니다. 집 월세 낼 돈도 부족합니다. 하지만 이 반지를 하나님께 드리고 싶습니다."

나는 그 성도가 드린 반지를 받고 큰 감격의 눈물을 흘렸다. 하나님께서 이 집사님의 마음을 만지셔서 이런 결단을 하게 하셨다는 확고한 믿음이 들었다. 경제적으로 힘든 형편에 있는 집사님이라는 사실을 나는 너무 잘 알고 있었기 때문이었다. 나는 그 반지 위에 손을 얹고 간절히 기도했다. 물고기 두 마리와 보리 떡 다섯 개를 예수님께 드린 어린 소년의 헌신이 오병이어의 기적을 일으켰던 것처럼, 이 집사님의 헌신을 통해 분명 하나님은 세계로교회에 오병이어의 기적을 일으키시리라 확신했다. 그리고 이 집사님의 가정을 복되게 하실 것을 믿고 확신했다.

그 후 교회를 이전할 무렵 정말 오병이어의 기적이 나타났다. 성도들은 힘껏 헌금했다. 본당 의자, 교회 간판, 그랜드 피아노, 사운드 시스템과 스피커 방송장비 등 교회에 필요한 성물들을 성도들이 한마음으로 하기 시작했다. 그들은 경제적으로 힘든 환경 속에서 정성껏 헌금과 헌물을 드렸다. 기쁨으로 드렸다. 감사하며 드렸다. 순식간에 예배당과 교육관, 친교실 등, 예배와 교육활동에 필요한 모든 것들이 채워졌다.

우리는 2011년, 2월에 입당 기념 감사예배를 드릴 수 있었고, 그후 나는 하나님의 뜻인 복음 전도사역을 위해 힘껏 달렸다. 건물 임대료가 이전 건물 융자금보다 배 이상 되었지만, 하나님은 감당케 하셨다. 더 놀라운 것은 새로운 예배당 건축으로 빚을 진 것이 아니라 오히려 모든 교회의 빚과 우리 개인의 빚을 모두 청산하게 되었다는 것이다. 그 옛날 하나님께 예배당을 짓게 되면 빚 없이 짓게 해 달라고 간구했던 그 기도를 하나님이 응답하셨음을 깨달았다. 참으로 하나님은 경제적으로 그 어려운 때에 예배당 건축을 위해 은행 융자를 내는 대신 『Trumpet English』를 사용하신 것이다.

우리는 2011년 2월 새 예배당 입당을 기념하는 예배를 은혜로 드렸다. 스프링 풀가스펠 교회(Rock Springs Full Gospel Church)의 담임 척 몰리(Chuck Morley) 목사님이 축하 메시지를 전하였다. 통역: 박정수 목사

『Trumpet English』, 영어책 한 권을 통해 이곳에서 예배당을 건축하게 하셨고, 교회 빚을 청산하게 하셨고, 이 책 한 권을 통해 미국 한인 사회에 영어 때문에 힘들어하는 한인들에게 영어 극복의 희망을 주게 하셨다. 무엇보다도 하나님이 쓰게 하신 이 『Trumpet English』 영어책 한 권이 세계로교회 모든 성도의 마음을 감동케 했다는 것이다.

# 풍성한 사역

본당 200석, 교육관, 친교실, 사무실, 교실, 유아실, 화장실 등 아름다운 실내공간을 예배당으로 주신 하나님은 세계로교회를 안정적으로 자리를 잡아가게 하셨다.

세계로교회 교육관에서 어린이들이 창작활동을 통해 복음을 듣고 있다.

영어학교 학생들도 많이 늘고 교인 수도 늘어났다. 이전 차고 예배당에서는 전혀 할 수 없었던 교회 활동들이 새로운 예배당에서 하나님은 이루어가게 가셨다. 무엇보다도 애틀랜타에 있는 대형교회들과 장애인 선교 단체에서도 시도하지 못했던 장애인 방과 후 학교를 우리 교회가 믿음으로 시작했다.

장애우 부모들의 가장 큰 고민이 바로 방과 후 문제였다. 보통 아이들은 학교에서 돌아오면 외부 활동들과 예능, 예술 음악 학교 또는 학원 등을 다니며 활동을 하는데 장애 아동들을 위한 방과 후 프로그램을 찾기가 쉽지가 않았다.

아내와 나는 이 문제를 놓고 기도하던 중 정말 힘든 일임을 알았지만, 하나님께서 주신 마음이라 믿고 순종했다.

장애인 방과후 학교의 이름을 'Hope Ministry(소망 사역)'이라고 이름 붙였다. 우리 교회에 장애 아이들을 가진 가정이 네 가정이 있었다. 이들 중심으로 월요일에서 목요일까지 장애우 방과후 학교를 시작하기로 계획하였다. 재정적 문제를 어떻게 해결할 것인가를 놓고 기도했다.

그런데 암 투병 중인 부인 집사님으로 인해 경제적으로 많은 어려움을 겪고 있던 오 집사가 장애우 사역을 위해 사용해 달라며 1,000달러를 헌금했다. 그리고 한 장애아를 가진 성도 가정에서 한 달에 1,000달러씩 1년간 후원하겠다는 약속을 하며 12,000달러를 기부했다. 이렇게 해서 시작된 장애우 방과 후 학교는 아주 저렴한 가격의 회비를 받고 운영되는 학교로 시작되었다. 자원 봉사자들과 훌륭한 장애인 선생들이 협조해 주었다. 자폐를 가진 아이들, 다운증후군 아이들, 정신지체 아이들을 교육적으로 성장시키는 프로그램으로 진행하였다. 놀이 중심이 아닌 교육 중심으로 지능을 성장시키는 쪽으로 진행해 나갔다. 장애아이들의 능력별로 음악치료, 예술 치료, 미술치료, 요리교실, 산수와 영어 성경 읽기 등 다양한 프로그램을 진행할 수 있도록 하나님께서는 분야별로 훌륭한 선생들을 붙여 주셨다.

한글 읽기 쓰기를 하지 못하는 한인 2세 어린이들을 위한 세계로 한글 학교에서 최순옥 선생은 열정을 다하여 한글을 가르쳤다.

이런 사역을 할 수 있도록 마음을 가질 수 있었던 것은 하나님께서 나의 가정에 해림이(다운증후군)를 주셨기에 가능했다. 하나님은 해림이를 통해서 장애를 가진 가정의 아픔과 고충 그리고 그들의 구체적인 필요가 무엇인지를 알게 하셨다.

"우리의 모든 환난 중에서 우리를 위로하사 우리로 하여금 하나님께 받는 위로로써 모든 환난 중에 있는 자들을 능히 위로하게 하시는 이시로다."

(고후1:4)

# 목회
(Pastoring)

나는 새 예배당으로 입당한 후, 지난날들을 돌이켜 보며 목회 (pastoring)라는 것이 무엇인가 곰곰이 생각했다. 목회란 '예수님의 살과 피를 하나님의 양들에게 먹이는 것'이라는 결론을 내렸다. 예수님의 살과 피는 곧 하나님의 말씀이다. 말씀이 육신이 되어 이 땅에 오신 분이 예수님이며(요 1:14), 말씀이신 예수님은 '내 살과 피를 먹지 않고는 영생을 얻을 수 없다.'고 말씀하시면서 예수님 자신이 전하는 말씀은 영이요, 생명이라고 말씀하셨다(요 6:63). 예수님을 따라 다닌 많은 제자는 예수님의 이 말씀을 이해하지 못하고, '누가 이런 말을 받아들일 수 있겠느냐?'고 하며 예수님 곁을 다 떠나 버렸다. 그때 예수님께서는 주님 곁에 남아있는 열두 제자들에게 물으셨다.

"너희도 나를 떠날 것이냐?"

"영생의 말씀을 당신이 가지고 있는데 우리가 누구에게로 갈까요?(요 6:68)"

그때 베드로는 먹어야 영생할 수 있는 예수님의 살과 피가 예수님의 말씀임을 깨닫고 그 말씀을 듣기 위해 예수님을 떠나지 않았다.

그러므로 목회란? 이 생명의 말씀이신 예수 그리스도를 먹이는 것이다. 그래서 예수님을 떠나지 않게 하는 것이다. 비록 나와 세계로교회를 떠난다 하더라도 예수 그리스도를 떠나지 않도록 하는 목회가 바로 참 목회임을 알았다. 말씀이신 예수 그리스도 하나님의 양들을 양육하는 것이며 그리스도 예수 안에서 하나님의 양들이 성장할 수 있도록 그들을 말씀으로 보살피는 것, 그것이 바로 참 목회임을 깨달았다. 그리스도 안에 영원한 생명이 있고 영원한 즐거움과 행복이 있으며, 영원한 성공과 승리가 있고 예수 그리스도 안에 세상이 줄 수 없는 부유함과 만족이 있음을 하나님의 양들이 경험하도록 하는 것이다.

사도바울이 로마 감옥에서 빌립보 교회를 향해, '예수 그리스도 안에서 나는 모든 것을 가진 자다.'라고 고백했던 것처럼 이 모든 것을 하나님의 양들이 누릴 수 있도록 하는 것이 바로 목회이다.

나는 지난날 목회의 성공과 실패의 잣대를 교회에 모이는 사람 수에 두었다. 그러나 하나님은 말씀을 통해 내가 가진 목회의 잣대가 얼마나 어리석고 무의미한가를 깨닫게 해 주셨다. 목사(pastor)는 사람을 모으는 자가 아니라 목양(pastoring)을 하는 자이며 목양은 생명의 말씀 곧 예수 그리스도를 하나님의 양들에게 먹이는 것이다. 그 이상도 그 이하도 아니다. 그것이 하나님의 양들을 지키는 방법이고 돌보는 일이다. 하나님의 양들에게 예수님의 살과 피인 하나님의 말씀(예수 그리스도)을 계속해서 공급하므로 그들이 세상으로부터 유혹되지 않고, 그리스도 안에서 성숙한 그리스도인으로 강하게 자랄 수 있는 것이다.

말씀으로 변화되어 구원받은 성도들이 침례를 통해 구원의 기쁨을 알렸다. 2013년 여름 애틀랜타 뷰포드 댐(Buford Dam)에서 가진 침례식.

진정한 목회가 무엇인지를 깨달은 후 나는 성경을 다시 열었다. 하나님께서 성경을 통해 교회에 전하시고자 하는 말씀을 다시 깨닫기 시작했다. 성경을 통한 하나님 말씀의 포인트는 바로 십자가를 통해 참 복음이 선포되는 것이며, 그 복음은 예수 그리스도를 통해 전해진다는 진리를 알리는 것이었다. 그리스도의 십자가를 깨달을 때 세상을 향한 하나님의 사랑을 깨달을 수 있기 때문이다. 나는 말씀을 선포할 때마다 성경 어디를 열든 성경을 통해 하나님이 전하시고자 하는 그의 사랑의 증표, 오직 십자가를 통해서만 깨달을 수 있는 살아계신 예수 그리스도! 오직 그분을 전하였다. 교인들은 변하기 시작했다. 강한 믿음의 군사가 되기 시작했다. 평생 불교에 몸을 담고 있던 사람이 예수님을 믿기 시작했다.

나는 새로운 예배당 건물을 허락하신 그곳에서 영어 성경을 통한 하나님 말씀을 열심히 가르쳤다. 복음을 깨달은 성도들은 세상을 정복하는 능력 있는 그리스도인들이 되었다. (2011년)

이민 생활에 지쳐있었던 사람들이 그리스도 예수 안에서 새로운 희망을 품기 시작했다. 그리스도 안에서 참 기쁨을 누리는 사람들로 변해갔다. 가난을 두려워하지 않고 세상 욕심을 버리고 오직 그리스도 예수 안에서 하나님의 영광을 위해 사는 사람들로 변했다. 그리스도의 십자가 복음 앞에 죄의 노예가 아닌 하나님께 영광을 돌리는 참 자유인이 되었다.

"목사님, 정말 이제 사는 것 같아요."

술이 없으면 살 수 없을 정도로 술 마시기를 좋아했던 유 집사는 복음 안에서 변화되어 술을 끊었다. 인생의 아픈 경험들을 많이 가지고 있는 집사였다. 그런 그녀가 예수 그리스도 안에서 십자가 복음을 통해 옛사람이 죽고 예수 생명으로 거듭나 참 그리스도인이 되었다. 그녀는 헌신적으로 교회를 섬기기 시작했다. 여름학교에 등록한 80명의 학생 점심밥을 7주 동안 혼자서 다 해내었다. 토요일이면 아들과 딸을 데리고 그 넓은 교회청소를 하면서 주 안에서의 참 기쁨을 누리며 사는 사람이 되었다.

애틀랜타 한인 사회에서 한인 부동산 업계의 데모로 불리는 서 집사는 원래 미국 플로리다 주에서 교육 공학을 전공한 아주 스마트한 분이다. 서 집사는 자신의 전공과는 달리 부동산 업계로 사업을 시작하면서 아주 성공한 여성 부동산 사업가다. 온 애틀랜타 땅을 누비고 다니느라 눈코 뜰 사이 없이 바쁜 사람이었다. 그녀가 세계로교회를 나왔다. 십자가 복음 앞에서 그녀는 변하였다. 하나님의 영광을 위한 생명의 삶을 살기 시작했다. 토요일이 되면 일을 마치고 자정에 교회로 와 교회 화장실 청소를 한다. 누가 시켜서 하는 섬김이 아니라 기쁨으로 하나님을 섬기고 주님께 드리는 물질을 아까워하지 않았다. 십자가의 복음은 그녀를 겸손과 헌신의 자리로 이끌었다.

남 집사는 전직 유명한 밤무대 가수였다. 예수님을 믿고 변화돼 열심히 주님을 섬기며 주님 위해 사는 집사다. 그녀는 자신보다 복음 증거하는 것을 더 기뻐하는 사람이 되었다. 그녀는 자신의 물질과 시간을 아까워하지 않고 교회에 봉헌하며 그리스도 안에서 참 복음을 증거하는 사람이 되었다. 주말이면 설교 CD를 들고 나가 한인 마켓 앞에서 전도한다. 그녀의 입가에는 항상 미소가 있다. 주님의 사랑을 실천하는 집사님이다.

우리 가족과 함께 11년을 함께 해온 안수집사가정이 있다. 윤 집사 내외는 세계로교회 초창기 멤버로 묵묵히 교회를 섬기며 연약한 믿음을 가진 자들에게 참 힘과 용기를 주는 사람들이다. 그리스도의 십자가 복음으로 그들은 강한 그리스도인이 되었다. 가정에 밀어닥친 말할 수 없는 고난과 아픔을 흔들림 없는 믿음으로, 하나님의 때를 기다리며 그 힘들었던 말할 수 없는 문제들을 극복했다. 하나님이 주신 자동차 정비소 사업체를 오직 선교하는 기업으로 세워나가길 원하며 교민들에게 성실하고 진실 되게 정성껏 그리고 저렴한 가격으로 섬기므로 참 그리스도인의 모습을 몸소 실천하고 있다.

자신들이 가장 힘들 때 전 재산을 장애인 사역을 위해 써달라고

새 예배당 건물에서 세계로교회는 해년 마다 여름학교와 여름 성경학교를 통해 애틀랜타 교민들 자녀들의 신앙교육과 학교 교육에 최선을 다할 수 있었다.

헌신한 오 집사 가정, 교회에 필요한 것이 무엇인지 보이지 않는 곳에서 교회를 섬기는 이 집사, 교회 구석구석을 정리하고 많은 사람에게 웃음을 선사하는 박 집사, 이외도 일일이 다 열거할 순 없지만 많은 성도가 그리스도의 십자가 복음으로 그들의 삶이 변화되고, 견디기 힘든 환경들을 극복하고 오직 예수 그리스도를 믿고 믿음으로 사는 사람들로 변화되었다. 이렇게 사도행전의 초대교회처럼 하나님은 세계로교회에 구원받는 자들을 더해 주셨다.

생명을 살리는 것은 오직 하나님의 말씀이며 그 말씀은 예수님의 살과 피였다. 한마디로 그리스도의 십자가 복음(옛사람의 죽음과 그리스도의 생명의 영광)을 통해 전하고자 했던 하나님 사랑의 말씀,

오직 예수 그리스도를 하나님의 양들에게 먹이는 목회가 내가 깨달은 참 목회였다.

> "너희 중에 있는 장로들에게, 장로의 동역자로, 그리스도의 고난의 증인으로 그리고 들어나게 될 영광에 참예하게 될 자로서 나는 호소하노라: 너희들의 보살핌 아래 있는 하나님의 양떼들의 목자들이 되어라. 그리고 감독자들로서 섬겨라…"

(베드로전서 5:1-2)

# 비저너리

(Visionary)

새로운 예배당으로 이전한 후, 교회도 안정되어가고 사역은 더욱 폭넓어졌다. 『Trumpet English』의 출판과 함께 세워진 '세계로 미디어'라는 교회 부설 선교단체를 발전시켜 영어학교, 예술학교, 여름학교, 한글 학교, 장애인 방과후 학교 등 많은 일을 추진하고 있었다.

다시 주님의 교회를 하나님의 말씀으로 부흥케 하기 위한 사역으로 하나님이 나에게 주신 새로운 교회의 비전이었던 '쏘일 미니스트리(Soil Ministry)'를 창설하면서 말씀의 풍요로움은 더해갔다. 쏘일 미니스트리를 통해 교회가 하나님의 말씀으로 다시 돌아갈 수 있도록 노력했다.

2011년 9월 교회를 이전한 지 벌써 9개월이 지나가고 있었고 새 예배당에서 우리 세계로교회는 창립 10주년 기념 예배를 준비하며 마음이 들떠 있었다. 나는 10주년을 시작으로 세계로교회가 복음 전도를 위해 한 번 더 힘찬 전진을 할 수 있도록 마음을 다졌다. 그리고 앞으로의 큰 비전에 대한 그림을 그렸다.

교회 창립 10주년 기념 부흥성회를 계획하고 강사 목사님으로 나의 모 교회(mother church) 양산 삼양교회 담임목사님으로 계시는 정연철 목사님을 초청했다. 목사님께서는 바쁜 일정 가운데에서도 기꺼이 부흥회 강사로 와 주셨다.

정연철 목사님은 내가 가장 존경하는 목사님 가운데 한 분이시며 나에게 기도의 삶을 보여주신 분이시다. 오직 기도와 말씀으로 삼양교회를 이끌어 오셨고 주님 나라를 위해 온전히 자신을 드린 목사님으로 한국의 젊은 목회자들에게 많은 영향력을 주고 계신 훌륭하신 분이시다. 이렇게 훌륭한 목사님이 내 모교회의 담임 목사님이시라는 사실이 정말 자랑스럽다. 그리고 우리 세계로교회 창립 10주년 기념 부흥성회의 강사 목사님으로 모실 수 있어 참으로 기뻤다.

내가 목사님을 공항에서 픽업하여 모시고 올 때, 목사님은 차 안에서 물으셨다.

"한국에 와서 목회할 생각은 없어요?"

"저는 전혀 그럴 생각이 없습니다. 저의 사명은 미국입니다. 미국에 있을 겁니다."

나는 그때까지만 하더라도 한국에 돌아간다는 생각을 한 번도 해 본 적이 없었고, 장애를 가진 딸 해림이 때문에 반드시 미국에 있어야만 한다고 생각했기 때문에 목사님의 질문에 즉각적으로 그렇게 대답했다.

목사님은 부흥회를 마치고 한국으로 돌아가신 후, 삼양교회 새벽기도 부흥회와 청소년과 청년회 동계수련회 강사로 나를 초청해 주셨다.

2012년 2월, 나는 삼양교회 학생회, 청년회 동계수련회와 새벽기도 부흥회 말씀을 전하기 위해 한국으로 갔다. 청소년과 청년 동계수련회는 나흘 동안 같은 장소에서 열렸는데, 그 장소는 바로 내가 고2 때 예수님을 만났던 '강림산 기도원'이었다. 나는 옛날 생각에 잠겼다. 하나님이 나를 부르셨던 그 날을 떠올렸다. 내 가슴은 뜨거워졌고, 나흘 동안 청소년과 청년 동계 수련회 때 내가 주님을 만나 변화된 간증과 함께 복음의 능력이 얼마나 대단한지 그리고 주님을 만나면 어떤 일이 일어나는지, 십자가의 복음이 무엇인지 힘을 다해 선포했다. 하나님은 말씀이 선포되는 그 자리에 불로 임하셨다. 청소년들도, 청년, 대학생들도 말씀을 듣고 기도하는 중 성령체험을 하며 주님의 영광을 위해 자신들의 삶을 헌신하겠다고 결심했다. 내가 처음 주님을 만나 하나님의 소명을 받았던 자리에서 이런 젊은이들에게 말씀을 전하고 있다는 사실이 정말 감격스러웠다. 성령의 역사로 목이 터지라 부르짖는 그 젊은이들의 얼굴이 눈물로 범벅되어 있는 모습을 보면서 감사의 눈물을 흘리지 않을 수가 없었다.

저녁에는 학생회, 청년, 대학생들 집회를 기도원에서 인도하고, 새벽에는 삼양교회로 내려와 새벽 부흥회에 말씀을 전했다. 일주일간의 새벽 부흥회에 매일 새벽 약 천명 정도의 성도들이 참석했다. 하나님은 말씀에 기름을 부으셨고, 그 말씀을 듣는 성도들도 큰 은혜를 받았다.

"하나님이 박 목사님을 전 세계로 이끄시며 훈련하시더니 이제 이렇게 훌륭하게 쓰시는군요."

정연철 목사님 격려의 말씀에 큰 힘을 얻었다. 목사님은 내가 양산에 머무는 동안 계속해서 수요예배, 금요 기도회, 새벽기도, 여선교회 영성훈련 기도회, 주일 1, 2, 3부 예배에 설교하게 하셨다. 3주 동안 삼양교회에서 22번의 설교를 했다. 부교역자들이 나에게 이건 살인 스케줄이라고 했지만, 하나님이 힘을 주셔서 지칠 줄 모르고 그리스도의 십자가 복음의 말씀을 선포했다. 모든 집회에 하나님은 큰 은혜를 부어 주셨다. 청년과 청소년 동계 수련회에서 강한 성령의 역사가 일어났고, 새벽기도 부흥회에서도 하나님은 역사하셨다. 집회를 인도하는 동안 하나님은 한국에 대한 새로운 비전을 보게 하셨다. 한국 땅에 다시 십자가 복음이 세워져야 하며, 참 복음이 사라지고 있는 한국 땅에 하나님 말씀의 부흥 운동이 다시 일어나야 한다는 생각을 가지게 되었다.

그 후, 나는 미국에 돌아와서도 한국을 위해 계속 기도를 하게 되었는데, 기도하는 동한 한 번도 경험해 보지 못한 한국에 대한 뜨거운 복음의 열정을 갖게 되었다.

# 십자가 복음에 사로잡힌 자

2013년 4월, 나는 정연철 목사님의 도움으로 또 한 번의 한국을 방문하게 되었고, 이번에는 성지순례를 갈 수 있는 기회를 가지게 되었다. 약 400만 원 정도의 성지 순례 경비를 삼양 교회에서 후원하겠다는 것이었다. 하나님이 나에게 주신 좋은 기회라고 생각했다. 성지순례는 삼양교회 성도들 22명과 담임, 정연철 목사님, 그리고 뉴욕의 정순원 목사님과 함께 11일간 하게 되어 있었다. 나는 이번 기회에 약 2달간 교회에서 휴가를 얻어 장기간 한국을 다녀오고 싶었다. 그 이유 중에 하나는 하나님께서 내 마음 가운데 한국으로 돌아가 사역해야 한다는 뜨거운 마음을 주셨기 때문에 한 번 더 한국 땅에서 분명한 하나님의 소명을 받고 싶었기 때문이었다. 아내도 내가 그러길 바랐다.

2013년, 4월 2일, 나는 한국행 비행기를 탔다. 이번 한국 방문은 내 가슴을 더욱 설레게 했다. 한국땅을 향한 하나님의 부르심을 확실히 확인하고 싶었다. 또한, 그리스와 터키지역의 성지순례를 통해 사도바울의 선교 발자취를 따라 초대 복음 전파의 실제 현장들을 볼 수 있다는 기대감이 가슴을 설레게 했다.

이런 설렘도 잠시, 내가 한국에 도착했을 때 어머니의 병이 더욱 악화하였다는 소식을 듣게 되었다. 한국에 계신 어머니는 오랫동안 신장병으로 혈액 투석을 하고 계셨는데, 한국에 도착하기 며칠 전만 하더라도 전화 통화가 가능하셨던 어머니는 내가 한국에 도착한 바로 그 날부터 음식도 드시지 못하고 말씀도 하지 못하셨다. 그저 눈을 감고 잠만 주무셨다. 어머니는 급히 병원으로 옮겨졌다. 어머니의 상태는 점점 더 악화하였고 전혀 눈을 뜨지 못하셨다. 어머니의 상태가 심각해 지면서 신장 혈액 투석마저 할 수 없는 상태가 되었다. 결국, 나는 어머니 임종을 기다리며 어머니 곁을 지켜야만 했다. 성지순례를 포기해야 할지도 모른다는 생각이 들었다. 나는 어머니 곁을 지키면서 어머니의 귀에 대고 천국 복음을 전했다. 계속해서 천국에 대한 소망과 먼저 천국에 가 계신 아버지에 대한 얘기와 어머니가 먼저 가 계시면 나도 하나님의 소명이 끝난 후 곧 뒤따라 가겠다는 말씀으로 어머니의 임종을 준비시켰다.

어머니와 병실에 함께 있으면서 어머니가 나를 위해 헌신하신 그 사랑을 생각했다. 미국에서의 바쁜 사역 때문에 아버지의 임종은 지키지 못했지만 이렇게 하나님의 은혜로 이머니의 임종을 지키게 하신 하나님께 감사를 드렸다. 이번에도 만일 삼양교회의 후원으로 가게 되는 성지순례의 명목이 없었으면 한국에 나올 수 없는 상황이었다. 한국에 도착하자마자 어머니의 임종을 맞이하게 된 데는 분명 하나님의 섭리가 있다고 믿었다. 어머니는 병실에서 산소 호흡기를 꼽고 겨우 숨만 쉬고 계셨다. 담당 의사는 우리 가족들에게 어머니의 임종을 준비하라고 했다. 그러나 어머니는 의

사의 말과 달리 숨을 놓지 않았다. 나는 어머니가 누워계시는 병실을 지키면서 어머니 귀에다 대고 나의 옛날 추억을 떠올리며 어머니 병실에서 받은 소명을 말씀드렸다.

"엄마, 내 고등학교 때, 사고 친 날 쥐약 먹고 죽는다고 해서 제가 교회에 나간 겁니다. 그리고 엄마 교회 나올 때 죽은 사람 소원도 들어준다는데 산 사람 소원 못 들어 주겠냐. 하시면서 교회 나오셨잖아요. 그때부터 교회 나오시면서 아버지하고 같이 저를 위해 그렇게 열심히 기도해 주시더니, 아버지 돌아가시고 엄마 혼자 남아 지금까지 저를 위해 기도해 주셔서 감사합니다. 엄마 천국 가시면 저요, 한국으로 돌아올 겁니다. 엄마 병실 지키면서 내가 한국으로 오는 것이 하나님의 뜻이라는 걸 확신했습니다."

이 말을 하는 순간 어머니는 눈을 힘겹게 뜨시더니 나를 보고 살짝 웃으셨다. 이렇게 3번이나 나를 보며 미소를 지어주셨다. 그리고 이틀 뒤인 4월 11일, 어머니는 주무시듯이 눈을 감고 주님 품에 안기셨다. 나는 어머니의 임종을 지키는 9일 동안, 나를 향한 하나님의 소명을 확신했다. 어머니의 임종은 단순한 임종이 아니라 한국으로 나를 다시 부르시는 하나님의 계획이 있음을 깨달았다. 내가 다시 한국으로 돌아오겠다고 말했을 때 눈을 뜨지 못하고 감고만 계셨던 어머니가 눈을 떠

바울이 빌립보에서 주님의 능력으로 귀신들린 여종을 그 귀신으로부터 해방시킨 후 그 여종의 주인의 거짓 고소 때문에 갇혔던 빌립보 감옥.

서 나를 보고 웃으시는 모습을 잊을 수가 없다. 그때 나는 어머니가 이 일을 놓고 기도하고 계셨구나 하는 생각을 하게 되었다.

어머니의 장례식을 모두 마친 후, 나는 예정대로 그렇게도 기대하던 성지 순례를 갈 수 있게 되었다. 하나님께서 한없는 은혜를 나에게 주신 것이다. 어머니의 임종이 하루만 늦었어도 갈 수 없었던 성지 순례였는데, 하나님은 성지순례에서 나에게 뭔가를 주시고자 하는 계획이 있었기에 어머니의 임종을 맞춰주신 것으로 생각했다.

성지순례의 행로는 그리스와 터기의 소아시아 일곱 교회를 방문하면서 사도바울의 선교현장을 직접 눈으로 보고 경험하는 여행이었다. 성지순례를 떠나기 전 하나님께 기도했다.

"하나님, 내 마음에 사도바울과 같은 복음의 열정을 주십시오. '예수 그리스도의 십자가 외에는 결코 그 어떤 것도 자랑치 않겠노라.' 하며 평생을 그리스도의 십자가 복음을 전했던 사도바울의 불타는 마음을 이번 성지순례 동안 저에게도 주십시오."

나는 갑바도기아 지하 도시에 있는 무덤 안에 누워 나의 옛사람이 주님과 함께 죽고 주님과 함께 부활한 믿음을 다시 붙들었다. 그리고 새로운 vision을 향해 주님의 뜻에 순종하여 미국을 떠나 한국으로 갈 것을 결단했다.

나는 어머니와의 이 땅에서의 헤어짐으로 슬퍼하고 있었다. 슬픈 마음을 복음에 대한 사도바울의 뜨거운 열정으로 채우고 싶었다.

사도바울의 선교여행 발자취를 따라 그의 이방 선교의 길을 밟았다. 가는 곳마다 하나님은 나의 마음을 그의 은혜로 채우셨다. 어머니를 떠나 보낸 허전한 마음에 하나님은 사도바울의 뜨거운 복음의 열정으로 내 가슴을 채워주셨다. 그리스도의 복음을 전하기 위해 산 넘고 물 건너 복음을 전하러 간 바울의 발자취를 밟을 때 하나님은 나에게 한국으로 돌아가 그리스도의 십자가 복음의 비밀을 전하라는 강한 콜링(calling)을 주셨다.

터키 갑바도기아 지하도시에 방문했을 때였다. 가이드는 초대 기독교인들이 핍박을 피해 이 지하에 숨어서 그들의 신앙을 지켰으며, 그들 중 누군가가 죽으면 죽은 시신을 임시로 묻어 놓는 무덤을 보여 주면서 이렇게 말했다.

"혹시 여러분들 중에 이 무덤에 누워보고 싶으신 분이 있으면 한 번 무덤에 들어가 누워보세요."

그 가이드 말이 사실인지 아닌지는 알 수 없지만 나는 그 말을 듣고 정말 눕고 싶었다. 그 무덤에서 죽음의 경험을 해 보고 싶었다. 혹시 다른 사람이 누울까 봐 나는 빨리 그 무덤으로 들어가 누웠다. 눈을 감고 몇 분 동안 누워 있었다.

"하나님, 정수는 그리스도와 함께 십자가에 못 박혀 죽고 이 무덤에서 장사 되었습니다. 이제 그리스도의 생명으로 그리스도와 함께 일어납니다."

그리고 무덤에서 일어났다.

나는 그때 내 남은 평생을 그리스도의 십자가 복음을 전하겠다고 다시 한 번 결심했다.

성지순례에서 나는 더욱 뜨거운 복음의 열정을 가지게 되었다. 사도 바울과 같이 십자가 복음에 사로잡힌 자가 되어 돌아왔다. 그 후, 5월 한 달은 한국의 여러 교회의 초청으로 말씀을 전하러 다녔다. 사도바울의 복음의 열정과 같이 그리스도의 십자가 복음을 뜨겁게 전하였다. 하나님은 가는 곳마다 강하게 역사하셨다. 성령의 은혜가 넘쳤다. 나는 그때 한국 교회의 성도들이 얼마나 그리스도의 십자가 복음에 목말라 하는지를 느꼈다. 시급한 한국 교회의 요구가 무엇인지 깨달았다.

2달간의 여정을 마치고 미국으로 돌아왔다. 며칠 후, 아내가 우리 교회 홈페이지(www.sgrchurch.org)를 보며 놀란 목소리로 나에게 말했다.

"여보, 주일 설교 조회수가 갑자기 5,000명으로 올라갔어요."

우리 세계로교회 홈페이지는 잘 알려지지 않아 설교를 업로드(upload)한 지 몇 달이 지나도 조회수가 150명 정도밖에 되지 않는

2013년, 터키 괴레메 정상에서 터키의 복음화를 위해 기도했다. 그리고 모슬렘 국이 되어버린 터키를 향해 사도 바울의 가슴으로 "주 예수를 믿으라, 그리하면 너와 네 집이 구원을 받으리라."고 크게 외쳤다.

데, 갑자기 세계로교회 주일 설교 조회수가 5,000명이 넘고 몇 주가 지난 후에는 만 명이 넘어섰다. 교회 홈페이지에 들어와 주일설교 다시 듣기를 클릭 한 사람들은 분명 한국에서 나의 십자가 복음 설교를 듣고 은혜를 받았던 사람들이라는 것을 쉽게 알 수 있었다. 나는 이 일로 그리스도의 십자가 복음의 메시지에 굶주려있는 한국을 다시 한 번 더 보게 되었다. 이러한 확실한 하나님의 싸인 앞에 나는 순종할 수밖에 없었다.

하나님께서 한국땅으로 나를 부르시는 그 부르심에 순종하고 싶은 결심을 성도들에게 전했다. 이 소식을 들은 성도들은 충격을 받았고 미국을 떠나 한국으로 간다는 나의 말을 믿으려고 하지 않았다. 그러나 시간이 지나면서 성도들은 헤어짐의 슬픔보다는 하나님의 뜻에 순종하는 마음으로 나의 결정을 기꺼이 받아들여 주었다.

2013년 9월 셋째 주, 세계로교회 창립 12주년 기념 주일, 나는 고별 설교와 함께 세계로교회를 사임했다. 나와 함께 5년간 헌신적으로 교회를 섬겼던 나의 처남 이재위 전도사(현 목사)가 2대 담임 교역자로 세계로교회(현 뉴에덴교회로 개명)를 섬기게 되었다.

세계로교회 성도들은 이별의 아쉬움과 하나님이 우리 가정을 통하여 이루실 큰일을 기대하며 눈물로 환송해 주었다. 주님의 인도하심을 받아 고국인 한국 땅으로 다시 돌아가는 우리를 간절히 축복했다. 성도들이 나를 위해 사랑의 헌금을 했고 또 개인적으로 격려의 선물을 했다.

지난 12년간의 세월은 하나님이 세계로교회를 통해 나를 성숙하게 한 시간이었고, 성도들의 변화된 삶을 통해 하나님의 일 하심을 보게 하신 내 인생의 보석과 같은 시간이었다. 그들이 있었기에 목회가 즐거웠고 행복했고 살아계신 하나님의 영원한 말씀을 더 간절히 붙들 수 있었다. 그들은 내가 이 세상을 떠날 때까지 잊을 수 없는 성도들이다. 나의 젊음을 드리고 나의 열정을 드려 말씀을 먹였던 주님의 양들이다. 하나님이 나를 믿고 나에게 맡겨주신 당신의 양들! 내가 전한 하나님의 복음으로 그들의 영을 살찌운 사람들이다. 저들은 이제 어디를 가도 주님을 떠나지 않을 하나님의 양들이 되었음을 확신한다.

# 미국에서의 마무리 사역

하나님은 미국을 떠나기 전 세 곳의 부흥회를 인도하도록 하셨다. 필리핀 선교지에서부터 그동안 함께 교제해 온 김진규 목사님이 시무하는 알라바마 순복음교회와 미국에서 만난 최형건 목사님이 시무하시는 플로리다 포트마이어교회의 부흥 강사로 청빙을 받았다. 그리고 플로리다 마이애미교회 협의회에서 주관한 '마이애미 한인교회 연합 부흥성회'의 주 강사로 초청을 받아 16개 교회 연합 부흥회를 인도하게 되었다.

나는 집회마다 그리스도의 십자가 복음을 담대히 전하였다. 그때 나는 그곳에서 상처받고 지친 영혼들이 다시 부흥되고 있음을 눈으로 보았다. 하나님이 저들의 마음을 만지고 계심을 보았다. 교회의 문제가 해결되고 있음을 보았다. 알라바마 순복음교회도, 플로리다 포트마이어 한인교회도 성령 하나님은 동일하게 역사하셨다. 그리스도의 십자가 복음을 통해 그들은 부활하신 주님을 만나고 영적 부활을 다시 경험하게 된 것이다. 마이애미 한인교회 연합 집회에서는 목회자들이 새 힘을 얻고 교회들이 치료받고, 회복되는 부흥을 경험하였다. 집회가 끝나고 나올 때 집회에 참석한 성도들이 감사인사의 악수를 하기 위해 줄을 섰다. 그들의 얼굴에는 생명의 기쁨이 가득 차 있었다. 한 젊은 엄마가 내게 다가왔다.

"목사님, 제 남편이 오늘 밤 말씀을 통해서 예수님을 만났어요."

그때 그 감동은 잊을 수가 없다. 연합집회가 끝나고 마이애미 열린순복음교회 이재원 목사는 말했다.

"목사님, 제가 여기 마이애미에 와서 목회한 지 10년인데, 그동안 매 해년 마이애미 연합 부흥회를 했지만, 이번 집회는 지금까지 제가 본 역대 최고의 집회였습니다. 여기 마이애미에서 목회하시는 목사님들은 대단한 목사님들입니다. 웬만한 설교로는 은혜 못 받습니다. 그런데 이번 집회에서는 목사님들이 큰 은혜를 받았고, 게다가 마음의 상처를 치료받은 목사님들도 있습니다."

하나님이 하신 것이었다. 그렇다! 그리스도의 십자가의 복음은 하나님이 성경 66권을 통해 우리에게 전하시고자 하시는 하나님 말씀의 포인트이다. 영원한 말씀이며 세상을 사랑하신 영원한 하나님의 사랑과 그리스도를 전하는 참 복음이다.

> "하나님이 이것으로 우리를 위한 그의 사랑을 증명하시니 곧 우리가 여전히 죄인이었을 때에 그리스도께서 우리를 위하여 죽으셨다는 것이다."
>
> (로마서 5:8)

그러므로 그리스도의 십자가를 제외하고 우리는 성경에서 그 어떤 진리도 깨달을 수 없고, 그 어떤 하나님의 사랑도 설명될 수 없다. 그리고 그 어떤 인생의 해답도 찾을 수 없고 그 어떤 복도 발견줄 수 없다. 하나님은 그리스도의 십자가를 통해 우리가 깨달을 수 있는 놀라운 생명의 비밀을 말씀하고 계신 것이다. 바울은 이 사실을 다음과 같이 설명한다.

"내가 그리스도와 함께 십자가에 못박혔나니 그런즉 이제는 내가 사는 것이 아니요 오직 내 안에 그리스도께서 사시는 것이라 이제 내가 육체 가운데 사는 것은 나를 사랑하사 나를 위하여 자기 자신을 버리신 하나님의 아들을 믿는 믿음 안에서 사는 것이라."

(갈라디아서 2:20)

예수 그리스도의 생명의 비밀이 십자가 복음 안에 있었던 것이다. 나는 십자가의 진정한 복음을 전하므로 복음의 근원이신 예수 그리스도를 증거했다. 그때, 하나님이 당신의 말씀으로 이 복음을 들은 저들의 심령 안에서 역사하셨던 것이었다.

"십자가의 계시가 멸망하는 자들에게는 미련한 것이지만, 구원을 받는 우리에게는 하나님의 능력이라."

(고전 1:18)

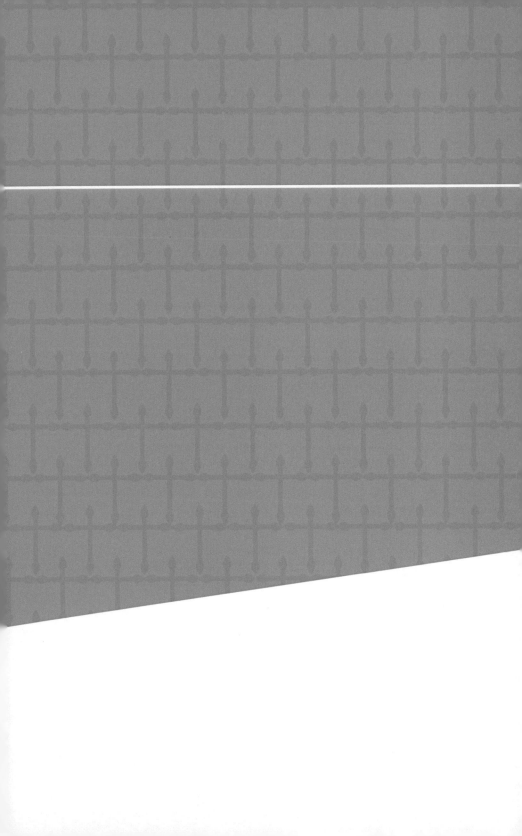

TRUMPE**T**

# Triumphing
## 승리

우리의 완전한 승리는 바로 십자가에 못 박히신 그리스도를 믿고 그분 안에서 사는 것이다. 우리가 그를 만나 그분을 알게 될 때 흑암의 권세와 죽음의 세상에서 승리자가 되는 것이며, 그분 안에서 완전한 승리의 자유를 누릴 수 있는 것이다. 하나님은 십자가 위에서 들려오는 그리스도 승리의 나팔 소리를 내게 듣게 하셨다. 그리고 믿음의 순종을 통해 승리의 나팔을 불게 하셨다.

# 비저너리의 트럼펫

24살에 고국을 떠나 외국 생활을 한 지 24년! 2013년 10월, 내 나이 48세가 되어 하나님의 부르심에 순종하여 24년 만에 고국으로 돌아왔다.

돌아보면 하나님의 도우심과 인도하심이 없이는 정말 견디기 힘든 광야의 나그네 생활이었다. 나는 목사가 되어 거룩한 하나님의 말씀을 전할 만한 자격이 있는 사람이 아니었다. 선교사로서 충분히 준비되고 훈련된 자가 아니었다. 필리핀과 영국에서 유학할 만한 똑똑한 머리를 가진 자도 아니었다. 신학대학에서 영어로 강의할 수 있는 자질을 갖춘 자도 아니었다. 미국인들 교회에서 세계인들에게 복음을 전할 실력이 있는 자도 아니었다. 영어책을 쓸만한 영어에 능통한 자도 아니었다. 한인교회를 개척하여 그 힘들다는 이민 목회를 감당할 만한 자도 아니었다.

나는 이 모든 것을 감히 생각할 수도 없는 쌈꾼이었다. 내 주먹만을 자랑삼고 살아온 복서(boxer)였고 불량학생이었다. 그런 내가 살아계신 예수님을 십자가에서 만나 그분으로부터 생명을 받은 후 오직 십자가 복음만을 증거하겠다는 불타는 열정 하나로 달려왔다. 그러나 이 열정마저도 나의 열정이 아닌 내 안에 살아계신 하나님의 은혜의 열정이었음을 고백한다.


과거의 죄악들을 떠올리며 회개의 눈물을 흘릴 때도
낯선 타국에서 홀로 외로움의 눈물을 흘릴 때도
배고픔과 질병 속에서 고통의 눈물을 흘릴 때도


일곱 번씩이나 차가운 수술 방에 누워 있는 다운증후군 딸을
바라보며 아픔의 눈물을 흘릴 때도,
사람들의 배신으로 인해 분노의 눈물을 흘릴 때도
하나님을 향해 고통의 눈물을 흘릴 때도
하나님은 항상 그 자리에 나와 함께 계셨다.
처절한 절망의 몸부림과 눈물 속에서
마침내 나는 십자가 위에서 세상을 이기신 주님을 만났다.
이 모든 것이 내게 주신 하나님의 은혜였다.


"그러나 내가 나 된 것은 하나님의 은혜로 된 것이니 내게 주
신 그의 은혜가 헛되지 아니하여 내가 모든 사도보다 더 많이
수고하였으나 내가 한 것 아니요 오직 나와 함께 하신 하나님의
은혜로라."

(고전 15:10)


우리는 그리스도 안에서 승리한 자들이다(요 16:33). 하나님이 부
르시는 소명의 비전을 따라 승리의 나팔을 불며 순종의 자리로 나
아가는 승리자들이다(골 2:14-15). 그리스도 안에서의 승리의 삶은

세상의 눈으로 보는 가진 자의 힘이 아니라, 바로 그리스도의 십자가 복음으로 하나님의 능력이요 지혜의 완전한 계시와 믿음과 구원의 완성자 그리스도 예수 안에서 사는 삶이다. 이제 우리 모두 하나님이 계시해 주신 유일한 비전, 십자가에 못 박히신 예수 그리스도만 바라보고 따라가는 비저너리의 나팔(Trumpet of a Visionary)이 되자.

# 계속 진행되고 있는
# 한국에서의 하나님의 일

2014년 1월, 8주 동안 용인 강남교회(홍창표 목사 시무)에서 22명의 중직에 플랜터 말씀 훈련과 십자가 복음의 비밀을 전하였다. 교회 사역에 지쳐있던 그들은 다시 믿음 안에서 일어나기 시작했다. 복음의 능력으로 새로운 힘을 얻고 주님이 주신 열정으로 담임 홍창표 목사와 함께 그들은 전진했다.

2014년, 2월 삼양교회 두 번째 청소년 동계 수련회 강사로 청빙 받아 청소년들에게 그리스도의 십자가 복음을 전하며 그들의 젊음을 주님의 영광을 위해 온전히 드릴 수 있도록 하였다.

2015년 7월, 의왕시 밝은교회 6일간 부흥회 · 2015년 8월, 분당 주심교회 6일간 말씀 사경회

2015년 9월부터 맡게 된 송파구 배명고등학교 기독 동아리 말씀 강사로, 매주 금요일 배명고 학생들에게 복음을 전하였다.